Ferdinand Lotheissen

Literatur und Gesellschaft in Frankreich zur Zeit der Revolution

1789 - 1794

Ferdinand Lotheissen

Literatur und Gesellschaft in Frankreich zur Zeit der Revolution 1789 - 1794

ISBN/EAN: 9783741174025

Hergestellt in Europa, USA, Kanada, Australien, Japan

Cover: Foto ©Lupo / pixelio.de

Manufactured and distributed by brebook publishing software
(www.brebook.com)

Ferdinand Lotheissen

Literatur und Gesellschaft in Frankreich zur Zeit der Revolution

1789 - 1794

Literatur und Gesellschaft

in Frankreich,

zur Zeit der Revolution 1789—1794.

Zur

Culturgeschichte des achtzehnten Jahrhunderts

von

FERDINAND LOTHEISSEN

Wien.

Druck und Verlag von Carl Gerold's Sohn.
1872.

Vorwort.

Das vorliegende Buch ist zwar keine Gelegenheitsschrift, doch gewinnt es vielleicht gerade jetzt ein besonderes Interesse, da es durch eine Schilderung der früheren Verhältnisse in Frankreich nicht unwesentlich zur Erklärung der heutigen Zustände daselbst beitragen kann. Das Manuscript lag schon druckfertig vor, als der Krieg im vorigen Jahr ausbrach und jede literarische Veröffentlichung dieser Art auf eine spätere friedliche Zeit verschoben werden musste. Nur einzelne kurze Abschnitte veröffentlichte ich im Laufe des Winters im Feuilleton der „Neuen freien Presse". Wenn ich nun jetzt mit meiner Arbeit vorzutreten wage, so bemerke ich, dass ich sie absichtlich unverändert gelassen, und mich, kleine Zusätze ungerechnet, jeder Vergleichung und Anspielung auf die jüngsten Ereignisse enthalten habe. Ich hätte heute vielleicht Manches anders sagen können, aber ich wollte meiner Darstellung die völlige Unbefangenheit des Urtheils bewahren und dem Leser in der Anwendung auf die Gegenwart in keiner Weise vorgreifen.

Die Literatur der französischen Revolution ist schon öfter behandelt worden. Aber zwischen zwei grossen Entwickelungen, so zu sagen, eingeklemmt, wird sie gewöhnlich nur in kurzem Ueberblick geschildert. So konnte sie in H. Hettner's trefflicher Literaturgeschichte nur als ein kurzer Epilog gegenüber der grossen Arbeit des ganzen Jahrhunderts erscheinen, während in der ausführlichen Darstellung der modernen französischen Literatur von

Julian Schmidt die Revolutionszeit begreiflicherweise nur als Einleitung behandelt werden musste. Einzig den Revolution s-jahren gewidmet ist allerdings ein sehr tüchtiges Buch von Eugène Maron, „histoire littéraire de la révolution", das indessen wenig eingehend ist, und die literarischen Ergebnisse mehr kritisch als historisch bespricht. Bei der Betrachtung einer so stürmisch auf-geregten Zeit, wie die der ersten Revolution es war, ist aber das Zusammengehen der Literatur- und Culturgeschichte fast uner-lässlich.

Wien, am 1. October 1871.

F. L.

Einleitung.

Das achtzehnte Jahrhundert neigte seinem Ende zu. In seinem Verlauf hatte sich eine so tiefgreifende Bewegung der Geister offenbart, dass man in der neueren Geschichte nur das Zeitalter der Reformation mit ihm vergleichen kann; und wie die Völker Europa's damals nach langen Kämpfen in ihrem geistigen und staatlichen Leben eine entschiedene Besserung errungen hatten, so rüsteten sie sich auch jetzt, das Jahrhundert mit einer vielleicht noch bedeutsameren Umwandlung abzuschliessen. War es damals die Religion gewesen, welche die Bewegung veranlasst hatte, so war es jetzt die Philosophie, der man den hauptsächlichen Anstoss verdankte. Von England ausgehend, hatte sie zunächst in Frankreich Aufnahme gefunden, war hier in leicht fasslicher, wenn auch oberflächlicher Darstellung dem grossen Publicum näher gebracht und in die Nachbarstaaten weiter getragen worden. Bald war der ganze Continent von den neuen Ideen erfüllt; die Grundsätze der Aufklärung, die Lehren von der Verbesserung des menschlichen Looses, fanden auf den Thronen und in den Cabinetten der Staatsminister die eifrigsten Apostel, die freilich ihre menschenfreundlichen Pläne auf die rücksichtsloseste Weise zur Ausführung zu bringen suchten. Ueberall entfaltete sich in der morschen europäischen Welt ein neues reges Leben. Kaiser Joseph, Friedrich der Zweite, Struensee, Pombal, selbst die russische Katharina, hatten versucht, ihre Staaten in dem Sinne der Zeit umzubilden; allein ihr Bemühen war vergeblich gewesen, weil sie sich selber nicht zu ändern vermochten, und ein aufgeklärter Despotismus war das Einzige, was sie hatten begründen können. Nur

zu bald sahen sie sich überholt. Es war klar, dass auch der äussere
Bau, die Verfassung der Gesellschaft einer grossen Veränderung
entgegenging. Die Ueberzeugung einer unvermeidlichen Katastrophe war allgemein geworden, aber man gab sich damit zugleich
der Hoffnung hin, einen unendlichen Fortschritt der Civilisation
zu erleben. Prophetisch verkündigte dies Voltaire schon fünf und
zwanzig Jahre vor dem Ausbruch der Revolution, als er halb ernst,
halb höhnisch einem Freunde schrieb, es werde einen Hauptscandal
in der Welt geben, und wer jung wäre, könnte etwas Schönes erleben.* Noch deutlicher sprach er sich Condorcet gegenüber
aus, dem er den völligen Sieg der Philosophie versprach, durch
welche eine bessereZeit heraufgeführt werden würde. Denn je mehr
die Menschen lernen würden zu denken, um so weniger unglücklich würden sie sein.

Es war eine merkwürdige, einzige Zeit. Während Fürsten
und Völker sich in grimmigen Kämpfen befehdeten, während das
Blut in Strömen floss, und der Krieg in der alten wie in der neuen
Welt, zu Wasser und zu Land wüthete, erwuchsen die Ideen von
der Gemeinsamkeit und Brüderlichkeit aller Menschen, von der
nothwendigen freiheitlichen Entwickelung des Staatswesens, von
der Gleichheit aller Bürger vor dem Gesetz, von den unveräusser-
lichen Menschenrechten zu immer höherer Macht und erzwangen
sich allenthalben begeisterte Anerkennung. Im Gegensatz hierzu
hat unsere Zeit in einem furchtbaren Rassenkampf den uralten
Hass der Völker, den man längst beseitigt glaubte, wieder wach-
gerufen. Allein auch ihr wird es auf die Daner nicht gelingen,
diese grosse Errungenschaft des vorigen Jahrhunderts in Frage zu
stellen, und die Idee der Humanität, der Gemeinsamkeit aller
menschlichen Bestrebungen unter die an sich bedeutungsvolle,
aber immerhin einseitige Lehre der Nationalitäten unterzuordnen.

---

* Voltaire an den Marquis de Chauvelin (1764): „ce aera un
beau tapage; les jeunes gens sont bien heureux, ils verront de belles choses".

Nicht das Schwert, nicht die hirnlose Verschwendung der Grossen, nicht die Finanznoth haben, wie man öfters glaubt, in Frankreich zur Umwälzung geführt; denn ähnlich schlimme Verhältnisse haben schon in andern Staaten geherrscht, ohne solche Folgen herbeizuführen; es war vielmehr die Macht der Ideen, die auf die Länge der Zeit unwiderstehlich ist. Mag der tiefsinnige Denker lange unbeachtet bleiben, mag die unwissende Menge die Ergebnisse seines Forschens verachten, die Zukunft gehört ihm zu eigen, und die einmal gefundene Wahrheit geht nicht mehr verloren. Langsam aber sicher keimt die Saat der Ideen, und keine Gewalt der Erde vermag ihren Einfluss zu brechen, sobald ihre Zeit gekommen ist. Sie sind und bleiben die wahren Herrscher der Welt, — das gilt auch heute noch.

Die Begriffe von Wahrheit, Freiheit und Menschlichkeit nach langem Schlummer wieder geweckt, sie geklärt und dem allgemeinen Bewusstsein näher gebracht zu haben, ist der grosse Ruhm des achtzehnten Jahrhunderts. Nirgends regte sich der neue Geist jedoch mehr als in Frankreich, denn obschon die Bewegung auch in Deutschland sich mächtig zeigte, die deutsche Literatur sich herrlich entfaltete, und Männer wie Kant und Lessing einen noch heute nicht ganz zu ermessenden Einfluss auf die Bildung unseres Volkes ausübten, war die geistige Regsamkeit in Frankreich noch allgemeiner und durchdrang, mehr noch als bei uns, alle Schichten der Gesellschaft.

Die staatlichen Verhältnisse waren aber dort gleichzeitig so zerrüttet, dass auch dem blödesten Sinne eine Umgestaltung als nützlich, ja als nothwendig erschien. Das französische Staatswesen war im tiefsten Verfall; Frankreich schien langsam abzusterben und, vor Alter schwach, zu keiner Lebensthätigkeit mehr fähig zu sein. „Das Land siechte dahin, sein Blut war vertrocknet und seine Seiten konnten das Gewicht des Körpers nicht mehr tragen", sagt André Chénier in seiner Ode auf den Schwur der Nationalversammlung im Ballhaus zu Versailles. Der König selbst war ohne Macht, trotz des blendenden Prunkes, mit dem er sich umgab. Scheinbar mochte der königliche Wille noch so unumschränkt sein, wie einst in den Tagen des vierzehnten Ludwig, in Wirklichkeit war die alte Herrschaft mit des Letzteren Tod zusammengebrochen. Man regierte wohl noch mit den alten Formen, aber der Geist war gewichen und hatte selbst in den aristokratischen Kreisen, wie in der hohen Beamtenwelt, philosophischen Anwandlungen und Liebhabereien Platz gemacht. Sorgte doch schon unter Ludwig XV. Malesherbes, welcher damals der Censurbehörde als Director vorstand, dass verbotene Bücher, wie Rousseau's „Emil", wohlverpackt und durch sein Amtssiegel geschützt, durch das ganze Land versandt werden konnten. Zwar erlaubten sich der König oder seine Minister noch von Zeit zu Zeit einen frechen Unterthan ohne Weiteres in die Bastille zu schicken, und kurz vor der Revolution zahlte ein armer Teufel mit seinem Kopf dafür, dass er ein Pasquill gegen den König an den Strassenecken angeschlagen hatte; doch waren dies nur die letzten Zuckungen der ersterbenden Gewalt, die selbst in ihren höchsten Dienern keine treuen Stützen mehr fand. Niemand fürchtete eine Regierung, die sich in Allem, selbst in der Willkür, so armselig erwies. Was sollte das Volk von einem König denken, der sich von einer Pompadour, einer Dubarry leiten liess? Was konnte es von einer Regierung halten, über deren Politik die Laune einer Buhlerin entschied? Traten doch die Folgen einer solchen Wirthschaft in dem verderblichen Seekrieg gegen England, wie in dem lächerlichen Zug gegen Friedrich von Preussen deutlich zu Tage. Als darum die Nachricht von der Schlacht bei Rossbach nach Frankreich gelaugte, erweckte sie nur die Spottlust des Volkes, das sich an dem ganzen Streit völlig unbetheiligt fühlte. Wie anders flammte die Begeisterung in den Gemüthern auf, als fünf und zwanzig Jahre später die Kunde von dem drohenden Anrücken der Feinde einlief! Diese eine Erscheinung könnte genügen, das Urtheil über die Zustände vor der Revolution festzustellen. Denn auch Ludwig XVI.

konnte trotz seines guten Willens keine Besserung mehr herbei-
führen. Das französische Königthum hatte schon lange vor seinem Sturz moralisch, wirthschaftlich und politisch Bankerott gemacht.

Dennoch hätte sich die Krisis hinausschieben, ja vielleicht vermeiden lassen, wie sie bei gleicher Verkommenheit der herrschenden Kreise in England wirklich vermieden worden war, wenn die
bevorrechteten Classen mehr Kraft und inneren Halt besessen
hätten, und sich ernstlich um das Wohl ihres Landes hätten
kümmern mögen. Allein die sogenannte höhere Gesellschaft war
jeder ernsteren Thätigkeit entfremdet, ohne irgend welchen Einfluss
auf den Gang der Ereignisse, einzig bedacht auf leichten Lebens-
genuss, der sich für sie in heiterer Geselligkeit, in Liebeshändeln
und Scandal fand. Die eleganten Salons der Hauptstadt, wo Ade-
lige und Schöngeister unter dem Scepter einer leichtgesinnten
Damenwelt sich zusammenfanden, bildeten den Mittelpunkt jenes
Lebens. Mehr als je war Paris damals die hohe Schule der Galanterie, der Höflichkeit, der zierlichen Oberflächlichkeit. Die Revolution hat jene glänzende Welt gesprengt, und man behauptet,
dass der feine Ton jener Tage, der für den geselligen Verkehr das
ist, was für den Wein die Blume, seit jener Zeit nicht wieder erreicht worden sei. In der That, er war zu einer wahren Wissenschaft geworden, wie eine Zeitgenossin jener vergangenen Welt
berichtet.* „Man hat heute kaum eine Vorstellung von der Höflichkeit, der Anmuth und Leichtigkeit, kurz von der Feinheit der

---

* M꜀ Vigée-Le Brun, souvenirs I, 107. Die Memoiren dieser als
Portraitmalerin vielgeschätzten Frau geben überhaupt höchst interessante
Blicke in das Leben der höheren Gesellschaft jener Zeit. So erzählt sie von
den kleinen Soupers, die in der Mode waren, bei denen zwölf, höchstens fünfzehn mit einander vertraute Personen sich zusammen fanden. Gewöhnlich
vereinigte man sich um neun Uhr des Abends; Politik war verbannt und man
sprach nur von Literatur und Stadtneuigkeiten, liess sich einige neue Verse
vortragen oder führte Charaden auf. Das Essen selbst war Nebensache und

Sitten, welche damals den Reiz der Pariser Gesellschaft ausmach-
ten", sagt sie in ihren „Erinnerungen", aus denen wir ferner ersehen können, wie einfach es oft dabei herging. In allen Häusern,
die etwas bedeuten wollten, spielte man ebenso leidenschaftlich
Theater, als man tanzte; dabei galt es schön zu reden, schlagfertig
zu jeder Antwort bereit zu sein, mit Wortspielen zu glänzen, und
unter leichtem moralischen Gewand derbe Anzüglichkeiten zu
sagen, denn darin bestand der Hauptruhm und das Kennzeichen
eines Mannes von Welt.

Doch so schimmernd und gefällig diese hohen Kreise auch
erschienen, so stolz und sicher sich die französische Aristokratie
fühlte, — es war nur täuschender Firniss, der ihre innere Verderbniss verdeckte. Sittenlos, bis ins Mark zerfressen, zu schmei-
chelnden Höflingen herabgewürdigt waren sie fast alle; Zeuge
jener Prinz von Rohan, der in einem leichtsinnigen Bankerott
von dreissig Millionen die Habe vieler Familien zerstörte; Zeuge

---

war gewöhnlich sehr einfach. Eines Tages las M⁰° Le Brun in den „Reisen
des jungen Anacharsis" von der Kochkunst der alten Griechen und beschloss alsbald, den Gästen, welche sie für den Abend erwartete, eine antike
Mahlzeit vorzusetzen, ja der ganze Abend sollte auf antike Weise verbracht
werden. Als Malerin hatte sie in ihrem Atelier Kleider genug, um ihre Gäste
zu costümiren; mit Teppichen und spanischen Wänden wurde das moderne
Speisezimmer in einen antiken Saal verwandelt, bei einem Grafen Parois,
einem Kunstfreunde, eineReihe etruskischer und griechischer Vasen entlehnt,
die Gäste der Reihe nach, wie sie gerade kamen, des Puders entledigt und so
gut es ging, in Griechen und Griechinen verwandelt. Der Dichter Lebrun
wurde mit Hilfe eines umgeworfenen Scharlachmantels, eines Lorbeerkranzes
zu einem Pindar gemacht, der Marquis de Lubières bekam eine goldene
Lyra in den Arm, und so sang man um die Tafel gelagert, einen Gluck'schen
Chor: „Gottheit von Paphos und Knidos". Die Künstlerin selbst war in
weissem Gewand mit Blumen im Haar, ihre Tochter und die spätere Gräfin
Regnault de Saint-Angely gingen mit antiken Henkelkrügen umher,
den Gästen die Becher mit altem Cyperwein zu füllen. „Le Brun trug einige
von ihm übersetzte Oden Anakreon's vor, und ich glaube niemals einen so
heiteren Abend verbracht zu haben."

der ritterliche Herzog von L a u z u n, der glänzendste Vertreter jener
Kreise, der durch seine Galanterie, seine Abenteuer, seine unglaub-
liche Verschwendung die Augen seiner Zeitgenossen blendete und
zuletzt als fahrender Ritter zu Grunde ging. Von der Pompadour erzogen und Erbe eines unermesslichen Vermögens, feierte
er einen zehnjährigen tollen Carneval, und erwarb sich den Ruhm
des ausgelassensten Edelmannes seiner Zeit, dem kein Frauenherz
widerstehen könne, und der nur eine einzige Dame vernachlässigte,
— seine Gemahlin. Als er endlich zu Grunde gerichtet war, ging
er nach Amerika, wo er neben L a f a y e t t e kämpfte, schloss sich
später der Revolution an, wurde als General nach Italien und in
die Vendée geschickt, und endigte auf dem Blutgerüst (31. December 1792).

Wie L a u z u n so lebten die meisten seiner Standesgenossen,
höchstens dass sie etwas vorsichtiger verfuhren. Die französischen
Memoiren des vorigen Jahrhunderts wimmeln von Fällen der
Art, und B a r b i e r sagt in seinem „Journal“ (1718 — 1763)
geradezu, dass unter zwanzig hohen Herren zum wenigsten fünfzehn von ihren Frauen getrennt lebten und sich anderer erfreuten. Der brave B a r b i e r zieht daraus freilich eine Moral, die
wir nicht erwarten. Er meint, dass man unter solchen Umständen
kein so grosses Aufheben über des Königs Verhältniss zur P o m p a-
dour zu machen brauche; er sehe nicht ein, warum der Herr
schlimmer daran sein solle, als seine Unterthanen.

Auch die Kirche war in nicht besseren Händen. Bot sie doch
mit ihren reich ausgestatteten Würden und Aemtern die Haupt-
versorgung für die nachgeborenen Söhne eben jener vornehmen
Familien. So hatte sich der Geist der Leichtfertigkeit auch in den
Kreisen der hohen und mittleren Geistlichkeit eingenistet; sie
spotteten über die Lehren ihrer Kirche, ohne sich deshalb zu
philosophischen Grundsätzen und Ansichten zu bekennen, und
jeder Ernst, jede Ueberzeugung, jedes Bewusstsein von Verantwortlichkeit und Pflicht war ihnen geschwunden. Bildete auch

jener D u b o i s, der zur Zeit der Regentschaft von dem Herzog von Orleans aus Hohn zum Erzbischof von Cambray gemacht worden war, um ihn wenigstens einmal zur Theilnahme am Abendmahl zu nöthigen, eine Ausnahme, so waren doch gar viele Mitglieder des Klerus zu unnützen und trägen Parasiten des Landes herabgesunken. Ein Muster dieser Gattung war unter Anderen der Abbé von Jard, Claude Henri Voisenon. Als echter Lebemann kümmerte er sich nicht um die Kirche, schlug selbst das ihm angebotene Bisthum von Boulogne aus, das ihm hätte beschwerlich werden können, und begnügte sich mit seiner fetten Pfründe, die ihm ein behagliches Dasein erlaubte. Von Angesicht sehr hässlich, aber bei Hof gern gesehen, spielte er dort den Schöngeist, brüstete sich mit seinem Unglauben und vertrieb sich die Zeit, indem er unbedeutende Lustspielchen verfasste. Da er sich so bei aller Welt beliebt zu machen wusste, erhielt er von dem Herzog von Choiseul während dessen Ministerium den Auftrag. eine Geschichte Frankreichs zu schreiben, obwohl er zu jeder ernsteren Arbeit unfähig war. Voisenon verstand die Absicht seines Gönners vortrefflich; er strich den jährlichen Gehalt von sechstausend Livres, der ihm dafür ausgesetzt war. ruhig ein und hielt alles Weitere für überflüssig. Die höfische Akademie aber würdigte seine Verdienste, indem sie ihn an des verstorbenen Crébillon Stelle in ihre Mitte berief. Wahrlich, gegen solche Gegner hatten Voltaire und die Encyklopädisten mit ihren unablässigen Angriffen doppelt leichtes Spiel. Mochte ein blinder Fanatismus auch manchmal gegen Ketzer, wie Calas, die Mordwaffe schwingen, so war doch der Klerus im allgemeinen keiner Aufwallung mehr fähig, und der wohlgezielte Spott Voltaire's fand oft gerade in den Reihen der Getroffenen den meisten Beifall.

In grellstem Gegensatz gegen diese überfeinerte und verderbte Welt stand die niedere Bevölkerung der Städte und des flachen Landes, deren Elend oft grenzenlos war. Eine tiefe Kluft trennte die beiden Classen, und dieser Umstand machte die Lage

besonders gefährlich. Das Volk sah sich auf jede Weise ausge-
beutet, von Frohnden und Steuern erdrückt, unwissend und ohne
Möglichkeit des Aufschwungs, so dass ein gründlicher Kenner des
achtzehnten Jahrhunderts behauptet, der französische Bauer habe
- in der Zeit vor der Revolution sich in schlimmerer Lage befunden,
als fünf Jahrhunderte früher.* Erschütternd ist in dieser Beziehung,
was Rousseau von dem Elend und dem Misstrauen des Land-
volks erzählt. Auf einer seiner Wanderungen in der Umgegend
von Lyon trat er einst erschöpft und ausgehungert in eine Bauern-
hütte, deren Bewohner ihm ein schreckliches mit Spreu durch-
backenes Gerstenbrod als einzige Nahrung vorsetzte. Erst als
dieser sich versichert hatte, dass sein Gast kein Diener des Generalpächters war, holte er aus einem verborgenen Kellerloch Lebensmittel, die etwas geniessbarer waren. Er gestand, dass er und
seine Nachbarn das Wenige, was sie mühsam erwarben, versteckt
hielten, um nicht die Raublust des Generalpächters und seiner
Leute, denen sie auf Gnade und Ungnade überlassen waren, noch
mehr zu reizen.** Nach der furchtbaren Pest, die im Jahr 1721
und 1722 in Frankreich wüthete, standen hunderte von Dörfern
öde, und selbst die Umgegend von Paris war verlassen und unbe-
baut. Die Pest hatte vollendet, was die Regierung Ludwigs XIV.
und des Regenten begonnen hatte.***
 Wo aber das öffentliche Leben eines Volkes leidet, kann
man mit Bestimmtheit schliessen, dass auch seine geistige Thätigkeit krankt. Es wäre ein Wunder gewesen, wenn in der zweiten
Hälfte des vorigen Jahrhunderts nicht die meisten Erscheinungen der Kunst und Literatur in Frankreich den Stempel der Unnatur und der Künstelei getragen hätten. Wie im Beginne des
Jahrhunderts Watteau mit seinen eleganten Hofscenen der

---

* Alexis de Tocqueville, l'ancien régime et la Révolution, chap.
XII, pg. 207.
** Rousseau, confessions I. 4.
*** Michelet, la Régence. pag. 323.

Maler der vornehmen Welt gewesen war, so wurden im weiteren
Verlauf seine Schüler und Nachfolger Paterre und Lancret
geehrt, während es bedeutenderen Künstlern, wie Greuze, schwer
hielt, sich durchzukämpfen. In der Baukunst und noch mehr in
der pomphaften innern Decoration der Gebäude entfaltete sich der
vielgenannte Rococostyl, der den Eingebungen der Laune folgend,
seine Vollendung in überladenen Verzierungen, in unruhigen ver-
schlungenen Linien fand, die das Auge verwirrten und ermüdeten,
statt es zu erfreuen.

Dieselbe Unnatur, die sich in der Kunst spreizte, beför-
derte in der Literatur die schwächliche Lüge der Idyllen, der
Schäferpoesie und der hohlen Sentimentalität. Der mehrfach ins
Französische übersetzte Gessner wurde ein Liebling der vornehmen Welt und seine Nachahmer trachteten ihn noch zu über-
bieten. Es war so angenehm, sein Auge dem wirklichen Elend zu
verschliessen und von dem Glück der armen Leute zu träumen.
Marie Antoinette richtete sich selbst in Klein-Trianon eine
Schäferei ein, das sogenannte Müllerdörfchen, wo sie mit dem
Könige, den Prinzen und den vertrautesten Hofleuten in nied-
lichen Häuschen wohnte, süsse Idyllen aufführte und in ihrer
Tracht als Hirtin in seidenem Gewand und fusshohem Kopfputz
sich in die Einfachheit des goldenen Zeitalters versetzt glaubte.
Und das zu einer Zeit, da Rousseau mit seinen Schriften auf
eine ganz andere Natur hinwies und mit seinem feurigen Wort
die Gemüther entflammte. Aber jene Kreise waren verblendet,
oder sie sahen vielmehr nur, was ihnen gefiel. Die Sentimentalität
war damals in Mode und so bewunderte man auch in Rousseau's
Schriften nur, was diesem Hange entsprach; man schwärmte wohl
für Julie und Saint-Preux, die Helden der neuen Heloise,
aber man achtete weder des „Contrat social" noch des „Emil".
Ein Beispiel zur Charakteristik jener Sentimentalität mag genügen. Bernardin deSaint-Pierre war einst in der Nähe von
Paris auf dem Landgut einer Dame, welche stets eine ausgewählte

Gesellschaft bei sich sah, zu Besuch. Bernardin kam mit seinem Hund, und das Thier wurde zum Unglück krank und starb trotz aller Pflege. Der Dichter wurde darüber so erbost, dass er das Haus seiner Wirthin ohne Abschied verliess und nur ein Billet zurückliess, worin er ihr den Tod seines Hundes vorwarf. Diese Grobheit des Dichters erschütterte die feine Gesellschaft; man feierte dem hingeschiedenen Thiere ein rührendes Leichenbegängniss, errichtete ihm ein Denkmal unter dem Schatten einer Trauerweide, — umsonst, Bernardin war nicht zu versöhnen und nicht mehr zur Rückkehr zu bewegen.

In solchem Benehmen äusserte sich nicht wirkliches Gefühl; wir sehen darin nur eine Tändelei, die nicht weniger Modesache war, wie jedes andere Spielwerk der Zeit. Die sogenannten feinen Kreise zeichneten sich eben gar oft durch ihre vollendete Abgeschmacktheit und Oberflächlichkeit aus, wobei sie durch fortwährendes Haschen nach Witz noch unerträglicher wurden. Man lebte in der Zeit der zierlichen Verse, der spottenden Epigramme und der Madrigale. In den an sich nicht unwichtigen Memoiren Collé's, eines unbedeutenden Lustspieldichters, findet sich auf jeder Seite ein Spottvers verzeichnet, den er gemacht oder den er in der Stadt gehört hatte.* Der witzige satyrische Hang des Volkes fand dabei allerdings ein reiches Feld und ein Hauptmittel für seine Rache. Mit der Moral brauchte man es nicht so genau zu nehmen, wenn man nur vermied, sich lächerlich zu machen. Rousseau erkannte diese verderbliche Richtung sehr wohl und kämpfte gegen sie an, wenn auch ohne grossen Erfolg. An d'Alembert schrieb er einst darüber, dass die Talente, die Schriften der Zeit unter dem frivolen Leben Noth litten; sie möchten vielleicht angenehm sein, sicher aber seien sie kleinlich und kalt, gleich allen Gefühlsregungen der Zeit; ihr einziges Verdienst bestehe in

---

* Collé, journal historique, das sich viel mit dem Theater seiner Zeit befasst.

einer gewissen Leichtigkeit, die man nichtssagenden Phrasen nicht unschwer geben könne.* Schärfer sprach er sich noch in seiner Abhandlung über Wissenschaften und Künste aus, in der er sich an den „vielgerühmten Arouet" wandte und ihn fragte, wieviel kraftvolle Schönheit er der falschen Delicatesse geopfert, wieviel erhabene Dichtungen der Geist der Galanterie ihn gekostet habe?**

Aber konnte die Literatur auch dem allgemeinen Gesetz des Absterbens nicht entgehen, so lässt sich doch behaupten, dass sie ihre Aufgabe in vieler Hinsicht erfüllt hatte. Hatte sich in dem Zeitalter Ludwigs XIV. die classische Dichtung entwickelt, so hatte in dem folgenden Jahrhundert die Prosa das Uebergewicht erlangt und sich zu jener Freiheit, zu jener Geschmeidigkeit und Kraft ausgebildet, welche bis zum heutigen Tag von keiner andern Sprache erreicht worden ist. Die Literatur hatte der Philosophie die Hand gereicht und mit ihr vereint für Fortschritt und Civilisation gekämpft. Dass sie gegen das Ende des Jahrhunderts, als die Zeiten ernster wurden, mehr und mehr ihrer Bundesgenossin den Vortritt einräumte, war nur natürlich. Die Aufmerksamkeit auf die Vorgänge im Staatsleben, das Verständniss für politische Fragen wurde immer lebendiger, besonders in der einzigen Classe, welche sich noch kräftig und gesund erhalten hatte, dem Mittelstand, der den niederen Adel, die Gerichtsbeamten und das Bürgerthum umfasste, und sich täglich mehr im Gegensatz gegen Kirche und Staat seiner Zeit erblickte. Als Montesquieu in seinem „Geist der Gesetze" auf die englische Verfassung hingedeutet hatte, war dies fast ein Wagniss gewesen.

---

* Rousseau an d'Alembert ...„ils ont pour tout mérite ce tour facile qu'on n'a pas grand' peine à donner à des riens.

** Rousseau, discours sur les sciences et les arts: „Dites-nous, célèbre Arouet, combien vous avez sacrifié de beautés mâles et fortes à notre fausse délicatesse, et combien l'esprit de galanterie, si fertile en petites choses, vous en a coûté de grandes!"

Allein er hatte begeisterte Anhänger gefunden und sein Buch
blieb nicht ohne grosse Wirkungen. Auf Montesquieu folgte
Voltaire, der aber zu sehr Hofmann war, um den Absolutismus
im Staat mit aller Kraft angreifen zu können; dafür stürmte er
gegen die Kirche und den darin herrschenden Aberglauben an.
Diderot, d'Alembert, Grimm, so wie die andern Freunde
und Mitarbeiter der Encyklopädie überboten ihn noch in den
Angriffen gegen den überlieferten Glauben. Wieder Andere beschäftigten sich mit der Theorie des besten Staates, der Verbesserung der Gesetze, Abschaffung der Missbräuche und Hebung
des Volkes. Selbst die leichtfertigsten Menschen hielten es eine
Zeitlang für guten Ton, über solche Fragen zu schwatzen; hatte
doch die Regierung selbst, wenn auch gegen ihren Willen, diese
Richtung befördert. Ludwigs XVI. Minister hatten Frankreich, aus Eifersucht gegen England, in den amerikanischen Un-
abhängigkeitskrieg verwickelt, und wunderten sich später, dass
neue zündende Ideen, republikanische Pläne und begeisterte Frei-
heitshoffnungen über den atlantischen Ocean herüberdrangen.
Während die Zerrüttung der Finanzen des Landes durch die Kosten
des Krieges immer höher stieg und die Regierung in ihrer Rath-
losigkeit sich nicht mehr zu helfen wusste, ertönte von allen Seiten her der Ruf nach Reformen. Vom König bis herab zu dem einfachen Bürger hatte jeder das Gefühl, dass etwas geschehen müsse.
Freilich, wenn es mit Worten gethan gewesen wäre! Aber man
wagte in den vornehmen Kreisen nicht, das Uebel an der Wurzel
anzugreifen, und träumte von Reformen, die keine Opfer kosteten!
    Um so schärfer schieden sich die Parteien, um so bestimmter
prägten sich die Lehren derselben aus. Während eifrige Schwärmer
die Gesellschaft auf den Urzustand zurückführen wollen, während
Condorcet (1775 und 1776) den Weg besonnenen Fortschreitens
anräth, gegen die Frohnden und gegen den Negerhandel schreibt,
und die Freigebung des Kornhandels verlangt, erheben sich laute
Stimmen im andern Lager, welche bei der Zerfahrenheit aller

Verhältnisse den reinen Despotismus als einziges Heilmittel
preisen. In diesem Sinn schrieb besonders Linguet, ein wegen
seines Widerspruchsgeistes und seiner vernichtenden Kritik viel-
genannter, von den Gegnern gefürchteter Advocat. Als seine
Feinde es endlich dahin gebracht hatten, dass er aus dem Advo-
catenstand ausgeschlossen wurde, fuhr er in derselben Weise als
Publicist fort, und gründete (1774) ein Journal, in welchem er
ohne Unterschied Minister und Parlamente, Philosophen und
Theologen angriff. Linguet war ein Mann von nicht ungewöhn-
lichen Gaben, der die Gesellschaft hasste, weil sie ihn gekränkt
hatte, und der seine Lust darin fand, jeder Lieblingsidee seiner
Zeitgenossen verneinend entgegenzutreten. So bekämpfte er die
Ansichten, die Montesquieu in dem „Geist der Gesetze" ausgesprochen hatte, was ihm von Vielen als unverzeibliche Ketzerei
angerechnet wurde; so stritt er gegen die Encyklopädisten und
die Philosophen. Ihm erschienen die Zustände des Morgenlan-
des glücklicher, schöner und edler als die Civilisation Europa's,
ja er liess sich hinreissen, offen als Vertheidiger des Despotismus
und der Sclaverei aufzutreten. In seiner „Theorie der Gesetze"
behauptet er, kein Staatswesen könne auf die Dauer bestehen,
wenn es sich nicht auf die Sclaverei stütze, wenn es in ihm nicht
streng geschiedene Classen gebe; freie Herren, welche des Lebens
sich erfreuten, und Leibeigene, welche für die ersteren zu arbeiten
hätten. Ein Staat ohne Sclaven erscheint ihm wie eine Reiter-
schaar ohne Pferde, und wie der Mensch ausdauernde starke
Thiere nöthig habe, so brauche auch die Gesellschaft kräftige
arbeitsame Sclaven. Kurz, die Sclaverei gilt ihm für ein noth-
wendiges Uebel.* Mit solchen Ansichten kommt Linguet weit.
Er findet, dass ein König sein Volk mit demselben Recht besitze
wie seine Unterthanen ihre Aecker und ihr Vieh. Nur die Herrschaft eines Despoten mache die Völker glücklich, nur unter ihr

---

* Linguet, théorie des lois civiles Tom. II, pag. 259.

sei die wahre Gleichheit der Bürger möglich. Weg darum mit
all den eingerosteten Maschinen der modernen Staatswissenschaft,
weg mit den Lehren von der lebendigen Theilnahme des Volkes
an Gesetzgebung und Verwaltung: Linguet sieht nur Ein
Mittel, Frankreich vor dem völligen Ruin zu retten; das ist die
Begründung eines unumschränkten Herrscherthums, ähnlich dem
der orientalischen Despoten.

Seiner persönlichen Ausfälle halber musste Linguet nach
England flüchten, kam später heimlich zurück, wurde aber ergriffen und in die Bastille gesteckt, bis er nach einiger Zeit seine
Freiheit wieder erlangte und nach England zurückging. Seine
Thätigkeit ist aber hauptsächlich desshalb bemerkenswerth, weil
wir an ihr die Macht der Verhältnisse ermessen können. Er, der
mit aller Kraft seines Geistes dem Streben seiner Zeit entgegen
arbeitete, wurde durch seinen Sturm auf die bestehenden Verhältnisse zu einem Hauptvorläufer der Revolution, der in seinen
Schriften schon einen Vorgeschmack des Terrorismus der kommenden Zeiten gab.

Aber die Gegensätze berühren sich. Auch Jean Jacques
Rousseau, der Apostel der neuen Zeit, welche die Menschheit zu
heben unternahm, stellte sich von dem ersten Beginn seiner literarischen Laufbahn der modernen Civilisation feindlich entgegen.
Zwischen Linguet und Rousseau ist ein Abgrund, der sie
trennt, aber in dieser einen Idee reichen sie sich die Hände. Es
ist hier nicht der Platz, eingehend Rousseau's Lehren darzu-
legen; wir wollen nur in möglichster Kürze an einige seiner
Grundanschauungen erinnern, um den Einfluss, den er auf die
Revolution ausgeübt hat, begreiflich zu machen. Die Akademie
von Dijon hatte als Preisaufgabe die Beantwortung der Frage
gegeben, ob die schöne Literatur einen heilsamen oder verderblichen Einfluss auf die Sitten habe, und Rousseau stellte die
Behauptung auf, dass die Literatur die Moral gefährde. Seine
kühne Beweisführung erwarb ihm den Preis und machte ihn

in Frankreich bekannt. Die Akademie trug ihren Theil Ruhm ebenfalls davon, denn philosophische Fragen dieser Art waren damals in der Mode; und von ihrem Erfolg angestachelt, schrieben die Gelehrten von Dijon einen neuen Preis aus für die beste Beantwortung der Frage nach dem Grund der Ungleichheit unter den Menschen. Abermals war es Rousseau, der durch seine Schrift* die Palme errang. Heftiger noch als in seiner ersten Abhandlung klagte er darin die ganze Civilisation, die ganze bisherige Entwickelung der Menschheit an. Er erklärte den Menschen, der zuerst ein Stück Landes umschlossen und sein eigen genannt habe, für den schlimmsten Feind der Menschheit und pries den Urzustand der Wildheit, da die Menschen einsam und nackt umhergestrichen seien und nicht einmal die Bande der Familie gekannt hätten. Dies sei das wahre, natürliche und darum einzig glückliche Leben der Menschen. Ja, er möchte fast behaupten, dass das Denken schon gegen die Natur sei, und dass ein Mensch, der denkt, ein entartetes Geschöpf sei. Freilich scheine es ihm, wie er an einer andern Stelle sagt, schrecklich, zu behaupten, dass die Wilden wohl daran thun, ihren Kindern gleich nach der Geburt den Schädel zusammenzudrücken, und doch müsse er nach seiner Theorie annehmen, dass diese geistig verstümmelten Geschöpfe das ursprüngliche ihnen bestimmte Menschenglück geniessen.** Voltaire, der an solchen Lehren keinen Gefallen fand, suchte Rousseau mit Spott abzufertigen, und meinte, beim Lesen dieser Schrift bekomme man Lust, auf allen Vieren zu kriechen. Allein die Wirkung, welche Rousseau mit seinen Ansichten hervorbrachte, war durch die besten Witzworte nicht zu schwächen. In Tausenden von Abdrücken durchflogen die kleinen Bücher das Land und fanden überall begeisterte Zustimmung. Rousseau hatte kaum etwas neues gesagt, seine

---

* „De l'inégalité parmi les hommes.“
** De l'inégalité, partie I.

Lehren finden sich schon in den Systemen früherer, besonders englischer Philosophen; aber noch keiner hatte dieselben so frei von scholastischen Ausdrücken, ohne jede schwerfällige Beweisführung, so allgemein verständlich, so selbstbewusst und so herausfordernd verkündigt. Sein „Contrat social" war gleichsam das einleitende Manifest der Revolution. Er predigte darin die Lehre von der Souverainetät der Allgemeinheit, vor der sich jeder Einzelne beugen müsse, die selbst einen bestimmten religiösen Glauben vorschreiben, und jeden Staatsangehörigen im Weigerungsfall zum Tode schicken dürfe. Es ist als ob die blutigen Tage der Schreckenszeit sich seinem ahnenden Geist enthüllt, als ob die finsteren Ereignisse kommender Jahre schon einen drohenden Schatten auf diese Rousseau'sche Schrift geworfen hätten. Was die Bibel den Predigern der Hugenotten gewesen, das wurde der „Contrat social" später den Rednern des Berges und des Sicherheitsausschusses. Denn bei aller Freiheitsliebe vergisst er das Recht des Einzelnen auf Selbständigkeit und wird dadurch tyrannisch und gewaltthätig.

Sonderbar ist es und bezeichnend für den Charakter jener frivolen Zeit, dass Rousseau mit solchen Anschauungen, mit seinem Hass gegen Königthum und Adel, gegen Luxus und Wohlleben, gegen die Verfassung der menschlichen Gesellschaft überhaupt, doch lange Zeit ein Lieblingsschriftsteller der aristokratischen Kreise war. Man sieht, sie waren sich der Gefahr, die sie bedrohte, nicht bewusst, und die tollen Ausführungen eines grämlichen Musikers schienen ihnen eher spasshaft. Zudem ist nicht zu übersehen, dass Rousseau sich mit äusserstem Nachdruck gegen Encyklopädisten und Atheisten aussprach, deren Ansichten zwar manche hohe Herren theilten, ohne jedoch ihre Verbreitung im Volk zu wünschen. Rousseau aber forderte eine grosse lebendige Kirche, eine warme, aus dem Herzen kommende Religiosität. Seine Ideen waren auch hierüber ganz besonderer Art, wie wir aus dem „Glaubensbekenntniss des savoyischen Pfarrers" ersehen. Der Held

seines Buches, der im Grund genommen an keine Lehre seiner
Kirche mehr glaubt, erfüllt dennoch ehrfurchtsvoll alle äusserlichen Vorschriften derselben, alle Ceremonien, und fühlt sich in
diesem Widerspruch glücklich. Der Rousseau'sche Priester
lässt nichts bestehen, als die Form, die ihm Achtung einflösst, die
ihn poetisch stimmt und sein Gemüth bewegt.* Kaum lässt es
sich begreifen, dass derselbe Mann es war, der ein so folgen-
reiches Buch, wie den „Emil" schreiben konnte, in welchem mit
dem Feuer der Begeisterung auf die Natur und deren Nachahmung
und Achtung hingewiesen wird, wenn wir nicht wüssten, wie in
Folge seines zerstörten Lebens, seines eigenthümlichen Bildungs-
ganges zwei Seelen in seiner Brust erwachsen wären. „Alles ist
rein, wenn es aus den Händen des Schöpfers hervorgeht, alles ent-

---

* Dass Rousseau nicht ohne Gegner blieb, ist natürlich und die
Männer der ruhigen Ueberlegung konnten ihm die Widersprüche, in die er
verfiel, nicht verzeihen. In dem Folgenden findet sich ein Beispiel der gegen
ihn ausgeübten Kritik. Bei Gelegenheit der „Neuen Heloise" brachte der
„Mercure français", das angesehenste der damaligen literarischen Blätter,
folgenden Artikel: „Weissagung, die einem alten Manuscript entnommen ist
— Zu jener Zeit wird in Frankreich ein ganz besonderer Mann auftreten, der
da kommt von dem Ufer eines See's und er wird zum Volke rufen: Ich bin
besessen von dem Dämon des Enthusiasmus, der Himmel hat mir die Gabe
der Inconsequenz gegeben, ich bin Philosoph und Lehrer der Paradoxen.

„Und die Menge wird ihm nachlaufen und einige werden an ihn
glauben."

„Und er wird ihnen sagen: Ihr seid alle Schurken und Diebe; eure
Weiber sind liederliche Weiber — und ich will unter euch wohnen."

„Und er wird die natürliche Gutmüthigkeit dieses Volkes missbrau-
chen und ihnen geistlose Grobheiten sagen. Und er wird hinzufügen: Alle
Menschen sind tugendhaft in dem Land, in dem ich geboren bin — und ich
werde das Land, in dem ich geboren bin, niemals bewohnen."

„Und er wird behaupten, dass die Wissenschaften und Künste nothwendig die Sitten verderben und er wird über alle möglichen Wissenschaften und Künste schreiben."

artet unter den Händen des Menschen", * so beginnt sein „Emil",
und mit diesem Kampf gegen das Herkömmliche, Erkünstelte,
mit diesem Hinweis auf die Natur als die ewige Lehrmeisterin
alles Schönen und Wahren, mit der bis dahin ungeahnten Gluth
der Leidenschaften, die er in seiner „neuen Heloise" zu schildern
wusste, bahnte er ersichtlich der kommenden neuen Zeit, ja selbst
der später sich entwickelnden Romantik die Wege.

Sucht man nun die Bestrebungen jener Zeit in einem Ge-
sammtbild zusammenzufassen, so erstaunt man über die Mannich-
faltigkeit der Gruppen und Schattirungen, die sich hier zusammen-
finden. Doch vor Allem wird der Blick gefesselt durch das unablässige Ringen jener Periode, sich selbst emporzuarbeiten, durch
das unruhige Suchen der Geister nach einem besseren Ziel, ihre
Zuversicht auf eine kommende schönere Zeit; er wird gefesselt
durch die Beweise der energischen Begeisterung, die sich allenthalben kundgibt und doch Hand in Hand gehen kann mit einer
unglaublichen Frivolität und einer leichtsinnigen Oberflächlichkeit, welche in der Feinheit und Anmuth des äusseren Lebens ihr
volles Genüge findet.

———

„Und er wird behaupten, dass das Theater eine Quelle der Prostitution
und der Verderbniss sei und er wird Opern und Lustspiele verfertigen, Und
er wird schreiben, dass die Tugend nur bei den Wilden zu finden sei, obwohl
er nie dort war und obschon er würdig wäre, dort zu wohnen."

„Und er wird den Leuten rathen, ganz nackt zu gehen; und er wird
galonnirte Kleider tragen, wenn man ihm welche gibt."

„Und er wird sagen, dass alle Grossen verächtliche Knechte seien, und
er wird die Grossen besuchen, sobald diese ihn aus Neugier, wie ein wildes
Thier aus fernem Land, sehen wollen" u. s. f., u. s. f. In diesem Ton wird der
Roman der Heloise erzählt und die Verkehrtheit desselben zu beweisen
gesucht. In der nächsten Nummer des „Mercure" folgt dann eine Entgegnung in demselben prophetischen Styl gehalten, die aber bedeutend
schwächer ist.

* „Tout est bien, sortant des mains de l'auteur des choses; tout dégé-
nère entre les mains de l'homme."

2*

Das Schicksal wollte, dass die Regierung in dieser schwierigen Zeit es nicht verstand, sich an die Spitze der Bewegung zu
stellen. Unentschlossen schwankte sie hin und her, und Mallet
du Pan, einer der bedeutendsten Publicisten jener Zeit, schrieb
schon 1788 im December in sein Tagebuch: „Von einem Tage
zum anderen wechselt man in Versailles System und Ideen über
die Politik. Keine Regeln, keine Grundsätze. Die Sonne leuchtet
alle drei Tage einer andern Ansicht in Versailles. Unsicherheit
der Schwäche, völlige Unfähigheit!"*
 Nachdem alle Auskunftsmittel, die man versucht hatte, sich
als unwirksam erwiesen hatten, die Bewegung zu hemmen, berief
man endlich die Generalstaaten, von deren Aufgabe man freilich
auch keinen Begriff hatte, und von welchen man nur in dunkler
Ahnung das Beste erwartete. Als aber dieselben im Mai 1789
zusammentraten, und sich in eine constituirende Nationalversammlung umwandelten, war die Revolution eröffnet.
 Eine neue Zeit brach herein, und forderte neue Menschen.
Am 30. Mai 1778 war Voltaire gestorben, und wenige Wochen
darauf, den 3. Juli, war ihm Rousseau gefolgt. Diderot,
Buffon, d'Alembert schieden in den achtziger Jahren. Eine
der wichtigsten Epochen der französischen Literatur schloss mit
dem Zusammensturz der Monarchie ab. Während jenseit des
Rhein die deutsche Dichtung zu ihrem Höhepunkte aufstieg,
schien die französische Literatur völlig abzusterben. Und doch
war dieses Ermatten nur scheinbar; der Sinn des Landes wen-
dete sich anderer Thätigkeit zu, der gewaltige Geist, der Frank-

---

* Mallet du Pan, mém. I. 136. Daselbst führt er einige der Spottlieder gegen die königliche Familie und die Regierung an; so war unter anderen folgender Vers an den Tuilerien angeheftet:

„Palais à louer,   „Le parlement est fou, je pense
„Parlement à vendre,   oder: „Car-il perdra son latin,
„Ministres à pendre   „De vouloir régler la dépense
„Couronne à donner."   „D'un ivrogne et d'une. ."

reich erbeben machte, trieb die Kreise, aus welchen bisher
die Schriftsteller hervorgegangen waren, jetzt vorzugsweise zur
Betheiligung an der Politik. Nicht umsonst hatte Abbée Sieyès
die bekannte Schrift veröffentlicht: „Was ist der dritte Stand?
— Nichts. — Was will er sein? Etwas!" Er drückte damit den Gedanken der Mittelclassen aus, welche sich fähig und
berufen fühlten, an der Regierung ihres Landes theilzunehmen.
Die Revolution war das Werk des dritten Standes, der nicht nur
Etwas, sondern während einer Reihe von Jahren sogar Alles
wurde, bis ein glücklicher Soldat ihn stürzte und die Herrschaft
des Degens begründete.

Dieser Eine Umstand würde genügen, den Stillstand in der
Literatur zu erklären. Alle Talente wendeten sich dem öffentlichen Leben zu, und wir sehen mit einem Male in den weitesten
Kreisen jenen fieberhaften Drang nach politischem Einfluss, nach
Theilnahme an der Macht, nach Popularität, aber auch vielfach
eine an das Alterthum erinnernde selbstsuchtlose Begeisterung
für das öffentliche Wohl. Statt Gedichte und Bücher zu lesen,
lauschte Frankreich den Reden seiner Abgeordneten. Die Tribüne
ersetzte die Literatur, die Zeitungen verdrängten die Musen-
almanache. Eine Literatur, die trotz ihres Oppositionsgeistes eine
aristokratische Haltung bewahrt hatte, musste bei einer solchen
Richtung der Zeit vernachlässigt werden. Eine ganze Generation
musste vorübergehen, bis auch die Literatur sich in ihrem inneren
Wesen umwandeln konnte. Zuvor musste die wilde Gährung aller
Verhältnisse sich legen und eine Klärung stattfinden. Zwanzig
Jahre des Sturms und Blutvergiessens, eines äusserlichen, sich
selbst vergessenden Lebens rissen das französische Volk wie in
einem Taumel mit sich fort. Als es erwachte, war Alles umge-
wandelt, ein neues Leben, neue Verhältnisse geschaffen, und somit der Boden für ein neues Aufblühen der Literatur gegeben.
Die Literatur der Revolution und des Kaiserreichs bildete nur eine
Periode des Uebergangs.

Es ist ein allgemein gültiges Naturgesetz, dass in jeglicher Zerstörung der Keim neuen Lebens verborgen liegt. Sehen wir denn in dem Folgenden, wie sich bei dem Zusammenbruch des staatlichen und gesellschaftlichen Lebens die Literatur in ihren verschiedenen Zweigen gestaltete; wie sich der Kampf der Gegensätze auf der Rednerbühne, auf der Scene, in den Büchern und Gedichten, selbst bis in die sanftesten Idyllen herab, fortspann; und wie neben der politischen Umgestaltung langsam aber sicher eine neue Entwickelung auch auf dem Gebiet der Literatur sich vorbereitete. Was die dichterischen und schriftstellerischen Erzeugnisse jener Zeit an ästhetischem Werth einbüssten, gewannen sie reichlich an psychologischem Interesse.

Erster Abschnitt.

Die Gesellschaft.

Ueber Nacht war das politische Leben in Frankreich erwacht. Die feine Welt, welche bis dahin die alleinige Herrschaft besessen hatte, sah zu ihrem Befremden, dass ein neues heissblütiges Geschlecht sich an ihrer Seite erhob, welches andern Sinn, andern Willen hatte, ja fast eine andere Sprache redete. Dieses neue Geschlecht entblödete sich nicht, Ideen für ernst zu nehmen und verwirklichen zu wollen, welche noch vor Kurzem höchstens als Zeitvertreib müssiger Geister gegolten hatten.

Aber die herrschenden Kreise wagten keinen entschiedenen Widerstand und versuchten in den ersten Zeiten nirgends, den Gang der Ereignisse aufzuhalten. Vertreter des hohen Adels waren es, welche in der denkwürdigen Nacht vom vierten auf den fünften August die grossen socialen Reformen vorschlugen und damit ganz Frankreich umgestalteten. War es zu verwundern, wenn diese gewaltige Revolution, die einschneidender war als die politische, das Volk in Aufregung und Verwirrung brachte? Trotzdem entwickelten sich die neuen Verhältnisse in verhältnissmässig grosser Ruhe und Niemand konnte die schrecklichen Zeiten voraussehen, die da kommen sollten. Ein wirklich grossartiger Aufschwung belebte damals alle Herzen, ein höheres Leben pulsirte in der Nation.

Das zeigte sich nicht wenig in dem veränderten Charakter der Pariser Salons und der Menschen, die sich darin bewegten. Die alten aristokratischen Familien, welche früher den Mittelpunkt des geselligen und selbst des geistigen Lebens gebildet hatten, zogen sich mehr und mehr grollend zurück. Nur wenige

Damen der vornehmen Welt empfingen noch in der altherkömm-
lichen Weise, allein die früheren Plauderstätten wurden nun
zu Sammelpunkten für Staatsmänner, Abgeordnete, Schriftsteller
und Zeitungsschreiber, die sich hier trafen, um in lebhaftem
Wortgefecht ihre Ansichten auszutauschen. Dieser einzige Umstand genügt, die tiefgreifende Einwirkung der Revolution zu
zeigen. Die alte Welt mit ihren Sitten, ihrem Geschmacke verschwand, um einer neuen Platz zu machen. Die Abgeordneten der
Linken fanden so eine freundliche Stätte in den Salons einer
Fürstin von Hohenzollern und in dem Hause Beauharnais.
Ein anderer, ebenfalls belebter Kreis kam bei der bekannten Ro-
manschriftstellerin Frau von Sillery-Genlis zusammen. Der
bedeutendste Salon in dem ersten Jahr der Revolution war jedoch
unstreitig derjenige, welchen Madame Necker, die Gemahlin
des Ministers, jeden Donnerstag Abend für die Getreuen ihres
Mannes eröffnete. Aus dem Waadtland gebürtig, hatte sie die
sittliche Strenge ihrer Heimath in der verdorbenen Pariser Welt
zu bewahren gewusst, aber sich freilich eben so wenig von der
etwas schwerfälligen doctrinären Art ihres Landes frei machen
können. In ihrem Salon verwandelte sich gar leicht unter ihrem Einfluss die gefällige Unterhaltung in ernste Disputation, die Unge-
zwungenheit des Verkehrs in steife Förmlichkeit. Trotz ihres langen
Aufenthalts in Paris fühlte sie sich nie ganz heimisch daselbst und
kehrte gern, nach dem Rücktritt Necker's aus dem Ministerium,
in ihr liebes Coppet am Genfer See zurück, das auch ihrer berühm-
teren Tochter später als Zuflucht dienen sollte. Zur Zeit von
Necker's Macht waren jene Abende natürlich doppelt besucht;
man machte dem einflussreichen Minister den Hof, man sah und
sprach die hervorragendsten Männer der Politik und Literatur.
War auch Buffon, der nächste Freund der Dame des Hauses,
gestorben, so traf man neben vielen andern Berühmtheiten des
Tages Sieyès, den verfassungskundigen Abbé, Grimm, den
scharf beobachtenden Berichterstatter fremder Höfe, Condorcet,

den gewiegten Nationalökonomen voll idealen Aufschwungs, sowie
Talleyrand, der damals noch Bischof von Autun war, doch
seine Meisterschaft in der Intrigue und dem politischen Schach-
spiel bereits deutlich an den Tag legte. „Er lächelte um nicht zu
sprechen, und sprach um nicht zu antworten."*

Minder einflussreich, aber vielleicht anziehender war der
Salon, welchen Julie Talma, die Frau des grossen Schauspielers, in
ihrem Hause eröffnete, und in dem sich vor Allem die Jünger der
Poesie und Kunst zusammenfanden. In einer phantastisch mit
Waffen aller Art ausgeschmückten Gallerie trafen sich dort die
Dichter Chénier, Ducis, Legouvé, die Maler David und
Greuze, später auch die Häupter der Gironde Vergniaud,
Roland und Andere mehr. In den folgenden Jahren wurde freilich
das gesellige Leben immer schwieriger, die Salons verödeten und
schlossen sich zuletzt ganz. Denn mit der steigenden Schreckenszeit wurde jede an sich unverfängliche Zusammenkunft verdächtig
und konnte eine gewünschte Veranlassung zur Verhaftung und
todbringenden Anklage werden.

Doch diese traurige Zeit kam erst allmälig; das Jahr
1789 galt bei der grossen Mehrheit für glückverheissend, noch
schwärmte man für Freiheit und republikanische Einfachheit.
und glaubte an die Möglichkeit, antike Zustände herzustellen,
in welcher sich Helden und Staatsmänner nach den Vorbildern des Plutarch finden würden. Auch die bildende Kunst
blieb dieser Bewegung nicht fremd. Seit Jahren schon hatte
Jacques Louis David (1743—1825) darnach gestrebt, das
Studium der Antike zu Ehren zu bringen und einen einfachen
grossen Styl zur Herrschaft zu führen. Lange vor der Revolution
hatte er mit einigen seiner Bilder, seinem „Belisar", seinen „Ho-

---

* Goncourt, la société pendant la révolution, chap. I. Höchst wichtig
für die Kenntniss des socialen Lebens in jener Zeit ist Sebastien Mercier's
Buch: „Paris pendant la Révolution ou le nouveau Paris", das im Jahr 1800 erschien. Ueber Mercier selbst siehe Seite 35 f. f.

ratiern" Erfolg gehabt, mit andern war es ihm um so schlimmer
ergangen. Sein „Brutus, dem man die Leichen seiner enthaup-
teten Söhne bringt", durfte lange Zeit nicht einmal öffentlich aus-
gestellt werden. Erst die neue Zeit, welche David auf der Seite
der Jacobiner fand, gab ihm völlig Recht. Die Antike in der etwas
steifen und eintönigen Nachahmung der David'schen Schule beherrschte bald das ganze Gebiet der Kunst; die antikisirende
Mode bemächtigte sich selbst der Frauentrachten und formte Haus-
einrichtungen und Möbel um. Die verschwommenen Linien des
Rococo verschwanden, um den geraden, geometrisch steifen Formen
Platz zu machen, welche man für classisch hielt. David änderte
freilich später, wie so viele seiner Zeitgenossen, seine republikanischen Ansichten, um Napoleon zu huldigen; und obschon
er früher der Maler Marat's gewesen war, brauchte er nachher
seine Kunst zur Verherrlichung des Kaisers und liess sich herbei,
Zeichnungen für die Ausstattung der Hoffeste, sowie Entwürfe für
den Thronsessel zu liefern. Vielleicht mag man zu seiner Ent-
schuldigung gelten lassen, dass die Umwandlung des schroffen
Republikaners in einen Napoleonischen Hofkünstler zum Theil in
dem Irrthum begründet war, welcher in Bonaparte einen neu er-
standenen Plutarchischen Helden feierte, der die alte Heroenzeit
wieder heraufführen werde, — ein Irrthum, der den Plänen des
ehrgeizigen Generals nicht unbeträchtlichen Vorschub leistete.

Die Erstürmung der Bastille erhöhte noch die anfängliche Begeisterung. Zunächst wurde sie auf allen Schaubühnen mit grossem
Aufwand von Feuerwerk, Flintenschüssen und betäubendem Lärmen
gefeiert; bald aber entwickelte sich ein wahrer Cultus um die
Trümmer der gefallenen Zwingburg. Durchtriebene Geschäfts-
leute wussten diese Stimmung nach Kräften auszubeuten, und besonders einer von ihnen, der es übernommen hatte, die Bastille
durch seine Arbeiter abtragen zu lassen, richtete eine grossartige
Agentur durch ganz Frankreich ein und verkaufte aller Orten die
abgebrochenen Steine als Freiheitsreliquien; er liess Bonbon-

nièren, Tintenfässer, Briefbeschwerer und ähnliche Nippessachen
aus ihnen fertigen, und aus den vorgefundenen Ketten Medaillen
schlagen, welche die freien Männer auf ihrem Herzen tragen
sollten. Man versichert, dass sich fast in jedem Salon als Schmuck
des Kamins ein Gypsmodell der Bastille gefunden habe.

Doch wir wissen, wie rasch die Ereignisse aufeinander folgten, wie bald Viele an der Zukunft verzweifelten, wie der Staatsbankerott drohte und die Auswanderung begann. Im Monat September des Jahres 1789 wurden allein in Paris gegen sechstausend
Pässe an reiche Familien gegeben, welche sich und ihr Vermögen
im Ausland sichern wollten. Aber während die Aengstlichen ihre
Schätze oft in ausgehöhlten Stöcken mit sich trugen, erschienen
in demselben Monat zwölf Bürgerinnen an den Schranken der
Nationalversammlung und boten dem Vaterland ihr Geschmeide als
freiwillige Opfergabe, um ein Beispiel zu geben, wie man der Er-
schöpfung des Staatsschatzes abhelfen könne. Ihr Vorbild fand
allgemeine Nachahmung, und von dem König, der sein Gold- und
Silbergeräth in die Münze schickte, bis herab zu den geringen
Leuten, die ihre vergoldeten Schuhschnallen und Knöpfe opferten,
suchte ein Jedes nach Kräften beizusteuern. *

Diese Spenden konnten den Ruin nicht abwenden. Die Fluth
der Revolution stieg höher und höher, bis sie zuletzt den wanken-
den Thron mit sich wegriss. In der furchtbaren Schreckenszeit,
welche hierauf begann, galt es, jede Erinnerung an die frühere
Herrschaft zu tilgen, und soweit ging man, dass man nicht einmal
von L u d w i g C a p e t, nur von dem „verstorbenen V e t o‟ sprach.
Selbst die Kartenkönige wurden verbannt und statt ihrer gab es

---

* In dem Bericht über die Sitzung vom 17. Mai 1792 wird das Anerbieten
des Dichters B e a u m a r c h a i s erwähnt, der für die Dauer des Krieges den
ganzen Ertrag seiner Theaterstücke anbietet. An demselben Tag waren Deputationen von Schulkindern, Waisenkindern und Insassen der Armenhäuser erschienen, um kleine Summen zu bringen, die sie sich am Munde abgespart
hatten.

Herz- oder Carreau-Genien, statt der Königinnen Trefle- oder Pique-
freiheiten. Ein Kartenbube, ein Valet, hiess nun eine Gleichheit
und das Ass, als höchste Karte, das Gesetz. Auch die Märchen
wurden gereinigt und keine Prinzen mehr in ihnen geduldet; die
„Prinzessin mit dem Goldhaar" wurde zur „Schönen mit dem
Assignatenhaar", da auch das Gold an sich schon etwas zu Aristo-
kratisches war.

Glücklich, wenn man nur von derartigen Lächerlichkeiten
zu berichten hätte! Allein die vollgepfropften Gefängnisse und
die täglich mit frischem Blut überströmte Guillotine zeigten, wie
furchtbar ernst die Machthaber zu Werke gingen. Selbst die
entsetzlichsten Hekatomben, die man allenthalben dem Dämon
des Hasses und des Fanatismus schlachtete, konnten die Mordgier
der Wüthenden nicht befriedigen. Wie Macbeth, fanden auch
sie, dass sie soweit im blutigen Strom gewutet hätten, dass es
leichter wäre, fortzuschreiten, als umzukehren, und so forderten
sie jeden Tag neue Opfer, bis endlich auch ihre Stunde schlug.

Gross zeigte sich in jenen Schreckensjahren der Muth und
die Ueberzeugungstreue, mit welcher die Verurtheilten zum Tode
gingen; man möchte glauben, das Leben sei ihnen gleichgiltig
gewesen. Und doch hingen sie gleich allen Menschen an ihrem
Dasein. Auch hier erkennt man den Einfluss der antiken Vorbilder, selbst bei den Frauen, die nicht minder gefasst das Blutgerüst bestiegen, als die Männer. Hatten sie auf grössere Rechte
gehofft, vielleicht sogar von bürgerlicher und rechtlicher Gleich-
stellung mit den Männern geträumt, so sahen sie bald jede Hoffnung schwinden, und nur das eine Recht wurde ihnen eingeräumt,
ebenfalls unter dem Beil zu sterben. Wie erschütternd und gross
sind die letzten Tage Condorcet's! Dass ein Mann im Angesicht des Todes an seiner Ueberzeugung festhält, dass er seinen
Feinden ungebeugt bis zum letzten Athemzug entgegentritt, ist
unserer Bewunderung werth. Doch solche Züge von Charakterstärke
finden sich glücklicher Weise noch häufig genug. Dass aber ein

Mensch, der von seines Gleichen verfolgt und zu Tode gehetzt
wird, seine Ideale, sein heiteres Vertrauen auf die Zukunft, seine
Liebe zur Menschheit in diesen bittern Stunden nicht verliert, ist
gewiss eine seltene Erscheinung. So aber erwies sich Condorcet.
Geächtet und für vogelfrei erklärt, fand er einige Zeit eine sichere
Zuflucht in einem befreundeten Hause und schrieb dort in dem
Versteck seine bekannte Schrift über die Entwickelung des menschlichen Geistes, dessen hauptsächlichster Theil von der zukünftigen
Vervollkommnung des menschlichen Geschlechts handelt. Wir
werden in einem besonderen Abschnitt auf Condorcet's Lehre
zurückkommen; hier gilt es nur zu zeigen, wie fest bei ihm die
Ueberzeugung von dem Vortheil der begonnenen Revolution wur-
zelte und wie er noch an die Güte der menschlichen Natur und an
eine schöne Zukunft glaubte, als er schon das Gift bereit hielt, mit
dem er sich seinen Verfolgern entzog, und in einer Zeit, da sich
alle Bande der Gesellschaft zu lösen drohten.

Die alte vielgerühmte Höflichkeit und Galanterie der Franzosen war verschwunden; es schien, als hätten die Emigranten auf
ihrer Flucht sie mitgehen heissen. Anstatt des feinen Huts herrschte
die Jacobinermütze, statt der gepuderten Frisur sah man das lange
glatte Haupthaar und das republikanische Du ersetzte das höfische
Sie. Wer nicht sicher war, ob er am nächsten Tag noch leben
werde, der suchte das Heute zu geniessen und wie zur Zeit der
Pest im Mittelalter, so stieg während der Schreckensmonate der
Revolution die Sucht nach Zerstreuung und Genuss zu einem hohen
Grade. Niemals waren die Theater mehr besucht, niemals die
Prostitution so offen, die Spielsucht so gross. Die Commune von
Paris klagte darüber schon in dem ersten Jahr und berechnete
in einer Eingabe an die Nationalversammlung die Zahl der Spiel-
häuser auf 4000, und das Uebel wuchs noch mit jedem Jahr.

Begeisterung und Hingebung, Genusssucht und Menschenhass! Alle diese Elemente wogten durcheinander, und die entge-
gengesetztesten Leidenschaften erschütterten das Volk bis ins

Innerste. Die Verwirrung zu erhöhen, erbob sich noch der religiöse Zwiespalt, die kirchliche Frage, welche das Gewissen Unzähliger beängstigte. während sie Andere zu um so heftigerem Vorgehen antrieb. Denn mehr selbst als auf dem Gebiet der Politik und der socialen Revolution standen sich die Parteien auf dem Feld der kirchlichen Fragen schroff und unversöhnlich gegenüber. Je weniger Anhänger der Kirchenglaube noch unter den gebildeten Classen aufzuweisen hatte, um so unerschütterlicher lebte er in dem Herzen des niederen Volkes, das seine Heiligen trotz des republikanischen Kalenders nicht aufgab. Die Schilderhebung der Vendée zeigt, wie gewaltig die religiöse Schwärmerei im Bund mit politischem Abscheu in den Massen aufflammen konnte. In barbarischem schaudervollen Bürgerkrieg wurde zwar der Aufstand der Vendée erstickt, allein die Sieger hatten dabei die eigene Sache, für die sie stritten, schwer beschädigt. Die Ursache, welche den Kampf veranlasst hatte, blieb bestehen und musste früher oder später noch einmal zum Sieg gelangen, um alsdann mit anderen Waffen und erfolgreicher bekämpft zu werden. Man kann keinem Volke einen neuen Glauben aufzwingen, noch viel weniger ihm eingewurzelte Ideen, seien sie auch irrig, mit Gewalt entreissen: nur die Schule, die wahre Bildnerin des Volks, vermag hier wohlthätig einzugreifen. Das hatten die liberalen Kreise vor der Revolution ausser Acht gelassen, und sie büssten jetzt schwer dafür, denn sie sahen ihr ganzes Werk hauptsächlich an der Unbildung der Menge scheitern.

Die verschiedenen Zeiten bringen nicht selten einzelne hervorstechende Eigenthümlichkeiten ihres Wesens in besonderen Menschen zum schärferen Ausdruck, gleich als wollten sie sich selbst in einer Reihe greifbarer Beispiele verkörpern. So prägt sich die grosse Revolution mit ihrer stürmischen Beredtsamkeit vor Allem in der titanenhaften Gestalt Mirabeau's aus. Allein für die grosse Masse der Skeptischen, Unthätigen, derer, welche die neue Freiheit jubelnd begrüssten, obwohl sie nichts gethan,

sie herbeizurufen, und die auch nichts zu unternehmen wagten,
die junge Freiheit gegen den Terrorismus zu schützen, — für die
grosse Masse dieser Leute ist wohl Niemand charakteristischer,
als Nicolas Chamfort, ein Mann, der als Dichter eben so unbedeutend, wie durch seine Gabe der Unterhaltung merkwürdig
war. Niemand besass, wie er, das Talent der anziehenden Plau-
derei, der sarkastischen Entgegnung.

Als natürliches Kind im Jahre 1741 in der Auvergne geboren, verbitterte sich sein Gemüth schon frühe, da er oft genug
den Nachtheil seiner Stellung empfand. Seinen Vater lernte er
niemals kennen, wurde aber um so mehr von Ehrgeiz getrieben,
sich durch eigene Kraft emporzuschwingen. In jungen Jahren
ging er nach Paris und versuchte sein Glück als dramatischer
Dichter. Seine Stücke: „Die junge Indianerin", „Der Kaufmann
von Smyrna", „Mustapha und Zeangir" fanden schon damals geringen Beifall und sind längst vergessen. Das letztere Stück, das
er 1776 aufführen liess, erregte indessen das Wohlwollen der
Königin durch eine Anspielung auf den gütigen Fürsten, der mit
seinen Brüdern in vollster Eintracht lebe. Marie Antoinette
liess den Verfasser nach der ersten Vorstellung zu sich bescheiden
und setzte ihm auf der Stelle einen Jahresgehalt von zwölfhundert
Livres aus. Graf Artois, des Königs jüngster Bruder, ernannte
ihn zu seinem Vorleser, Madame Elisabeth zu ihrem Secretär.
Bei solchen Beweisen hoher Gnade durften die Höflinge nicht zurück-
bleiben; der Prinz von Condé ernannte ihn ebenfalls zu seinem Secretär, ein anderer hoher Herr räumte ihm freie Wohnung in seinem
Palast ein und die Akademie wählte ihn zu ihrem Mitglied (1781).
So mit Ehren überhäuft und in die Gesellschaft der höchsten Kreise
eingeführt, würde ein bescheidener Mann sich begnügt, ein unab-
hängiger Charakter bald auf jene Gunst wieder verzichtet haben,
denn sie erwies sich bei allen äusseren Vortheilen als drückend.
Chamfort war aber weder dazu gemacht, sich zu begnügen, noch
sich loszureissen, und doch wurde er um so bitterer, je länger er

im Dienst der hohen Herren stand. „Ich liebe die freiwillige Armuth", sagt er einmal, „und ich gehe mit reichen Leuten um. Ich
fliehe die Ehren, und sie suchen mich auf. Die Literatur ist mein
einziger Trost, und ich sehe keinen ihrer Jünger, besuche auch
die Akademie nicht. Ich glaube ferner, dass die Illusionen dem
Menschen nothwendig sind, und ich lebe ohne Illusionen; ich
glaube, dass die Leidenschaft nützlicher ist als die Vernunft, und
ich weiss nicht mehr, was das heisst — eine Leidenschaft." Cha-
rakterisirt er sich in diesen Worten auch nicht völlig richtig, so
ist doch der Widerspruch, in dem er lebte, nur zu getreu gezeichnet. Da er als ein Meister der Conversation bekannt war, da man
wusste, dass er von Anekdoten und Witzen sprühen könne, so erwarteten die hohen Herrschaften von ihrem Secretär, dass er aus
Dankbarkeit sein Talent vor ihnen zum Besten gebe. Wie ein
Virtuose eingeladen wird, damit er sich hören lasse, so wurde
auch Chamfort, der Virtuose der Conversation, von den Grossen
herangezogen. Von Neid gequält, von Ehrgeiz und Eitelkeit getrieben und die hohle Gesellschaft um sich her verachtend, stürzte
er sich dann wohl in die Unterhaltung. Je erbitterter und zerrissener
er in seinem Herzen war, um so glänzender und witziger redete er,
um so angenehmer unterhielt er eine ganze Gesellschaft. Er hasste
sie, diese Welt, in der er nicht ebenbürtig auftreten konnte, und
war doch an sie gekettet, denn seine Charakterstärke war nicht
so gross, dass er auf das Geld jener Leute hätte verzichten mögen.
Ohne Beschäftigung, suchte er sich im Genuss zu betäuben und
richtete seine Gesundheit zu Grund, ohne sein Gemüth zu beruhi-
gen. „Ich habe meine Leidenschaft gebändigt, wie ein heftiger
Reiter, der sein Pferd tödtet, wenn er es nicht lenken kann."
    Versuchte er es wohl manchmal, seiner Frohndienste sich
zu entledigen und sich etwas zurückzuziehen, so liess man es ihm
gleich entgelten. In einem vertraulichen Briefe an einen Freund
drückt er seine ganze Bitterkeit aus. „Wie? sagt man, ist er nicht
genug für seine Mühe und seine Gänge durch die Ehre bezahlt,

uns besuchen, durch das Vergnügen, uns unterhalten zu dürfen, durch die Annehmlichkeit, von uns behandelt zu werden wie kein anderer Schriftsteller?" .. „Du magst schreiben, in Versen und in Prosa, magst dafür einige Lobeserhebungen, viele Grobheiten und einige Thaler ärnten, bis es dir gelingt, eine Pension von 25 oder 30 Louisd'or zu erhaschen. Diese musst Du Deinen Rivalen streitig machen, indem Du Dich im Koth wälzest, gleich dem Pöbel, dem man bei öffentlichen Festen Geld ausstreut." Und doch nahm er das Geld; doch fuhr er fort, Höfling zu sein, und rächte sich dafür durch seine Ausfälle gegen die Menschheit. Ein Theil derselben ist uns in der Sammlung seiner „Maximen und Gedanken" erhalten, durch welche er sich in Frankreich am meisten bekannt gemacht hat. Die französische Literatur zählt einige ihrer besten und geistreichsten Schriftsteller unter den sogenannten Moralisten, so Montaigne, Pascal, La Bruyère, La Rochefoucauld, so den zarten Vauvenargues und in unserem Jahrhundert noch Joubert. Sie predigen nicht, wie man dem Namen nach zu glauben geneigt sein könnte, Moral im engeren Sinn des Worts; sie geben nur eine Reihe von Sprüchen, Beobachtungen, Charakterbildern und kleinen Skizzen, welche auf den Menschen und seinen ethischen Gehalt Bezug haben. Ihnen gesellt sich auch Chamfort zu, und obwohl er seine Vorbilder nicht erreicht, ist doch auch von ihm eine Reihe von Sätzen und Einfällen bis auf den heutigen Tag bekannt geblieben. Von ihm stammt das verächtliche Wort über das Publicum, das ihn freilich durch die kühle Aufnahme seiner Stücke schwer beleidigt hatte: „Wie viel Dummköpfe braucht man zu einem Publicum?" Von ihm rührt die Eintheilung seiner Freunde her in solche, die ihn lieb haben, solche, die nichts nach ihm fragen, und endlich solche, die ihn verabscheuen. Wenn er sich wegen seiner Vorliebe für die Einsamkeit rechtfertigen will, sagt er, er sei an seine eigenen Fehler mehr gewöhnt, als an die anderer Leute, und räth dann wieder Jedem, der in menschlicher Gesellschaft erscheinen müsse, in der Frühe eine Kröte zu verschlucken. Dann sei er für den ganzen Tag gefeit und werde nichts finden, was ekelhafter wäre.

„Wer möchte, sobald er seine Vernunft befragt, Vater werden?... Ich verheirathe mich nicht, weil ich fürchte einen Sohn zu bekommen, der mir gleicht, — einen Sohn, der so arm wäre, wie ich, der nicht lügen, nicht schmeicheln, nicht kriechen könnte, und dieselben Erfahrungen zu kosten hätte, wie ich."... „Wenn wir die Welt und die Menschen beobachten, muss unser Herz brechen oder hart werden."

Ein solcher Mann musste die Revolution mit Freude begrüssen. Bald verbreiteten sich durch ganz Frankreich seine geflügelten Worte: „Krieg den Palästen, Friede den Hütten!" die mächtig auf das Volk einwirkten, obschon sie widersinnig und in seinem Mund am wenigsten berechtigt waren. Auch soll er es ferner gewesen sein, der dem Abbé Si e y è s die Idee der bedeutungsvollen Schrift: „Was ist der dritte Stand?" eingegeben habe. * Bei dem Zusammentritt der Nationalversammlung schloss er sich eng an Mirabeau an, dem er oft seine Gedanken mittheilte, und von dem er als sein „elektrischer Kopf" bezeichnet wurde.

Dankbarkeit war Chamfort's Sache nicht; wie er die königliche Sache aufgab, verliess er auch die Akademie. Seine Schrift gegen diese Gesellschaft, welche er zunächst zu Mirabeau's Gebrauch verfasst hatte, vernichtete sie in der öffentlichen Meinung. Zum Bibliothekar der Nationalbibliothek ernannt, zeigte

---

* Eines Tages sagte C h a m f o r t zum Grafen L a u r a g u a i s: „Ich habe eben ein Werk vollendet." — „Wie? ein Buch?" — „Kein Buch; so dumm bin ich nicht. aber den Titel eines Buches, und dieser Titel sagt Alles. Ich habe ihn dem puritanischen S i e y è s überlassen, der ihn nach seinem Belieben verarbeiten mag. Er kann sich anstellen, wie er will, man wird immer nur den Titel behalten." — „Wie lautet er?" — „Was ist der dritte Stand? Nichts. Was hat er? Nichts." — S i e y è s hätte darnach allerdings den Titel noch drastischer geändert. Siehe Lettres de J. B. L a u r a g u a i s à M₩ ✝ ✝ ✝. paris 1862. pg. 160. Sainte-Beuve, causeries IV. Duval, mémoires I, 322.

er sich als einen der eifrigsten Vertheidiger der Revolution; selbst
gegen die Herrschaft der Schreckensmänner hatte er nur Witzworte, keinen Tadel. Ihr Wahlspruch lautete nach seiner Erklärung: „Sei mein Bruder, oder ich bringe dich um!" Doch in dieser
blutigen Zeit war eine spitze Zunge gefahrbringend, und auch
Chamfort entging seinem Schicksale nicht. Er wurde ein erstes
Mal verhaftet, aber bald wieder freigelassen. Dann von neuem ergriffen, endete er unter grossen Schmerzen im Gefängniss, nachdem
er sich durch einen Schuss ins Gesicht und einen schlecht geführten
Schnitt mit dem Rasirmesser verwundet hatte. (13. April 1794.)

Will man ein genaues Bild des öffentlichen Lebens, des be-
täubenden Lärmens, des verwirrenden Durcheinander, welches
die wenigen Jahre der Revolution kennzeichnet, so greife man zu
Sebastian Mercier's Skizzenbuch: „Paris während der Revolution
oder das neue Paris" — einer Sammlung von kurzen Zeitungs-
artikeln und Aufzeichnungen, die er, als erster in der Reihe der
Feuilletonisten, in der Zeit des Directoriums veröffentlichte.

Sebastian Mercier (1740—1814) hatte sich schon früher
durch seine Schriften bekannt gemacht. Schon im Jahre 1770 war
er mit einer Schrift aufgetreten, welche er vorsichtigerweise „das
Jahr 2440, ein Traumgesicht", betitelt hatte, und die grosses Aufsehen erregte. Ein zweiter Epimenides, schildert er, wie er nach
einem gesunden siebenhundertjährigen Schlafe wieder zum Leben
erwacht, und in Frankreich alle Verhältnisse umgewandelt findet.
Dabei bietet sich ihm reichlich Gelegenheit, seine Ideen über die
socialen und politischen Verhältnisse seiner Zeit auszukramen,
und die kommende Revolution mit Bestimmtheit vorauszusagen,
wenn er auch nicht ahnt, dass sich seine Weissagung schon nach
wenigen Jahren verwirklichen soll.

Auch auf dem ästhetisch-literarischen Gebiet versuchte sich
Mercier als Kritiker und Prophet. Wir werden darüber genauer
zu reden haben, wenn wir von dem Einfluss Shakespeare's
auf die französische Literatur handeln; hier genügt es zu sagen,

3*

dass M e r c i e r in Folge seiner literarischen Opposition auch
für einen Anhänger der politischen Umwälzung angesehen und
darum als Abgeordneter in den Convent gewählt wurde. Bald
aber erwies er sich als Gegner der Jacobiner, stimmte in König
L u d w i g's Process muthig gegen die Todesstrafe, wurde eingekerkert, über ein Jahr im Gefängniss festgehalten und nur durch
den rechtzeitigen Sturz R o b e s p i e r r e's vom sicheren Tode er-
rettet. In der Zeit des Directoriums gerieth M e r c i e r in missliche Vermögensverhältnisse und schrieb deshalb mehr oder weniger fabrikmässig eine Reihe von Artikeln für die Pariser Zeitungen. Es waren meistens Erinnerungen aus der jüngsten Vergangenheit oder lebensvolle pikante Schilderungen der Gegenwart, und so bilden sie in ihrer Zusammenstellung eine der merkwürdigsten Sammlungen von Skizzen, Erklärungen, Charakte-
ristiken und witzigen Einfällen, die man zur Kenntniss jener Zeit
überhaupt besitzt.

In der Eile und Hast der Stunden, ohne Rücksicht auf Styl,
künstlerische Ordnung und Vollendung geschrieben, sind diese
kleinen Aufsätze gerade in ihrer Sorglosigkeit das treueste Bild
des tollen Rausches und schmerzenden Katzenjammers jener Jahre.
Hier spricht M e r c i e r in einigen Zeilen von dem Convent und
der rothen Mütze, auf der andern Seite erzählt er von einem volksthümlichen Liede, gleich darauf von einer Garküche, von dem Getümmel des Palais-Egalité (Palais-Royal), um alsbald einen Ab-
stecher auf das Gebiet der Kunst und Literatur zu machen. Trotz
dieser Unordnung möchte man kaum eine systematischere Behandlung wünschen, da sie so, wie sie ist, an die Genauigkeit eines
photographischen Abbildes erinnert.

M e r c i e r's Zeichnungen gewinnen in unseren Tagen doppelt
an Werth, da sie uns die Pariser Zustände der jüngsten Vergangenheit im Spiegel der Revolution vorführen. Die Aehnlichkeit der
Stimmungen, der Begebenheiten, ja des ganzen Lebens ist überraschend; auch die Pariser haben nichts gelernt und nichts ver-

gessen. Allerdings standen die Preussen damals nicht vor den Thoren der Stadt, aber die Republik war doch in schwere Kriege verwickelt, mächtige Feinde drohten an der Grenze; es drohten wie in unsern Tagen Hungersnoth, innere Zerwürfnisse und ein furchtbarer ökonomischer Ruin.

Mercier bespricht diese Verhältnisse mit schwerem Herzen; bitter aber wird er, wenn er auf die Pariser selbst zu reden kommt. „In Zeiten der Revolution“, sagt er, „lernt man die Menschen binnen sechs Monaten besser kennen, als sonst im Laufe von zwanzig Jahren.“ Er hatte allerdings die Schreckenszeit durchlebt und die Wildheit der Bevölkerung, der gebildeten wie der ungebildeten, kennen lernen. Geht er aber bei seiner Schilderung auf die Einzelheiten über, so erstaunen wir über die eigenthümliche Aehnlichkeit aller Vorkommnisse. Auch Mercier spricht von dem unerschütterlichen Sicherheits- und Siegesgefühl, das einen jeden Pariser belebe. Dass die Unbesiegbarkeit der Stadt Paris in den Sternen geschrieben stehe, das war schon in jenen Tagen das Credo eines jeden Philisters an der Seine. Man unterhielt sich mit den fabelhaftesten Gerüchten; Alles wurde geglaubt, Alles für bare Münze genommen. Dazu witterte man allüberall Verräther und Spione, und Niemand war vor Argwohn sicher. Nur hiess der Versucher damals nicht Bismarck, sondern Pitt; nur war es damals englisches Geld, welches zu gleicher Zeit die Royalisten unterstützte und die Jacobiner-Partei bezahlte — Alles in der schändlichen Absicht, Frankreich in Verwirrung zu stürzen. Mercier weiss, dass das englische Cabinet die Flucht Ludwig's XVI. nach San Domingo vorbereitet hatte, um eine Contre-Revolution von dort aus ins Werk zu setzen: er ist in nicht geringer moralischer Entrüstung darüber, dass der elende Pitt die Girondisten zu Fall gebracht, weil sie einige seiner Intriguen kannten; ja er zweifelt selbst nicht, dass Robespierre in englischem Solde gestanden habe, und Mercier ist hier immer der Sprecher einer ungeheuren Mehrheit. Flüsterte man sich doch sogar zu,

Robespierre gebe mit dem Gedanken um, die Tochter Ludwig's XVI. zu heiraten und sich dann des Thrones zu bemächtigen. Aber gerade darin liegt ein gewisser Trost. Wenn man heute von jenen Wuthausbrüchen, jenem Ruf nach ewigem Vertilgungskrieg gegen das perfide Albion liest, und dann sieht, wie der Nationalhass zwischen beiden Völkern binnen fünfzig Jahren fast geschwunden ist, so darf man ja wohl hoffen, dass in nicht allzu langer Zeit auch die Deutschen mit den Franzosen wieder auf freundnachbarlichem Fusse leben und diese ihres jetzigen wilden Grimmes vergessen werden.

Im Jahre 1794 — style esclave, wie man damals sagte — oder im Jahre II der Republik machte sich in Paris ein furchtbarer Mangel an Lebensmitteln aller Art fühlbar, obwohl keine feindliche Armee vor den Thoren stand. Mercier schildert in seinen Feuilletons die Scenen der Angst, des verzweifelten Kampfes um einen Bissen Brot, wie sie sich damals in den Strassen der Hauptstadt abspielten, mit ergreifenden Worten. In unseren Tagen herrschte eine gleiche, wenn nicht schrecklichere Noth unter der Pariser Bevölkerung, so dass Mercier's Skizzen eine traurige Vergleichung herausfordern. Die Commune sah sich zu jener Zeit zuletzt genöthigt, die Fleischvertheilung zu regeln, und so gering waren die Vorräthe, dass auf den Einzelnen nicht mehr als ein Pfund alle zehn Tage kam. „Wie viel Mütter sah ich erbleichen", sagt Mercier, „wie viele in Thränen ausbrechen, als sie diese finstere Fastenordnung zu Gesicht bekamen!" Bewaffnete Banden machten die nächsten Umgebungen der Stadt unsicher; man drang mit Gewalt in die einzeln stehenden Landhäuser, forschte nach Lebensmitteln und hiess alle Vorräthe mitgehen, die man vorfand. Bald freilich lohnten sich solche Raubzüge nicht mehr. Schon um 9 Uhr Morgens waren die sonst so reich versehenen Markthallen völlig leer, und nur in den wenigen Morgenstunden konnte man einige armselige Vorräthe daselbst finden. Doch war die Schwierigkeit auf den Markt zu gelangen, schon für Viele zu gross.

Von der Mitternachtsstunde an bildeten sich lange Reihen von
Weibern, welche der Witterung Trotz boten und stundenlang vor
der Eröffnung des Marktes harrten, um sich mit Lebensgefahr
einige Eier oder etwas Butter zu erobern. Es wäre ein Wunder
gewesen, hätte das aufgeregte, argwöhnische Volk, das überall
Verrath witterte, nicht auch in der Hungersnoth die höllische Bosheit der Gegner erkannt, welche absichtlich die Lebensmittel von
der Hauptstadt zurückhielten. Mercier glaubt dies natürlich
auch. „Trauer lagerte auf allen Gesichtern, man fluchte dem Leben
und den frevelhaften Veranstaltern der Hungersnoth!" erzählt
er und schildert dann die wilden Auftritte, die in den Morgenstunden vor Fleischer- und Bäckerläden statthatten, wie die erbitterten Massen immer mächtiger anwuchsen, berittene Gensdarmen rücksichtslos durch die Menge sprengten, die Leute um-
ritten und in der Absicht, Unglücksfälle zu verhüten, deren noch
mehr verursachten. Oft herrschte ein unbeschreibliches Getümmel
auf der Strasse; ein wahrer Kampf entstand, und während riesige
Lastträger im Solde der hohen und einflussreichen Herren gegen
das Gesetz ganze Viertel eines Ochsen davontrugen, sahen sich
die Armen und Schwachen zurückgestossen und gar manche Frau
wankte nach vielstündigem Harren auf der Strasse nach Hause,
ohne für ihre hungernden Kinder etwas mitzubringen. Aehnlich
erging es vor den Bäckerläden, wo man sich wie zu andern Zeiten
vor den Theatern drängte; selbst um Oel, Talg, Seife und ähnliche
Waaren zu erhalten, gab es beschwerliche Kämpfe, und die Preise
stiegen zu unglaublicher Höhe. Oeffentliche Garküchen boten dem
hungernden Volke als Hauptleckerbissen ein paar Häringe mit
Schnittlauch, gekochte Pflaumen oder eine dünne Linsenbrühe an,
während nicht weit davon, im Palais-Royal, der Feinschmecker sich
für 50 Franken noch eine erträgliche Mahlzeit verschaffen konnte.

Damals wie heute fehlte es in der allgemeinen Zerrüttung an
einem Manne, der mit klarem Kopf und fester Hand die Zügel
der Regierung zu handhaben verstanden hätte, um das Land vor

dem Militär-Despotismus zu bewahren. Noch mehr fehlte es dem Volke und den verschiedenen Parteien an Einsicht und politischem Sinn. Man überhäufte sich mit gegenseitigen Anklagen: wer eine andere Meinung zu äussern wagte, wurde alsbald für einen „Elenden", einen „Verbrecher" erklärt. So erzählt Cuvier in seiner Lobrede auf den gelehrten Lacépède, dass dieser Letztere eines Tages in einer Zeitung eine Liste der „Elenden, welche gegen das Volk stimmten", gefunden und zu seinem Erstaunen auch seinen Namen darunter gelesen habe; und doch war der Redacteur jenes Blattes ein vielgesehener Gast seines Hauses und setzte seine Besuche selbst nach der Veröffentlichung des erwähnten Artikels fort. Lacépède stellte ihn darüber zur Rede, erhielt aber keine andere Genugthuung als die verwunderte Frage, ob er denn die Bedeutung dieses Wortes nicht kenne? „Ein Elender" bedeute ja nicht mehr und nicht weniger als „ein Andersdenkender", und so liege in dieser Bezeichnung durchaus keine Grobheit.

Mercier dachte nicht ganz so und war überhaupt auf seine Collegen von der Presse nicht gut zu sprechen. Was er von ihnen einmal sagt, könnte man auch auf die Kannegiesser und Presshelden des heutigen Frankreich anwenden. „Spricht man von der Revolution, so hört man stets dasselbe Wort, man hätte es so machen müssen, jenen Mann hätte man wählen, zu jener Stunde hätte man marschiren sollen. Sie Alle sind wunderbare Propheten, wenn die Sache vorüber ist; sie ergehen sich in unnützen Declamationen, halten ihre Reden vor einem tobenden Wasserfalle und bilden sich ein, ihre Stimme könnte die schäumenden Wogen aufhalten.... Wie viel falsche Ideen, wie viel falsche Urtheile, welche Unwissenheit über die Ursachen und die Verkettung aller Ereignisse!"

Die Aehnlichkeit so mancher Verhältnisse von heute und damals zu erhöhen, fehlte es sogar nicht an geheimen Papieren der gestürzten Regierung. Schon im Jahre 1789 hatte ein Abge-

ordneter in der National-Versammlung von der Existenz des
„rothen Buches" gesprochen, in welchem die Liste der Pensionen
und Gnadengehalte verzeichnet sei. Einige Zeit später wurde
dieses Buch auf Befehl der Versammlung wirklich durch den
Druck veröffentlicht, und Mercier begleitete diese Aufzeichnungen mit seinen Randglossen. Obenan in der Liste stand ein
deutscher Prinz, welcher vier Pensionen von zusammen 48.000
Livres, alle vier für seine Dienste als Oberst, zu beziehen hatte.
Dann kam ein Präsident mit drei Pensionsbeträgen; die erste war
ihm verliehen, weil er Präsident und Intendant, die zweite, weil
er Intendant und Präsident war, und die dritte „aus den oben an-
geführten Gründen". Ein anderer Glücklicher, der Leibchirurg
des Königs, hatte das Privilegium, von jedem Barbier des Landes
eine Steuer zu erheben, und stand sich dadurch auf 62.000 Livres
jährlich. Aber auch feine Damen fanden sich auf der Liste der
Pensionsberechtigten verzeichnet, die Eine war „in Anbetracht
ihrer geleisteten Dienste und um ihre Heirath zu erleichtern", mit
zwei Summen, eine Andere, eine Marquise, gar mit drei Pensionen „als Fortsetzung" — „ohne Motiv" — und „als geheimer
Gehalt" bedacht, und so ging es lustig weiter.

Doch genug dieser Skizzen, die das Herz mit Trauer erfüllen, da sie beweisen, wie schwer es dem Volke wird, sich von
Schmarotzern frei zu halten. Ergötzlicher liest es sich schon,
wenn Mercier von der Papiernoth seines Landes erzählt, die
selbst in dem gesetzgebenden Körper zur Sprache kam. Der
Handels-Ausschuss musste einen besonderen Bericht über diesen
Mangel an Papier erstatten, welcher das Erscheinen der Zeitungen
erschwerte und sich in vieler Hinsicht störend erwies. Der Mercure Français meinte damals höhnisch, nichts sei natürlicher in
einem Lande, in dem täglich Millionen von Anschlagzetteln, Proclamationen, Urtheilen, Bankbilletten, Cassenscheinen, Verkaufs-
Anerbietungen, Verleumdungen, Denunciationen und Entschul-
digungen die Mauern der Strassen bedeckten; wo Tausende von

Sou-Blättern, Folio-Zeitungen, Journalen und ganze Ballen von
Genie täglich in die Provinzen geschickt würden. Nur an Einem
Papier hatte man Ueberfluss — an den Assignaten, die zuletzt kein
Mensch mehr wollte und von welchen M e r c i e r eines Tages, wie
er lustig erzählt, sechstausend Livres auf einmal einem Droschken-
kutscher für eine Fahrt bezahlte. Es ist wahr, der Louisd'or galt
damals beinahe zwanzigtausend Livres in Assignaten.

„Ein Waffenplatz zu sein", fährt M e r c i e r an einer andern
Stelle fort, „das war es allein noch, was Paris fehlte, um alle
Arten Schauspiele zu bieten." Doch sei nun auch dafür gesorgt;
jeden Augenblick ertöne der Generalmarsch, rasseln die Kanonen,
fülle sich der Garten der Tuilerien mit Reiterei. Dort seien
Zelte aufgeschlagen, der Huf der Pferde zerstampfe die schönen
Anlagen, und man sehe sich in einem ächten Kriegslager. „Schon
ist man an den Ton der Trommel, an den Anblick der Uniformen
gewöhnt; man sieht die Dragoner und die Husaren galoppiren :
Generale mit schweren Epauletten, Schärpen und rothem Feder-
hute reiten vorüber. Man zieht auf die Wache, patrouillirt und
exercirt. Jeden Tag verpufft man Pulver in Menge, man flucht
und raucht wie in der Armee; der Soldatenrock ist jetzt in der
Mode, und beim Rasiren gebraucht man als Seifenbecken den
Splitter einer Bombe, den man von Valenciennes oder Lille hat
kommen lassen.„ Wer da?" hiess es neulich auf dem Posten. „Ich
bin es, Bürger!" war die klägliche Antwort. Die Wache wollte
schiessen. „Mein Gott, Liebster, ich habe Sie ja dafür bezahlt,
dass Sie Wache für mich stehen!" Der Angehaltene war der Herr,
der seinen Koch statt seiner hatte marschiren lassen."

Noch Vieles liesse sich aus diesen Schilderungen M e r c i e r 's
mittheilen, was zeitgemäss wäre; man könnte noch auf eine grosse
Reihe von Genrebildern, wahre Cabinetsstücke, aufmerksam
machen, so auf das Zerrbild der alten Aristokratie, die Musca-
dins, welche unter anderem Namen heute noch fortleben, auf die
kleinen royalistisch gesinnten Herrchen, die, à la Titus gekämmt,

nur in ihrem Haar gesinnungstüchtig waren und mit ihrer Frisur Opposition machten, insofern der Name des guten Titus an den guten Ludwig erinnern sollte. Ebenso möchte man auf die lebensvolle Darstellung des Palais-Royal hinweisen, das mit seinen Spielhäusern, seinen royalistischen und jacobinischen Verschwörern, seinen Dirnen und Banditen, seiner vornehmen und doch verkommenen Kundschaft, seinem Luxus und seinem Elend eine kleine, aber keineswegs schöne Welt für sich darstellte. Nur indem man die Menge dieser Skizzen zu einem Bilde vereinigt, nur wenn man die Aufzeichnungen über die frivolen Bälle à la victime, über den frechen Ton, der in der Gesellschaft herrschte, über die schamlose Mode und vor Allem über die politische Zerfahrenheit, die sich überall kundgab, zusammenfasst — nur dann wird man klar zu erkennen vermögen, wie demoralisirend die Zeit des Terrorismus und des Directoriums auf das ganze französische Volksleben gewirkt hat. Die Zeit der hochfliegenden Ideale, der opferfreudigen Begeisterung war vorüber; Ströme von Blut hatten die edleren Regungen erstickt und somit die Herrschaft des Säbels vorbereitet.

Selbst Mercier wird darüber manchmal wehmüthig, und der Gedanke an den einstigen Untergang der grossen schönen Stadt tritt ihm nahe. „Einst wird kommen der Tag, da die heilige Ilios hinsinkt", heisst es schon bei Homer, und Mercier wird traurig bei dem Gedanken, dass Paris trotz seiner Wunderwerke dem Forscher der späten Nachwelt in seinen Studien lange nicht so grossartig und majestätisch erscheinen würde, als die Ueberreste von Babylon sich uns heute darstellen. Diese Sorge um ein wohlanständiges Sterben, um den Effect auch nach dem Tode ist charakteristisch genug.

Nicht als ob wir glaubten, die Prophezeiung Mercier's von dem Untergange der Weltstadt sei jetzt ihrer Verwirklichung nahe. Paris wird, wie Frankreich, die jetzigen Unglücksfälle und ihre Folgen überwinden und wieder, wenn auch vielleicht erst nach schweren inneren Zuckungen, die richtige Bahn friedlicher innerer Entwickelung betreten, dadurch aber auch seine ihm gebührende Bedeutung wieder erlangen. Es wäre ein Unglück selbst für Deutschland, wenn es anders kommen sollte, denn trotz Krieg und Brand sind die beiden Völker solidarisch mit einander verbunden. Gerade die Feuilletons Mercier's, welche Frankreich in ähnlicher Zerrüttung zeigen, können zum Beweise dienen, dass das französische Volk eine grosse Lebenskraft besitzt. Hat es sich nach den Verwüstungen der Schreckenszeit und des ersten Kaiserthums wieder aufraffen können, so wird es wohl mit der Zeit auch die Folgen der Demoralisation unter dem zweiten Kaiserreich wieder gutzumachen verstehen, sofern es sich nur vor weiterem Bürgerkrieg bewahren, und durch innere Reformen politisch und moralisch wieder zu gesunden weiss. Freilich war das Land damals von keinem auswärtigen Feind gedemüthigt worden; aber er stand doch an den Grenzen; er drohte von den Niederlanden und vom Rhein her; im Süden war der beste Kriegshafen in die Hände der Engländer gefallen; im Innern wüthete der Bürgerkrieg und das eigentliche Heer war in Auflösung. Ein furchtbares Elend herrschte überall; wer Waffen tragen konnte, wurde zum Dienst in den Revolutionsarmeen weggeführt, während Frauen und Kinder daheim darbten. Frankreich verarmte zusehends mehr und mehr. Die grossen Familien waren hingerichtet oder ausgewandert, ihre Besitzungen eingezogen und um Spottpreise verschleudert, der Handel lag darnieder, die Künste wurden als aristokratisch geächtet. Nicht umsonst hatte Rousseau gelehrt, dass die Mauern der Städte aus den Trümmern der Bauernhäuser errichtet würden, nicht umsonst hatte er gesagt, dass er bei jedem neuen Palast, der aufsteige, ein ganzes Land in Ruinen fallen zu sehen glaube. *

---

* Contrat social, livre III, chap. 13, am Schluss: „Souvenez-vous que les murs des villes ne se forment que du débris des maisons des champs.“

Kostbare Sammlungen und reiche Bibliotheken wurden jetzt zerstört. In Nancy verbrannte man eine Bildergallerie im Werth von vielen Hunderttausenden; 652 Kisten der königlichen Bibliothek, die mit Pergamenten und werthvollen Documenten aller Art gefüllt waren, wurden auf einmal vernichtet. Die Erinnerung an die Vergangenheit sollte gewaltsam ausgelöscht werden. An anderen Orten begnügte man sich, die Bücher der Bibliotheken in Tonnen aufzuhäufen, in denen sie vermodern mochten, nachdem die Gensdarmen in ihrem Eifer die kostbaren Einbände mit den aristokratischen Wappen herabgerissen oder mit Hülfe der Säbel abgehauen hatten. Selbst die Wissenschaft schien verdächtig oder zum wenigsten unnütz. Bailly, einer der ersten Astronomen seines Landes und lange der Liebling des Volkes, wurde trotz seiner Verdienste unbarmherzig zum Tode geführt, und der berühmte Chemiker Lavoisier, der um eine kurze Verlängerung seiner Lebensfrist gebeten hatte, nur um eine wichtige chemische Untersuchung zu beendigen, wurde abgewiesen und musste sich sagen lassen, dass die Republik keine Chemie brauche.

Werfe man den Revolutionsideen nicht allein zur Last, was wilde Fanatiker in jener entsetzlichen Zeit verübten. In seiner Geschichte der Revolution sagt Edgar Quinet mit Recht: „Die Barbarei kam nicht allein daher, dass die ungebildeten Classen auftraten. Unter der glänzenden Oberfläche des achtzehnten Jahrhunderts fanden sich die Maillotins, die Cabochiens ** des vierzehnten Jahrhunderts in vollem Leben. Der Mensch des Mittelalters hatte sich durch die Leibeigenschaft erhalten; losgekettet

---

A chaque palais que je vois élever dans la capitale, je crois voir mettre en mésure tout un état."

** Edg. Quinet, la révol. I. 79. Die maillotins waren Rotten des Pariser niederen Volkes, die sich mit Maillots, einer Art Streithammer, bewaffneten. Die Cabochiens waren die Pariser Metzger, die unter der Führung ihres Hauptes Caboche eine Rolle in der blutigen Geschichte des vierzehnten Jahrhunderts spielten.

erschien er nun und entsetzte durch die Waffen und die Wuth
einer andern Zeit."

Die leitenden Männer waren von jenen Irrthümern, von
jenem Hass gegen die Bildung frei. In jenen Tagen, als sich
Frankreich von der hereinbrechenden Barbarei bedroht sah,
beschloss der Convent eine Reihe der wichtigsten Gesetze. Er
unternahm es, das Gerichtswesen neu zu organisiren und beauf-
tragte eine Commission, ein neues Gesetzbuch auszuarbeiten, —
dasselbe, das Napoleon später mit wenig Aenderungen einführte und dessen ganze Ehre er für sich beanspruchte. Schon vorher war die Strafe des Räderns und andere Mittel des peinlichen
Gerichtsverfahrens aufgehoben worden, die noch bis zu jener Zeit
bestanden hatten. Der Convent beschloss ferner die Gründung des
„Institutes" und der „Ecole Normale", der grossen Pflanzstätte für
die Lehrer der höheren classischen Schulen. Er betonte die Ver-
pflichtung des Staates, alle Kinder zu erziehen und zeigte den
kommenden Geschlechtern den Weg, den sie betreten müssten,
indem er den obligatorischen Unterricht decretirte. Freilich ging
die Versammlung in ihrer Vorliebe für das antike Staatsleben so
weit, dass sie jede Privaterziehung verbot und keinem Kind erlaubte, von dem Besuch der öffentlichen Schule sich auszu-
schliessen. Es ist klar, der Convent wollte dem Lande die Bildung sichern. In der Ausführung kam aber freilich oft das unge-
reimteste Zeug zum Vorschein, da die rechten Männer nicht zu
finden waren. Schon mit dem Alphabet sollte den Kindern der
patriotische und republikanische Geist eingeflösst werden und es
ist unglaublich, wie weit man sich hier verirrte. „Wer bist du?"
heisst es in dem Katechismus der Bürgerin Desmarets. Antwort: „Ich bin ein Kind des Vaterlandes." Frage: „Worin bestehen deine Reichthümer?" Antwort: „In der Freiheit und Gleichheit." Und solche Weisheit war für fünf- bis sechsjährige Büb-
chen bestimmt!

Vor mir liegt ein Exemplar des „Ami des jeunes Patriotes",

eines andern republikanischen Katechismus.* Dieses kleine Buch
beginnt mit der Erzählung von den Heldenthaten zweier jugendlichen Patrioten, welche in der Vendée und in Belgien gefallen
waren, und lässt dann die Bilder derselben folgen. Wir finden
dann eine Unterhaltung über den Nutzen des Lesens, durch ein
Bildchen anschaulich gemacht. Man kann die Briefchen lesen,
in denen man zum Essen eingeladen wird und braucht Niemand-
den zu fragen, um die Gesetze des Landes zu verstehen! Nach
solcher Auseinandersetzung kommt die Erläuterung der Schrift-
zeichen. In dieser Weise folgen neun Kapitel, welche abwechselnd
über das Einmaleins und die Menschenrechte, über die Nationalgarde und die Volkssouverainetät reden und das Kindergemüth
aufklären sollen. Das Buch schliesst mit einigen Revolutions-
liedern, damit die Kleinen frühzeitig lernen, die Freiheit zu ver-
herrlichen und die Tyrannen zu bedrohen. Derlei unsinnige Machwerke gab es aber in Menge, obschon sie auf die Kinderwelt gewiss keinen Eindruck machen konnten.

War unter solchen Verhältnissen eine Literatur überhaupt
möglich?

Kaum. Die bedeutendsten Talente wandten sich dem öffentlichen Leben zu, in welchem der Ehrgeiz eine schnellere und
leichtere Laufbahn erblickte. Neben der Rednerbühne war deshalb hauptsächlich die Presse und das Theater — eine Rednerbühne im Grossen — von Einfluss, und diese drei Factoren sind,
wenn auch ohne grossen literarischen Werth, doch von nicht
geringem culturhistorischen Interesse, und eng mit unserer
Aufgabe verbunden. Sie beherrschten die geistige Entwickelung der Zeit, während für die ächte Poesie kaum noch ein

---

* L'ami des jeunes patriotes ou catéchisme républicain, dédié aux jeunes martyrs de la Liberté, par Chemin fils. Accepté par la Convention nationale et approuvé par la Commune de Paris. A Paris, à l'imprimérie de l'Auteur, an II.

Platz übrig blieb. Wenn auch selbst in den schlimmsten Tagen, vielleicht aus Lust am Widerspruch, gerade das affectirt Zarte, Melancholische, Naive in der Literatur beliebt war, so musste doch ein ächtes Dichtergemüth damals verstummen; wir finden nur einen einzigen wahren Dichter in jenen Jahren, André Chénier, und dieser konnte sich nicht entschliessen, mit seinen Gedichten vor die Oeffentlichkeit zu treten.

Zweiter Abschnitt.

Die Frauen in der Revolution.

Das achtzehnte Jahrhundert hatte zwar den Kampf gegen jede überlieferte Autorität in Frankreich begonnen; doch gab es eine Macht, welche selbst der kühnste Neuerer nicht zu bekämpfen wagte — die der Frauen, welche durch alle Wandlungen der Geschichte hindurch in dem unbestrittenen Besitz ihrer Herrschaft geblieben waren. Ohne ihren Schutz war kein Ruhm zu erwerben; Niemand gelangte zu Ehren und Würden, wenn er nicht den Frauen gehuldigt hatte. Sie entschieden nicht allein über den Werth der Künstler und Dichter, sondern auch über das Verdienst der Gelehrten; ja selbst die Staatsmänner und Kriegshelden des achtzehnten Jahrhunderts — oder die sich dafür hielten — mussten sich ritterlich vor ihnen beugen, wenn sie dauernde und volle Anerkennung bei ihren Zeitgenossen finden wollten. Frankreich war im vorigen Jahrhundert die Schule der Galanterie, der ausgesuchten Höflichkeit, der Feinheit in Sprache und Umgang.

Allein es ist etwas Anderes, galant sein und etwas Anderes, liberal denken und handeln. So glänzend auch die Stellung der Frau in Frankreich erschien, so erwies sich doch bei genauerer Prüfung Vieles als äusserer Schein. Ihre unumschränkte Herrschaft war nur ein Trugbild, und in Wirklichkeit war die Frau während ihres ganzen Lebens recht- und machtlos. Noch heute ist die Frau in Deutschland freier, selbständiger, geachteter als in Frankreich, obschon ihr dort äusserlich vielleicht mehr und in feinerer Weise gehuldigt wird.

Gerade in den Familien des französischen hohen Adels trat jenes schreiende Missverhältniss am deutlichsten zu Tage. Schon

bei seiner Geburt erregte das Mädchen den Unmuth des Vaters,
der sich einen Stammhalter gewünscht hatte, und erfüllte selbst
das Herz der Mutter mit Bekümmerniss. Wuchs es heran, so
wurde es fern von den Aeltern, deren Lebensweise die Gegenwart
eines unschuldigen Kindes meistens nicht vertragen konnte, in
einem aristokratischen Kloster zu oberflächlich feinem Wesen
erzogen, ohne dass es je erfuhr, was Mutterliebe ist. War die
Tochter endlich in dieser halben Verbannung zum heirathsfähigen
Alter herangereift, wurde sie plötzlich aus der Stille des Klosters
hervorgezogen, nach kalter Familienberechnung an einen Gatten
verschachert, den sie nicht kannte, und der sie nun ohne jeg-
lichen Uebergang in die lärmende genusssüchtige frivole Gesellschaft der damaligen vornehmen Welt einführte. War es da zu
verwundern, wenn sie bald enttäuscht, mit leerem Herzen und
von Ehrgeiz getrieben, einzig darnach strebte, sich im Taumel
zu vergessen, durch Intriguen zu unterhalten, vielleicht gar mit
ihrer Hülfe sich zur Herrschaft aufzuschwingen? Die Memoiren
jener Zeit, unter anderen die Aufzeichnungen der bekannten Madame de Genlis lassen diese Zustände deutlich ersehen. Mit
dieser geistigen Hohlheit vertrug sich ein lebhaftes Kokettiren
mit den Wissenschaften, wie es sich in der Damenwelt der letzten
Hälfte des Jahrhunderts zeigte, gar wohl. War es auch nicht der
Wissensdurst, der Eifer des Lernens, welcher einst Madame de
Sévigné und die feinen Damen ihrer Zeit angetrieben hatte, die
classischen Sprachen, selbst Philosophie und Physik zu studiren,
so konnte diese scheinbare Freude an der Wissenschaft doch eine
öde Stunde rascher vorüberführen helfen, und konnte die Darstellung der Komödie erleichtern, wenn es galt, den starken Geist
zu spielen. Es war ja die Zeit der Holbach, Helvetius, La
Mettrie.

Eher noch fand sich ein gewisser innerer Halt bei dem
kleinen Provinz- und Landadel. War auch das Leben auf den
Schlössern einsam und geisttödtend, war auch der Gesichtskreis

dieser Familien oft sehr beschränkt, so hatten sie sich doch die
Kraft zur Begeisterung und die Fähigkeit der Aufopferung bewahrt, und gerade die Frauen dieser Kreise fanden in der Revolutionszeit nur zu häufig Gelegenheit, ihren Muth und ihre Kühnheit in der Stunde der Gefahr zu beweisen. Aus ihrer Mitte ging
Charlotte Corday hervor, welche im Sinn des heroischen
Alterthums zu handeln glaubte und mit ihrem Tod die Freiheit
ihres Vaterlandes zu erkaufen hoffte; aus ihrer Mitte ging jene
heldenmüthige Marquise de La Roche-Jaquelein hervor,
welche die Schaaren der Vendéer zur Schlacht führte, und andererseits jene fromme milde Frau, die Mutter Lamartine's, von
der uns der Dichter ein poetisch verklärtes Bild entwirft, wenn
er von seiner eigenen, während der Stürme der Schreckenszeit in
Milly idyllisch verbrachten Jugend erzählt.

Die Zukunft Frankreichs beruhte indessen wesentlich auf
dem Bürgerstand, der noch einen tüchtigen und festen Kern hatte.
So ist es denn nicht ohne Bedeutung, dass gerade hier die Frauen
einen wesentlich grösseren Einfluss ausübten, als in der Welt des
Adels. Im Bürgerstand hatte das Familienleben noch inneren
Halt und die Frau somit ihren wichtigen, segensreichen Wirkungs-
kreis. Allerdings wurden die Töchter der bürgerlichen Familien
ebenfalls in Klosterschulen erzogen, allein sie blieben nicht so
lang von der Mutter getrennt, sondern kehrten bald in die Heimath
zur Familie zurück, an deren Leben, deren Arbeiten, deren Freuden
und Sorgen sie Theil nahmen.

Ein schönes Bild dieses bürgerlichen Lebens hat uns Madame Roland in ihren Denkwürdigkeiten überliefert. Auch in
ihren Kreisen beschäftigten sich die Mädchen mit vielfachen ernsten
Studien; die Zahl Derer, welche die classischen Sprachen und
deren Literatur kannten, welche sich mit Mathematik und Physik
beschäftigten, war nicht gering. Madame Roland erzählt, wie sie
in ihrem neunten Jahre sich an Plutarch begeistert, wie sie
sich später mit theologischen Studien befasst, sich sogar an die

4*

Philosophie gewandt habe, um Klarheit und Gewissheit für ihr
erregtes Gemüth zu erlangen. In dieser ernsteren Arbeit fanden
die Frauen einen eigenthümlichen Schwung des Geistes, einen
Idealismus, der sie vorzugsweise zu Trägerinnen der neuen Bewegung eignete.

Die ganze sociale und politische Entwickelung hatte bis
jetzt die rechtliche Stellung der Frau im Wesentlichen nicht geändert. Die politischen Umwälzungen der verschiedenen Staaten
alter und neuer Zeit hatten sie nur wenig berührt, da es hiess,
dass die Frau allen politischen Fragen fern zu bleiben habe.
„Mulier taceat in ecclesia" — das Wort war überall in Geltung,
und selbst in privatrechtlicher Beziehung galt die Frau fortwährend noch als unmündig, als ein Kind.

Gegen diesen Zustand goldener Sclaverei hatten sich die
edleren Geister schon lang erhoben; die ganze Richtung der Zeit
arbeitete gegen ihn. Hatten zunächst die englischen Romane, besonders Richardson's Erzählungen, die empfindsamen Herzen
in Bewegung gesetzt und sie seltsam bewegt, so berührte Rousseau's „Heloise" ungeahnte Saiten des menschlichen Gemüthes,
predigte die Rechte des Herzens gegenüber der Tyrannei der Con-
venienz, predigte die Tugend der Leidenschaft, die Selbständigkeit und Freiheit des weiblichen Geschlechts. Zudem wies er in
seinem „Emile" auf die verkehrte Erziehung der Kinder, auf die
Pflichten der Mütter hin und die Bewegung stieg immer höher.
„Wie ein reinigender Blitz in schwüler Gewitterluft", sagt Her-
mann Hettner treffend, „durchzuckte die gesammte Menschheit
das Bewusstsein, dass die Wiedergeburt und die Selbstverjüngung
von innen heraus kommen müsse." So ist es denn kein Wunder,
dass die französische Revolution, die sich zugleich als socialer
Fortschritt ankündigte, von den Frauen mit Theilnahme begrüsst wurde. Gerade die gebildete Frauenwelt, welche sonst so
leicht jede staatliche Unruhe fürchtet, hiess die neue Zeit will-
kommen und unter den edelsten Erscheinungen, welche uns in

den Revolutionsjahren begegnen, sind nicht wenig Frauen zu nennen.

An allen Vorgängen der denkwürdigen Zeit nahmen sie den regsten Antheil, und wenn sie auch keinen directen Einfluss auf die Staatsgeschäfte beanspruchten, so war ihre Einwirkung doch in vielen Fällen deutlich zu erkennen. Die Anhänger der alten Zeit rächten sich wohl durch den Spott, den sie über die politisirenden Damen ergossen. So beklagte sich in der ersten Zeit der Revolution eine Zeitschrift, der „Echappé du Palais", dass die Herrin des Hauses nicht mehr wie früher als beschwichtigende Regentin eines ruhigen Kreises das Scepter führe, sondern hinter ihrem Theetisch eher der streitbaren Amazonenkönigin Penthesilea gleiche. Mit heftiger Rede mische sie sich unter die Kämpfenden, welche die Fragen des Tages behandeln, aber in der Hitze der Debatte verbrenne sie sich oft die Finger am heissen Wasser oder schütte sich eine Tasse Thee auf ihr neues Kleid. Man sieht, der Spott war zwar in manchen Fällen gewiss gerechtfertigt, aber er war doch sehr wohlfeil und das Verbrechen jedenfalls nicht gross. Wäre es nicht mehr zu verwundern gewesen, wenn die Frauen von der gewaltigen Bewegung unberührt geblieben wären und wenn sie sich gegenüber den grossen Fragen, die für das Gedeihen der einzelnen Familien nicht minder als für das Staatswohl wichtig waren, gleichgültig gezeigt hätten? „Der ganze Ehrgeiz der jungen Leute besteht jetzt darin, bei ihrem Eintritt in einen besuchten Salon ein Wörtchen darüber fallen zu lassen, dass sie aus dem Revolutionsclub kommen; können sie gar von einem Antrag berichten, zu dem sie sich aufgeschwungen haben, dann sind sie die Helden des Abends; aller Augen sind auf sie gerichtet, aller Herzen sind ihnen sicher."* Der Sammelplatz der eleganten Welt war nicht mehr die Oper und das Schauspiel, sondern die Zuhörertribüne der Nationalversamm-

---

* Goncourt, soc. de la révol. chap. I.

lung, zu welcher man oft nur Einlass fand, wenn man eine Karte
für schweres Geld von den Unterhändlern kaufte.

Wenn man davon schwärmte, die alte spartanische Tugend
wieder aufzurichten und die Zeit der classischen Helden wieder
heraufzuführen, so war es nur richtig, wenn auch die Frau ihren
höchsten Ruhm darin fand, eine „Bürgerin" zu sein, und die Anrede als eine solche für die schönste Begrüssung hielt. Aechte,
ungetrübte, heilige Freiheit war das Ideal, für das gar manches
edle Frauenherz damals schlug, um aus dem Gang der Ereignisse
mit bitterem Schmerz allmählig zu erkennen, dass deren Zeit noch
nicht auf Erden gekommen war.

Die Frau, welche diese geistige Richtung am deutlichsten
offenbarte, war die vielgenannte Madame Roland, die Frau des
Abgeordneten und Ministers Roland, welche auch in der Geschichte der Literatur ihrer Memoiren wegen Erwähnung verdient.

In ihren letzten Tagen, als sie, in dem Gefängniss de l'Ab-
baye eingeschlossen, jeden Augenblick ihr Urtheil erwarten musste,
schrieb die merkwürdige Frau ihre Erinnerungen ausführlich
nieder, und es ist nicht die wenigst bemerkenswerthe Seite derselben, dass sie so frisch und unbefangen abgefasst sind, als seien
sie in der Einsamkeit eines ländlichen, von der Verfasserin so
sehr geliebten Aufenthaltes in aller Ruhe und Sicherheit ausge-
arbeitet. Nur von Zeit zu Zeit wird der ruhige Strom der Erzählung von einem Seufzer um die Zukunft ihrer Tochter, oder
von einer Bemerkung über den Stand ihres Processes unterbrochen.
Aeussert sie sich auch gegen das Ende hin manchmal mit über-
wallender Heftigkeit, so zeigt sie sich doch völlig frei von niederem
Hass gegen ihre Feinde. Im Angesicht des Todes gewannen die
Erinnerungen an ihre Jugendjahre einen besonderen Reiz für sie,
und in ihren einfachen Schilderungen liegt oft ein eigenthümlich
poetischer Hauch, eine Lieblichkeit der Malerei, die in Erstaunen
versetzt. Ihr Vater, Gatien Phlipon, war Kupferstecher und beschäftigte sich nebenher mit dem Einkauf und Verkauf kostbarer

Steine, so dass er sich in bescheidenen, aber angenehmen Verhältnissen befand. Die Tochter, Marie Jeanne, fand an ihrer Mutter eine wahre Freundin, eine Stütze, und mit Entzücken gedenkt sie in ihren Denkwürdigkeiten der schönen Spaziergänge, welche sie mit ihren Aeltern des Sonntags nach Meudon oder Saint-Cloud gemacht. Die Schilderung dieser einfachen Ausflüge, welche uns einen Blick in das Leben einer braven bürgerlichen Familie jener Zeit gestatten, erinnern vielfach an die idyllischen Darstellungen Bernardin's de Saint-Pierre, und können als Musterstücke der französischen Prosa gelten. Von Natur ein frommes Gemüth, war es ihr eigener Wunsch, der sie in ihrem eilften Jahr in ein Kloster führte. Dort sollte sie unter dem Einfluss der geistlichen Schwestern bleiben, allein schon nach einem Jahre kehrte sie in ihre Familie zurück, und ging bald ihren eigenen Bildungsweg. Wissensdrang und ein gewisser Ernst des Sinnes führten sie immer weiter. Mit dem Studium von Saint-François de Sales beginnend, kam sie zu den Werken der bekanntesten Theologen ihrer Zeit, und endlich zu den Philosophen, zu Descartes, Malebranche und Diderot. Diese fesselten sie und gewannen sie für sich, obschon ihr Gemüth sich dagegen sträubte. Mit innerer Angst forschte sie nach der Lösung des grossen Räthsels der Schöpfung, der Gottheit, und keine Antwort konnte sie befriedigen. Was ihr in der Stille des Cabinets an der Lehre der Encyklopädisten gefiel, das verwarf sie wieder, wenn sie sich in der freien weiten Natur dem überall pulsirenden Leben gegenübersah, oder beim Anblick der Werke der Schöpfung den überwältigenden Hauch einer höheren Macht in sich verspürte.

Hauptsächlich auf Betreiben ihrer Mutter, welche sie in gesicherter Stellung zu sehen wünschte, vermählte sie sich im Jahre 1770 mit Roland, der sich als Generalinspector des Handels und der Manufacturen später durch mehrere technische Schriften bekannt machte, übrigens bedeutend älter war als seine Frau. Als er in der Zeit der Revolution Minister wurde, war sein Haus sehr

belebt und Madame Roland bildete auf kurze Zeit den Mittelpunkt der damals massgebenden politischen Kreise. Als indessen
im Mai 1793 der Sturz der Girondisten entschieden war, sah sich
Roland, der zu ihrer Partei gehörte, genöthigt zu fliehen. An
seiner Statt verhaftete man seine Frau und schickte sie unter
nichtigem Vorwand am 10. November 1793 auf das Schaffot.
Zeigte sie in ihren Memoiren die moralische Kraft, die sie bis zum
letzten Augenblick belebte, so trat in denselben andrerseits auch
der grelle Widerspruch der Verhältnisse zu Tage, in welchen sich
die Frauen befanden. In der Begeisterung für die neue Zeit, in
dem Streben, sich derselben durch Festigkeit und freien unbe-
fangenen Sinn werth zu erweisen, schwand ihnen manchmal das
Gefühl der Scheu und der weiblichen Zurückhaltung.

Madame Roland beschreibt in ihren Denkwürdigkeiten
sich selbst und ihre Körperbildung aufs Genaueste; sie berichtet
von ihrer Brust, ihren Hüften, ihren Beinen so kaltblütig, als
gälte ihre Kritik einer Marmorbildsäule. Und ebenso zeigt sich
aus ihrem herzzerreissenden Abschied an ihren Gemahl und einen
andern ungenannten Freund ihrer Seele, wie selbst in einem edlen
Herzen der Begriff ehelicher Treue und danebenhergehender idealer Liebe zu einem Andern sich seltsam vereinigen konnte. In
andern Momenten wieder schien die Guillotine für eine Frau, wie
die Roland, keine Schrecken zu haben; bitter scherzend meinte
sie, sie fürchte sich nicht, das Schaffot in so guter Gesellschaft zu
besteigen, es sei ja schimpflich, inmitten solcher Verbrecher noch
zu leben. So ging sie zum Tod, wie eine begeisterte Seherin.
in weissem Festkleid. Sie starb als Märtyrerin ihrer Sache, und
noch auf dem Hinrichtungsplatz begrüsste sie ein Standbild der
Freiheit mit den bezeichnenden Worten: „O Freiheit, welche Verbrechen begeht man in deinem Namen!" Roland überlebte sie
nicht lange. Auf die Kunde ihres Todes verliess er seinen Schlupf-
winkel in der Nähe von Rouen, irrte einige Zeit umher und er-
stach sich endlich, um den Tod auf der Guillotine zu vermeiden,

der dem Gesetz nach zugleich die Confiscation seines Vermögens zum Nachtheil seiner Tochter im Gefolge gehabt hätte.

Derselbe Geist, welcher eine R o l a n d beseelte, stählte viele andere Frauen. Muss man auch in Charlotte C o r d a y 's That eine sittliche Verirrung sehen, so wird man ihrem patriotischen Opfermuth, dem begeisterten Schwung ihres Gemüths die Anerkennung gewiss nicht versagen. Man könnte eine ganze Gallerie edler Frauengestalten bilden, die alle freudig in den Tod gingen, um ihre Grundsätze zu bethätigen oder ihre Angehörigen zu retten. Die Geschichte hat nur den geringsten Theil der rührenden Vorgänge aufbewahrt, welche damals in jeder Provinz, in jedem Ort, in jedem Kerker Statt hatten. Es genügt, an Einzelne zu erinnern, so an L u c i l e, die junge Frau C a m i l l e D e s m o u l i n s', welche, muthiger als ihr Gatte, das Volk zum Widerstand gegen die Schreckensmänner aufrief, und nach C a m i l l e 's Tod absichtlich durch laute Schmähreden den Zorn der Gewalthaber reizte, um ebenfalls zum Schaffot geführt zu werden. Auch O l y m p i a d e G o u g e s mag hier erwähnt werden, die in romantisch - ritterlichem Sinn sich verpflichtet fühlte, in einer Schrift als Vertheidigerin L u d w i g s XVI. aufzutreten und dafür sterben musste. *

Wohl muss man sich diese Erscheinungen, diese Charaktere vor die Seele rufen, wenn sich der Blick entsetzt von dem Bild der Schreckenstage abwendet, an welchen rasende Megären aus dem Schlamm der Hauptstadt auftauchten und sich in grässlicher Wildheit einander überboten.

---

* O l y m p i a d e G o u g e s, nach einigen Angaben eine natürliche Tochter L u d w i g 's XV., war 1755 geboren und endete den 3. November 1793. Verheirathet, aber bald wieder geschieden, veröffentlichte sie eine Anzahl von Lustspielen und Romanen, ergriff mit Begeisterung die Sache der Revolution, schrieb für die Emancipation der Frauen, trat aber plötzlich, von Mitleid ergriffen, als Anwalt der königlichen Familie auf und denuncirte sich damit selbst.

In dieser ganzen Zeit, die zwar nur wenig Jahre, aber eine grosse weltgeschichtliche Entwickelung umfasste, war die früher so viel gerühmte Galanterie allerdings geschwunden und selbst in den geselligen Beziehungen schwerer Ernst an die Stelle der Tändelei getreten. Aber dafür hatte die Frau das Recht, auch ihrerseits nach Höherem zu streben und eine Zukunft der Thätigkeit, der Achtung für ihr Geschlecht zu erhoffen.

Trotz ihrer Gräuel hatte die Revolution diesen Traum möglich gemacht; schon das Directorium zerstörte ihn.

Auf die Herrschaft des Schreckens folgte das Reich der Liederlichkeit. Die Frau stieg von der Höhe, die sie während der Revolution behauptet hatte, herab; sie wurde wieder als Königin der Gesellschaft, der Mode, selbst der Poesie ausgerufen, aber ihrer Ansprüche auf eine rechtlich selbständige und freie Stellung wurde sie beraubt, und Napoleon sanctionirte diese Reaction, als er in seinem Gesetzbuch aufs Neue die Frau für ihr ganzes Leben den Unmündigen gleich erklärte.

Dritter Abschnitt.

Die parlamentarische Beredtsamkeit.

Die politische und parlamentarische Beredtsamkeit, welche
seit etwa achtzig Jahren in Frankreich eine so bedeutende Rolle
spielt, ist mehr noch als die Presse, ein Kind der Revolution. In
der früheren Verfassung des Landes war kein Platz für ein be-
rathendes und mitentscheidendes Wort von Abgeordneten des
Volkes gewesen. Die Generalstaaten, die sich unter den früheren
Königen zeitweise versammelt hatten, können hier nicht in Be-
tracht kommen. Sie stritten sich wohl bei ihren Zusammenkünften
herum, hatten aber keine Redner, weil die Oeffentlichkeit fehlte.
Da sich aber in einem Volk nicht jegliche politische Idee unterdrücken lässt, da die Parteien sich bethätigen müssen, wenn sie
nicht untergehen wollen, wird der politische Streit auf den Kan-
zeln und in den Gerichtssälen ausgefochten, wenn ihm die Tribüne fehlt. So entflammten in den Zeiten der Ligue die fanatischen Pariser Mönche das Volk durch ihre wuthschnaubenden
Predigten zum Widerstand gegen den König, zum Gott wohlge-
fälligen Königsmord, zur Wiederholung der Bartholomäusnacht,
denn Frankreich sei krank, riefen sie, und könne nur durch einen
guten Trunk französischen Blutes gesunden!* Solche Declamationen erinnern an die Wuthausbrüche der Schreckensmänner in
der Revolution, allein sie begründen noch keine öffentliche Beredtsamkeit. Auch die Gerichte, vor welchen die Vertheidiger
öfters das Wort ergreifen durften, ermangelten des belebenden

---

* Matthieu, histoire de France II, 677. Labitte, les prédicateurs
de la ligue, pag. 50 f. f.

Hauchs der Oeffentlichkeit, ohne welche eine wahre Beredtsamkeit nicht gedacht werden kann. Bei der prunkvollen, Alles beherrschenden, Alles absorbirenden Monarchie in Frankreich kannte man nur höfische Predigten und Leichenreden, schmeichlerische Staats- und Lobreden, welche allerdings in der Form, die ihnen ein Massillon und Bossuet zu geben wussten, sich zu classischer Vollendung erhoben.

Als die Nationalversammlung im Mai 1789 in Versailles zusammentrat, machte sich der Mangel an Erfahrung unter den Abgeordneten deutlich bemerkbar. Es fehlte ihren Rednern die Tradition, die Schule, das Vorbild; allein sie wurden getragen durch die aufgeregte Zeit, durch das ängstlich harrende Volk, durch die Gewalt der Umstände, die alle mit sich fortriss, durch die Grösse der Fragen, welche jeden, der sich ihnen nahte, erhob und kräftigte.

Die ganze Zeit war jugendlich ungestüm und fand in den jugendlich stürmischen Abgeordneten ihre beliebtesten Vertreter. Mit den nachdrücklichen Aufträgen ihrer Wähler ausgerüstet, kamen die meisten von ihnen mit glühendem Herzen, voll Begeisterung und Hoffnung auf eine neue Zeit, voll Hass gegen die Missbräuche der Vergangenheit. Es galt ihnen zunächst einzureissen, niederzuwerfen, alte Uebel auszurotten; es galt, wie sie glaubten, einen letzten allgemeinen Sturm, um Sieg rufen zu können. Wären die Mauern der feudalen staatlichen Zwingburg erst gestürzt, dann werde man schon an den passenden Neubau denken. Diesen Ideen entsprechend, trug die Beredtsamkeit der Revolutionsjahre einen ungestümen, jugendlich heftigen Charakter. Fast alle Redner und Führer der Zeit standen in dem Alter zwischen 25 und 30 Jahren, so Barnave, Camille Desmoulins, Danton. Robespierre war erst 31, Mirabeau selbst nicht über 40 Jahre alt. Nicht denjenigen, welche klar und überzeugend zu sprechen versuchten, wurde hauptsächlich Gehör geschenkt: von Einfluss waren nur die Männer, welche den „kühnen Griff" nicht scheuten, und auf die erregten Gemüther zu wirken verstanden. Selbst die Gegner der Revolution mussten sich dieser revolutionären Beredtsamkeit anbequemen, wenn sie einigen Erfolg zu haben wünschten. In dem Saal der Nationalversammlung drängten sich nahezu zwölfhundert Abgeordnete, welche in feindliche Parteien geschieden, sich nicht immer nur auf parlamentarische Weise befehdeten. Sich einer solchen leidenschaftlich bewegten Versammlung nur verständlich zu machen, war schon schwer; wie viel schwerer musste es sein, sie durch die Kraft des Wortes zu beherrschen. Von dem Geist, der die Versammlung belebte, von dem Charakter der Sitzungen, von dem furchtbaren Tumult, der sie oft erfüllte und manchmal selbst in handgreiflichen Kampf auszuarten drohte, von der tyrannischen Einmischung der Gallerien — von all dem sagen uns die Sitzungsberichte des Moniteur nichts, die uns vielmehr nur ein farbloses Bild der Verhandlungen geben. Reden folgen dort auf Reden, ohne dass wir das Wichtigste, ihre Wirkung auf die Hörer, daraus ersehen können. Der Redner hat eben hierin mit dem dramatischen Künstler das gleiche Loos; je grösser seine Persönlichkeit ist, um so viel mehr büsst er in der Ueberlieferung ein. Seine besten Mittel, die klangreiche biegsame Stimme, die nachdrückliche Haltung und Bewegung des Körpers, der Blick des flammenden Auges, – Alles geht verloren. Das könnten wir auch von den Rednern der Nationalversammlung denken, wenn wir die Fluth ihrer Reden sehen; allein trotz der vielen bekannten Namen, die uns begegnen, ergibt sich doch bald, dass die Revolution an begabten Rednern arm war. Nur der einzige Mirabeau ragte aus der Masse wie ein Riese hervor. Ihm freilich hatte die Natur Alles in reichem Masse verliehen, was den grossen Redner ausmacht und je einsamer er auf seiner Höhe steht, um so gewaltiger erscheint er, um so mehr verkörpert er in sich die ganze stürmische Beredtsamkeit jener Jahre. *

* Auch Henriette Herz spricht sich in ihren Memoiren bewundernd über ihn aus. Sie meint, man vergesse alles andere, wenn er rede;

Von mächtigem Körperbau, hässlich, mit rothem von Blatter-
narben zerrissenem Gesicht, aber mit grossen geistsprühenden
Augen, mit einer vollen, kräftigen und jeder Modulation fähigen
Stimme, so erschien er, der geborene Aristokrat, als der beredteste,
feurigste Vertheidiger des Volkes und seiner Rechte. In seinem
ganzen Wesen lag etwas Gewaltiges, vor dem sich die Versammlung unwillkürlich beugte. Sie mochte fühlen, dass der Mann, der
ihr gegenüber stand, in sich fertig war und den Weg kannte, den
er gehen wollte, während sie selbst noch unklar hin und her
schwankte. Durch Erfahrungen aller Art gereift, im Kampf der
Leidenschaften gestählt, war Mirabeau in der Einsamkeit langer Haft zum Denker geworden und stand nun, praktisch und
staatsklug, mit vollem Recht an der Spitze der Versammlung.
Aber trotz seines revolutionären Geistes verleugnete er im Grund
doch den Aristokraten niemals. Dass er, wie man ihm vorwirft.
oft Andere für sich arbeiten liess, wenn es sich in der Nationalversammlung um wichtige Tagesfragen, um die Entscheidung
über Gesetze handelte oder um Massregeln, welche besondere
Studien verlangten, scheint bei der Ueberfülle des zu behan-
delnden Stoffes nur natürlich; seine Secretaire, seine Freunde,
wie Chamfort, Volney und Andere, hatten ihm dann die Vor-
arbeiten zu machen, die Gedanken zu liefern und nicht immer
waren die Reden, die er hielt, sein alleiniges Werk. Darum war
sein Vortrag manchmal kalt, langsam und schwerfällig, bis der
Widerstand, den er bei seinen Zuhörern fand, ihn reizte, ihn
erhitzte und seinen Zorn sprühen machte. Dann aber änderte
sich seine Rede, dann strömten ihm die eigenen Ideen zu und
er fand oft mitten in seinem Vortrag das richtige Wort, den
allein zutreffenden Rath, um die vorliegenden Schwierigkeiten zu
lösen.   *

---

bei allem Feuer der Sprache bleibe sein Ausdruck doch stets gewählt
und schön.

Eine solche Natur musste in der leidenschaftlichen Rede grösser sein, als in der ruhigen Darlegung von Thatsachen und Gründen. Mehr als einmal gab ein kühnes Wort, das er der Versammlung zurief, den Ausschlag. Er war es, der in der ersten Zeit den Widerstand gegen die beabsichtigte Trennung der Generalstaaten in drei Stände ermuthigte; der dem Oberceremonienmeister des Königs auf die Aufforderung, den Sitzungssaal zu verlassen, die berühmten Worte zuschleuderte, die Abgeordneten seien durch die Macht des Volkes versammelt und würden nur der Gewalt der Bajonette weichen.

Die Finanzlage des Staates zu bessern, hatte Necker der Nationalversammlung eine Reihe von Finanz- und Steuerplänen vorgelegt, welche aber bei vielen Abgeordneten heftigen Widerspruch fanden. Man sprach offen vom Staatsbankerott, als dem einzigen Mittel zur gründlichen Abhülfe. Mirabeau erhob sich in energischer Rede zu Gunsten der Vorschläge des Ministers, allein er konnte die Versammlung mit allen Beweisen und Folgerungen nicht überzeugen. Er fühlte dies wohl selbst und raffte sich zu einem letzten verzweifelten Anlauf zusammen. Die Art, wie er durch die Kühnheit seines Wortes zunächst die Widerstrebenden erschreckte, um sie nachher desto leichter zur Nachgiebigkeit zu bewegen, war ein Meisterstück der Beredtsamkeit.

„Zwei Jahrhunderte", rief er, „haben den Abgrund ausgehöhlt, in den das Reich zu stürzen droht. Man muss ihn ausfüllen, diesen furchtbaren Abgrund. Nun wohl, hier ist die Liste derjenigen, die in Frankreich etwas besitzen. Wählt unter den Reichsten, damit so wenig Bürger als möglich geopfert werden — aber wählt! Ist es nicht besser, dass eine kleine Anzahl zu Grunde geht und die Masse des Volkes gerettet wird? Wohlan, jene zweitausend Erwählten besitzen genug, um das Deficit zu decken. Bringt Ordnung in die Finanzen, Frieden und Wohlstand in das Land zurück! trefft sie, schlachtet sie ohne Erbarmen, jene traurigen Opfer! Stosst sie in den Schlund hinab — er wird sich schliessen!"

„Sie schaudern zurück? Welche Inconsequenz, welcher Kleinmuth! Sehen Sie denn nicht, dass, wenn Sie den Bankerott beschliessen oder — was noch schlimmer wäre — wenn Sie ihn unvermeidlich machen, ohne ihn zu beschliessen, dass Sie sich mit einem tausendmal grösseren Verbrechen beflecken und noch dazu — es wäre unbegreiflich! — mit einem Verbrechen, das keinen Nutzen brächte! Jenes andere schreckliche Opfer würde doch wenigstens das Deficit verschwinden machen. Aber glauben Sie, dass Sie von Ihrer Schuld frei sein werden, wenn Sie zu zahlen aufhören? Glauben Sie, dass die Tausende, die Millionen Menschen, die durch die furchtbare Zerstörung und deren Nachwirkung in einem Augenblicke Alles verlieren, was die Beruhigung ihres Lebens und vielleicht das einzige Mittel ihres Unterhaltes war, dass diese Leute ruhig zusehen werden, wie Sie die Früchte Ihres Verbrechens geniessen?"

„Oh ihr, die ihr mit stoischem Sinne das unberechenbare Unglück betrachtet, welches eine solche Katastrophe über Frankreich ausgiessen wird! gleichgiltige Egoisten, die ihr glaubt, dass diese Zuckungen des Elends und der Verzweiflung wie so viele andere vorübergehen werden — um so schneller, je heftiger sie waren —, seid ihr sicher, dass so viele Menschen ohne Brod euch ruhig euer leckeres Mahl werden kosten lassen, von dessen Aufwand und Feinheit ihr nichts habt einbüssen wollen? Nein! nein! ihr werdet untergehen, und in dem allgemeinen Brande, den ihr nicht scheut zu entzünden, werdet ihr durch die Hingabe eurer Ehre keinen einzigen eurer schimpflichen Genüsse zu retten vermögen." — — „Stimmen Sie für diese ausserordentliche Steuer, — und möge sie genügen! Stimmen Sie zu, denn wenn Sie auch über die Mittel zweifelhaft sein können — Sie sind es nicht über ihre Nothwendigkeit und die Unmöglichkeit, andere Abhülfe zu finden. Stimmen Sie zu, denn die Lage des Landes duldet keinen Verzug und wir sind für jede Verzögerung verantwortlich! Verlangen Sie keinen Aufschub, das Unglück gewährt keinen! Meine

Herren! wegen eines einfältigen Antrages aus dem Palais-Royal, wegen eines lächerlichen Aufstands, der nur in der Einbildung der Furchtsamen und durch die schlimmen Absichten einiger Verworfenen Gewicht hatte, haben wir jüngst den tollen Ruf gehört: „Catilina ist vor den Thoren Roms und ihr berathschlagt!" Und sicherlich, es gab weder einen Catilina in unserer Nähe, noch Gefahren, noch Parteiungen, noch Rom!.. Heute aber steht der Bankerott vor uns, der entsetzliche Bankerott; er bedroht euch Alle, eueren Besitz, euere Ehre — und ihr berathschlagt!" *

Ein andermal handelte es sich um einen Antrag, die katholische Religion zur Staatsreligion zu erklären. Mirabeau beseitigte denselben durch ein Wort, wie es in solcher Kraft nur ihm zu Gebote stand. „Ich bitte Sie nicht zu vergessen, dass man von dieser Tribune aus das Fenster sieht, aus dem ein französischer König, von fluchwürdigen Aufrührern gehetzt, auf seine Unterthanen schoss und damit das Zeichen zur Bartholomäusnacht gab. Ich sage nichts weiter; wir brauchen nicht darüber zu berathen." **

Man erzählt, der Gedanke dieser Hindeutung auf die Bluthochzeit stamme von Volney. Aber kein Anderer als Mirabeau hätte mit solchem Nachdruck und so verächtlich abweisend reden können, und, unter dem Eindruck seiner Worte ging die Versammlung ohne jede weitere Berathung zur Tagesordnung über.

So drängte Mirabeau alle anderen Persönlichkeiten in den Hintergrund; er war während des ersten Jahres das anerkannte Haupt der Revolution und glaubte in seinem stolzen Muth und in dem Bewusstsein seiner Kraft, die alte Königsherrschaft trotz aller Hindernisse in eine neue zeitgemässe Monarchie umwandeln zu können.

Allein die Zeit seines Glanzes ging rasch vorüber und seine Popularität sank zusehends, während die republikanische Strömung

---

* Sitzung vom 26. September 1789.
** Sitzung vom 13. April 1790.

immer mächtiger wurde. Eine der wichtigsten parlamentarischen
Schlachten galt dem Recht des Königs, über Krieg und Frieden
zu verfügen. Mirabeau sprach darin zweimal in ausführlicher
Weise. In seiner ersten Rede erhob er sich offen zu Gunsten des
Königs und musste erleben, dass ihm Barnave, der ihm bisher
zur Seite gestanden hatte, entgegentrat und ihn unter dem jubeln-
den Beifall der Mehrheit bekämpfte. Das Einzige, was Mirabeau
nach der langen Debatte durchsetzen konnte, war die Vertagung des
Votums, der Beschluss, die Berathung am folgenden Tage fortzu-
setzen. Er fühlte, dass er die Herrschaft über die Versammlung verloren hatte, und dass er am zweiten Tag mit Aufbietung aller
Kräfte die verlorene Stellung wieder erobern musste, wenn er nicht
bald ohne allen Einfluss sein wollte. Schon verkaufte man auf den
Strassen eine wuthschnaubende Schrift über den Verrath des
Grafen Mirabeau, allein er verzagte nicht. „Sie sollen mich
heute in Fetzen reissen oder im Triumph davontragen", sagte er
im Bewusstsein des wichtigen Augenblickes, als er zur Rednerbühne hinaufstieg, und Jedermann im Saal fühlte mit ihm die
Bedeutung der Stunde.

„Ich bedurfte dieser Lehre nicht", sagte er mit einem Anflug von Bitterkeit, während Todtenstille im Hause herrschte,
„um zu wissen, dass es vom Capitol zum tarpejischen Felsen nicht
weit ist. Aber der Mann, der für die Vernunft, für das Vaterland
kämpft, erklärt sich nicht so leicht für besiegt."

Er versuchte dann in der weiteren Ausführung seiner Rede
die Gründe Barnave's zu widerlegen und die Nationalversammlung für eine von ihm vorgeschlagene Fassung der bezüglichen
Artikel zu gewinnen. Es gelang ihm in der That, aber nur dadurch, dass er unbemerkt seinen Ideen eine andere Wendung gab,
seine früheren Erklärungen als missverstanden noch einmal und
zwar im Sinn der Mehrheit erläuterte und schliesslich zu einem
Vorschlag kam, der fast das Gegentheil seiner früheren Ansichten
enthielt. So war sein Sieg nur scheinbar, nur ein verdeckter

Rückzug.* Von jener Zeit an trat er mehr und mehr in den Hintergrund. Sein geheimer Vertrag mit dem König, an den er sich verkaufte, fesselte ihn bald noch mehr. Er mochte als Staatsmann vielleicht noch einflussreich sein, als Redner fand er nur noch selten den früheren Schwung, die alte Kraft.

Barnave, der talentvollste Redner der Partei nach Mirabeau, kam diesem, seinem Meister und Vorbild, bei weitem nicht gleich. Vielleicht hätte er sich bei der grossen Anlage zur Beredtsamkeit, die er besass, mit der Zeit zur wirklichen Grösse emporgeschwungen. Allein seine Erscheinung war nur vorübergehend, seine politische Thätigkeit zu kurz und es sind hauptsächlich nur zwei Reden, aus welchen man ersieht, was er hätte werden können. Den ersten Triumph errang er durch sein schon erwähntes Auftreten gegen Mirabeau; einen noch bedeutenderen Sieg feierte er, als er den König nach dessen unglücklichem Fluchtversuch vertheidigte. Er war einer der Commissäre der Nationalversammlung gewesen, welche das Königspaar von Varennes nach Paris zurückzuführen hatten und man sagt, dass seit jenen Tagen Mitleid und Bewunderung, ja selbst ein tieferes Gefühl für die Königin das Herz des jungen Mannes bewegt habe. Die Nationalversammlung hatte in drei langen Sitzungen über die Frage zu entscheiden, ob Ludwig durch die Unverletzlichkeit, welche ihm die Verfassung gewährte, gegen alle Folgen seiner Flucht gesichert wäre oder nicht. Eine grosse Partei war für Anklage des Königs, so unter Anderen Pétion, so Robespierre, welcher die Lehre von der königlichen Unverletzlichkeit für hart und grausam erklärte, dieselbe durch mildere und für das Gemeinwesen heilsamere Bestimmungen ersetzt wünschte und zum Schluss beantragte, den König in Anklagezustand zu versetzen. Die ganze Verhandlung war das Vorspiel zu jenem späteren Verfahren im Convent, als der abgesetzte König nicht nur angeklagt,

---

* Sitzungen vom 20., 21. und 22. Mai 1790.

5*

sondern auch verurtheilt wurde. B a r n a v e war der letzte Redner,
welcher zu Gunsten L u d w i g s sprach, und seine Worte müssen
ein besonderes Gepräge von Offenheit, Wärme und Begeisterung
gehabt haben, denn die gedruckte Rede, wie sie uns jetzt vorliegt,
könnte uns an und für sich den ungemeinen Eindruck nicht begreiflich machen, den B a r n a v e mit ihr erzielte. Die Versammlung schloss die Berathung, verfügte in ihrer Begeisterung den
Druck der Rede und ihre Versendung in die Provinzen, und nahm
darauf alle Vorschläge an, welche B a r n a v e empfohlen hatte.
König L u d w i g blieb somit noch einmal ausser Frage und die
ganze Verantwortlichkeit für die Flucht wurde dem Gouverneur
von Metz, Marquis von B o u i l l é, zugeschoben.

Wenige Wochen nachher trennte sich die Nationalversammlung. B a r n a v e trat in das Privatleben zurück und war
seit jener Zeit nur noch als Publicist thätig. Er veröffentlichte
verschiedene Arbeiten, unter welchen eine Einleitung in die französische Revolution besondere Aufmerksamkeit erregte. Allein
obschon er in seiner Vaterstadt Grenoble zurückgezogen lebte,
vergassen ihn die Gewalthaber nicht; er wurde mit Alexander
L a m e t h der Theilnahme an einer royalistischen Verschwörung
beschuldigt, und endete im Alter von 32 Jahren nach mehr als
einjähriger Kerkerhaft auf dem Schaffot (30. November 1793).

Die Verhandlungen über die Unverletzlichkeit des Königs
war die letzte Anstrengung und der letzte Erfolg der conservativen Partei gewesen; bald darauf löste sie sich fast völlig auf,
ihre hervorragenden Mitglieder und Redner flüchteten in das Ausland und überliessen den König seinem Schicksal.

Unter diesen Männern waren besonders zwei Mitglieder der
Nationalversammlung, die selbst einem M i r a b e a u als gefürchtete Gegner hatten gegenüber treten können. C a z a l è s, ein
glänzender eleganter Reiterofficier, voll Kraft und Offenheit, mit
soldatischer Beredtsamkeit, hatte schon im Beginn der Revolution
seine Collegen vom Adelstand zur Gegenrevolution und zum

Widerstand gegen den König aufgefordert, da man die Monarchie auch gegen den Willen des Monarchen retten müsse. Als sein Rath nicht gehört wurde, trat er mit den Andern in die Nationalversammlung ein und war daselbst jederzeit kampfbereit, um für die Vorrechte des Thrones und der Kirche in die Schranken zu treten.

Mit grösserem Nachdrucke und noch mehr Erfolg bestritt Abbé Maury die Revolution. Wie Mirabeau der Führer der Liberalen war, so war er das Haupt der conservativen Partei. Aus niederem Stande — er war eines Schuhmachers Sohn — hatte er sich doch die Künste eines Hofmannes angeeignet und war in der Kirche zu hohen Würden und Ehren aufgestiegen. Seine Abtei allein brachte ihm jährlich zwanzigtausend Livres Rente ein. Als Abgeordneter des geistlichen Standes machte er sich bald in der Nationalversammluug durch sein grosses Wissen, seine dialektische Gewandtheit, seine Rednergabe und seine scharfen Entgegnungen gefürchtet. Etwas zu pomphaft und würdevoll, wie er es von der Kanzel her gewöhnt war, wurde er doch leicht heftig, bitter, verletzend. Seine dröhnende, nie ermüdete Stimme übertönte jeden Tumult und trotzte dem Geschrei seiner Feinde im Saale wie auf den Gallerien. Dabei bewies die Folgezeit gar manchmal die Richtigkeit seiner Ansichten. Er erhob sich unter Anderem für die Unabsetzbarkeit der Richter und gegen die Assignatenwirthschaft, welche Mirabeau eifrig empfahl. In seinem Eifer warf Maury der Versammlung einige Bankbillets aus der Zeit Law's hin, welcher zwei Menschenalter früher Frankreich unglücklich gemacht hatte, „jenes unselige Papier, auf dem die Thränen und das Blut unserer Väter noch nicht verwischt sind!“ In vielen anderen wichtigen Fragen stemmte er sich freilich mit weniger Berechtigung nnd um so grösserer Hartnäckigkeit den Ansprüchen der neuen Zeit entgegen.

„Jeden Tag zurückgeschlagen“, erzählt Marmontel von ihm, „und jeden Tag auf's Neue unter den Waffen, ohne dass ihn die Gewissheit der Niederlage oder die Gefahr gesteinigt zu werden,

ohne dass ihn das Geschrei und die Beschimpfungen eines wahn-
witzigen Pöbels hätten jemals erschüttern oder ermüden können ;
er lächelte zu den Drohungen des Volkes, antwortete auf die Be-
leidigungen der Gallerie mit einem Witzworte oder einer kühnen
Wendung und setzte kaltblütig den Kampf gegen seine Gegner
und Widersacher fort."

Abbé Maury war indessen keiner jener Männer, die von ihrer
Ueberzeugungstreue und ihrer Begeisterung für die Wahrheit und
Grösse einer Sache zu persönlicher Aufopferung getrieben werden.
Ohne Hoheit des Charakters und der Gesinnung, dem Wohlleben
ergeben, stritt er für seine hohen Einnahmen, seine Vorrechte, und
zur Befriedigung seines Ehrgeizes. „Entweder komme ich um oder
ich erwerbe mir den Cardinalshut", war sein Wort gewesen, als er
bei einem ersten Fluchtversuche im Juli 1789 an der Grenze ange-
halten und zur Rückkehr in die Nationalversammlung genöthigt
worden war. Seine Hoffnung erfüllte sich; nach der Verkündigung
der französischen Verfassung floh er zum zweiten Male, ging nach
Rom und wurde später einer der Cardinäle, welche dem Kaiser
Napoleon am meisten dienstbar und unterwürfig waren.

Mit dem Zusammentritte der „gesetzgebenden Versammlung"
begann ein neuer Act in dem grossen Drama der Revolution und
vollzog sich auch eine neue Wendung in der Geschichte der
französischen Beredtsamkeit. Andere Männer betraten die Bühne;
Mirabeau, Maury, Barnave, Cazalès waren verschwunden.
Die Gironde erhob sich unter der Führung begabter Redner, wie
Vergniaud, Guadet, Gensonné, und der Berg, der immer
grössere Macht errang, verschaffte den Worten eines Danton und
Robespierre ein aufmerksames Gehör.

Die Zeit war trüb, das Land ringsum von Feinden bedroht
und selbst im Innern fehlte es nicht an erbitterten Gegnern der
neuen Verhältnisse. Vor allem erschien der König und seine Um-
gebung verdächtig, und die einzelnen Parteien stellten sich immer
misstrauischer gegen einander. Kein Wunder, dass die allgemeine

Stimmung gereizter, heftiger wurde, dass man allentbalben lauter und drohender sprach. Die schöne Zeit des Enthusiasmus war längst geschwunden, aber die Wogen der Revolution schlugen höher und höher; man fühlt, wie die Gesetzgeber Mühe hatten, in der steigenden Fluth sich oben zu halten.

In der gesetzgebenden Versammlung sprach man mehr als in der Constituante; vielleicht sogar abgerundeter, formvollendeter, — aber was man sagte, waren oft nur Phrasen, die dem Ohre schmeicheln sollten. Hätte sonst V e r g n i a u d bei Gelegenheit eines beabsichtigten Verbrüderungsfestes, das an der Weigerung der Regierung zu scheitern drohte, von der „barbarischen Herzensdürre" declamiren können, „mit welcher man die Umarmungen zurückstosse"? Wie M i r a b e a u in der Constituante, so stand V e r g n i a u d in den folgenden Versammlungen als der erste, Alle überragende Redner da. Aber um wie viel mehr M i r a b e a u seine Nachfolger an staatsmännischem Blick und an Kraft des Entschlusses übertraf, um so viel höher stand er auch als Redner. M i r a b e a u wusste einfach und klar zu sprechen, scharf zu beweisen, zu discutiren und verstand es ebenso gut, zu begeistern und mit sich fortzureissen. Allein er war kein Rhetor, er sprach nicht, um zu sprechen, haschte nicht nach abgerundeten Perioden, sondern ging entschieden auf das Ziel los, das er immer klar und bestimmt vor Augen hatte. Vergniaud war nichts weniger als Staatsmann; hatte er seine Rede gehalten, glaubte er aller und jeder Pflicht genügt zu haben; zu handeln, gegen seine Gegner entschieden aufzutreten, kam ihm niemals in den Sinn. Beredt, talentvoll und leicht sich orientirend — stand ihm jede Art der Rede zu Gebote, und er war abwechselnd ruhig und heftig, ernst und in gewaltigem Schwunge alle Zuhörer erschütternd. Doch wie er auch sprechen mochte, seine Reden rochen stets nach der Lampe. man fühlte überall die Kunst, die Sorge um einen abgerundeten und blühenden Stil; packende Gegensätze wechselten mit Bildern aus der Mythologie, an die wiederum Erinnerungen an die alte Geschichte geknüpft wurden. Bei solchem Hange ist aber ein Redner leicht in Gefahr, die Hauptsache den Nebendingen zu opfern und einer schönen Phrase halber seine Ueberzeugung preiszugeben.

Zu Vergniaud's berühmtesten Reden gehört diejenige, welche er den 25. October 1792 gegen die Emigranten hielt, und besonders seine Darlegung der allgemeinen Lage Frankreichs, in welcher er am 3. Juli desselben Jahres hauptsächlich gegen den König seine Angriffe richtete. Nachdem er nachgewiesen, wie die Emigranten und die fremden Monarchen Frankreich nur bekriegten, um dem Könige seine Vorrechte, seine alte Macht und seinen früheren Glanz zurückzugeben, wandte er sich in einer bekannten heftigen Apostrophe an Ludwig selbst:

„Oh König, der du wie der Tyrann Lysander ohne Zweifel geglaubt hast, dass die Wahrheit weniger werth sei als die Lüge, dass man die Menschen mit Eidschwüren wie die Kinder mit Knöcheln unterhalten müsse, der du die Liebe zu den Gesetzen nur geheuchelt hast, um ihnen trotzen zu können; ..... glaubst du, uns heute mit falschen Versicherungen betrügen zu können? Hiess das uns vertheidigen, als du den fremden Soldaten so geringe Streitkräfte entgegenstelltest, dass sie unterliegen mussten? Hiess das uns vertheidigen, als du alle Vorschläge beseitigtest, welche das Innere des Landes kräftigen sollten? ..... Hat dich die Verfassung zum Haupte der Armee gemacht, um Ruhm oder um Schande über uns zu bringen? Gab sie dir das Recht der Bestätigung, eine Civilliste und andere grosse Vorrechte, um die Verfassung und das Reich verfassungsmässig zu untergraben? Nein und abermals nein! Mensch, der du von der Grossmuth der Franzosen unbewegt bliebst, der du nur von der Liebe zum Despotismus getrieben wirst, du hast den Zweck der Verfassung nicht erfüllt! Sie stürzt vielleicht zusammen, aber du wirst die Frucht deines Meineides nicht ernten. ..... Du bist nichts mehr für die Verfassung, die du so unwürdig verletzt, für dieses Volk, das du so feig verrathen hast!"

Der Berg hatte zu solchen Angriffen nichts hinzuzufügen; er liess die Girondisten reden und rüstete sich zur That. So brach unter der Coalition der beiden Parteien die Monarchie zusammen, und die Girondisten, aufrichtige Republikaner, wähnten sich am Ziele, da sie mit der Verkündigung des Freistaates ihr Ideal verwirklicht sahen. Aber von dem Augenblicke ihres Sieges an trat ihre Schwäche zu Tage. Als ihnen, den unentschlossenen Rhetoren, die finsteren Männer des Berges nicht mehr als Bundesgenossen zur Seite standen, sondern nun feindlich auch gegen sie auftraten, konnte der Ausgang des Kampfes nicht zweifelhaft sein. Die Gironde unterlag, und Vergniaud bestieg nebst seinen Freunden das Blutgerüst.

Wie es mit dem Beginne der Schreckenszeit keine Presse mehr gab, so verschwand auch die Beredtsamkeit; denn jede Opposition gegen den Willen der Machthaber war verpönt. Weder Danton noch Robespierre waren Meister in der Kunst der Rede. Der erstere besass allerdings einige Eigenschaften zum Wortführer, die starke Stimme, die Energie in Sprache und Geberde, aber es fehlte ihm die nöthige Bildung, die Logik, die Dialektik; er war ein Volkstribun, der mit einem gewaltigen Worte die Massen mit sich fortreissen konnte, aber kein parlamentarischer Redner, der hätte folgern, überzeugen, erwärmen können. Robespierre endlich war mit seiner unscheinbaren Gestalt und seiner klanglosen Stimme noch viel weniger für die Rednerbühne geschaffen. Was er sagte, war klar und durchdacht; doch blieb er, besonders in der ersten Zeit seiner politischen Thätigkeit, stets nüchtern und frostig. Dass man ihm später mit gespannter Aufmerksamkeit zuhörte, hatte weniger in seinem Talente, als in der Furcht vor ihm seinen Grund.

Nur kurze Zeit noch — und die parlamentarische Beredtsamkeit verschwand in Frankreich selbst dem Namen nach. Zwanzig Jahre lang hörte man nur von Krieg und Kriegeslärm, und es musste erst ein neuer gewaltiger Umsturz die bestehenden Verhältnisse ändern, bevor das freie Wort wieder eine Stätte fand.

Vierter Abschnitt.

Die Presse.

Bei einer Darstellung der französischen Literatur in der Revolutionszeit darf der Einfluss der Tagespresse nicht ausser Acht gelassen werden. Wie jene merkwürdige Zeit überhaupt, wies auch die Presse, in der sie sich spiegelte, das eigenthümliche Gemisch von Geistesaufschwung und Gemeinheit auf; sie war von dem edelsten Streben, wie von den niedersten Leidenschaften erfüllt, für das Höchste begeistert und jede Schandthat vertheidigend, streitlustig bis zur Mordlust, hingebend bis zur Selbstaufopferung, platt bis zum Ekel.

Das Zeitungswesen war noch gar jung. Es hatte lange Zeit gewährt, selbst nachdem die Buchdruckerkunst erfunden war, bis sich das Bedürfniss nach regelmässigen politischen Mittheilungen unter den Völkern kund gegeben hatte. Im Mittelalter fühlte man sich auch ohne Zeitungen wohl, während sie heute, wie man mit Recht gesagt hat, den civilisirten Nationen so nöthig geworden sind, wie den Römern einst die Spiele des Circus. Die Völker Europa's und Amerika's haben heute ein gemeinsames Interesse, das des Fortschritts und der Bildung, und die Freiheit des einen Landes ist mehr oder weniger mit der Freiheit aller andern verknüpft. In seiner trefflichen Geschichte der Presse macht Hatin* dagegen mit Recht darauf aufmerksam, welch abgesondertes Leben selbst die Provinzen eines Landes gelebt, wie sich die Städter innerhalb ihrer Mauern gehalten und ein Jeder sich auf den Kreis seiner

_____

* M. Eugène Hatin, histoire de la presse en France. 6 Bände. Paris 1859 u. f. f.

engsten Heimath beschränkt habe. Wohl durchschnitten einzelne grosse Handelsstrassen die Länder, und unternehmungslustige Kaufleute wagten auf denselben Leben und Habe, aber sie bildeten doch die grosse Ausnahme, und die Geschichte des damaligen Handelsverkehrs zeigt uns eben am deutlichsten, wie abgeschieden die Menschen im Allgemeinen für sich hinlebten.

Erst die Reformation gab den verschiedenen Völkern Europa's ein gemeinsames Interesse. In jedem Lande entbrannte der Kampf zwischen Papstthum und Protestantismus, und die gleiche Sache, für die man eintrat, nöthigte auch zur lebhaften Theilnahme für einander. Freilich konnte man sich meistens nur vermittelst kleiner fliegender Blätter oder durch Privatbriefe die wichtigsten Vorfälle im Nachbarland mittheilen, allein es lag darin doch ein wichtiger Anfang. Das Gefühl der Gemeinsamkeit der Völker erwuchs immer mehr, bis es endlich den Denkern des vorigen Jahrhunderts gelang, den Begriff der über die nationalen Streitigkeiten und Eifersüchteleien erhabenen Menschheit zum allgemeinen Bewusstsein zu bringen. Erst von diesem Zeitpunkt an konnte eine Presse entstehen, die ihrer wahren Aufgabe gewachsen war.

Zur ersten regelmässigen Veröffentlichung brachten es die Zeitungen in Frankreich gegen die Mitte des sechzehnten Jahrhunderts. Unter König Ludwig XIII. und seinem allmächtigen Minister Richelieu spielten Anfangs die inneren Parteikämpfe, später die äussere Politik eine Hauptrolle. Jeder wollte von dem Ergebniss, von dem Gang derselben etwas wissen, und die Gerüchte, Anekdoten und Epigramme, welche ganz Frankreich durchliefen, leisteten kein Genüge mehr. Wohl gab es in Paris einzelne Orte, wo die Neuigkeitskrämer sich trafen und ihre Nachrichten austauschten, doch war auch diese Art der Mittheilung zu beschränkt. Da kam im Jahre 1631 ein unternehmender Kopf auf den Gedanken, die allgemeine Wissbegierde durch die regelmässige Ausgabe einer gedruckten Zeitung zu befriedigen. Theo-

phraste Renaudot, zu London im Jahre 1584 geboren, war
als Arzt nach Paris gekommen, hatte aber wenig Clienten gefunden, dann eine Schule eröffnet und schliesslich ein Leihhaus
begründet, mit welchem ein Adressbureau und eine Agentur für
Geschäfte jeglicher Art verbunden war. Diese Unternehmung
glückte; bald sah sich Renaudot im Mittelpunkt eines grossen
Geschäftskreises mit vielen Zweiggeschäften und Corresponden-
ten. Die Letzteren meldeten in ihren Briefen nebenher auch politische Neuigkeiten, und so wurde Renaudot's Geschäftslocal
zu einem Stelldichein für Müssige aller Art. Diesen gefällig zu
sein, liess Renaudot das Merkwürdigste aus den Briefen aus-
wählen und auf mehreren Blättern zum Nutzen seiner Kunden
abschreiben. Von der Abschrift bis zum Druck war dann nur noch
ein Schritt. Den 30. Mai 1631 erschien die erste Nummer seiner
Zeitung, die er bald „Gazette de France" betitelte, und die sich
durch vielfache Wandlungen hindurch bis auf den heutigen Tag
erhalten hat und jedenfalls der Patriarch der Zeitungen ist. Das
Blatt erschien einmal in der Woche, Anfangs eine, bald acht Seiten stark, und war für jene Zeit ein verdienstliches und mit
manchen Schwierigkeiten verbundenes Unternehmen, das mit
einer Menge von Neidern und Feinden zu kämpfen hatte. Die
erste Nummer enthielt neben Berichten aus Konstantinopel, Rom,
Venedig und andern Hauptstädten auch Mittheilungen aus Mainz
und Frankfurt a. M. vom 14. Mai, welche freilich wenig bedeute-
ten. Aus dem Innern des Landes wagte Renaudot Anfangs keine
Berichte zu geben; sie wären für seine Leser zwar sehr anziehend,
für ihn aber leicht gefährlich gewesen. Als er dann nach einiger
Zeit auch Correspondenzen aus französischen Städten brachte, be-
schränkten sich dieselben auf Erzählungen von Festlichkeiten, An-
preisungen von Mineralwassern, Notizen über vorgefallene Schläge-
reien und dergleichen mehr. Und doch hatte Renaudot trotz
dieses unschuldigen Inhalts bereits alle Leiden eines Journalisten
zu tragen; er klagte bald, dass er es keinem seiner Leser recht

machen könne, dass er den Soldaten zu wenig von Schlachten und Kriegsabenteuern, den Hofleuten zu wenig vom Hofleben berichte, und während die Einen voll Erbitterung seien, dass man ihren hohen Namen in der Zeitung zu profaniren wage, zürnten ihm die Andern, dass er sie mit Schweigen übergehe und ihnen den wohlverdienten Ruhm neidisch vorenthalte.

Richelieu erkannte bald, welchen Nutzen er aus dem neuen Unternehmen ziehen könnte, wenn er Renaudot das ausschliessliche Privilegium ertheilte, in Frankreich eine politische Zeitung herauszugeben und sich dabei die geheime Oberleitung vorbehielte. So geschah es; die „Gazette" fand ein eifriges Publicum und wurde besonders auch an den fremden Höfen gelesen. Diesen Umstand benutzte der Cardinal, um darin zu veröffentlichen, was er in seinen Depeschen nicht sagen wollte, und gar manche Artikel über die hohe Politik sollen von ihm direct für die Zeitung eingeschickt worden sein.

Auch Seine Majestät König Ludwig der Dreizehnte liess sich herab, Renaudot's Mitarbeiter zu werden. Er war bekanntlich nicht allein dem Cardinal unterthan, sondern lebte auch oft mit der Königin, seiner Gemahlin, im Krieg. Wenn ihm nun ein Aergerniss begegnete, wenn er sich über die Königin zu beschweren hatte, wenn er nachgeben musste — und er gab schliesslich immer nach — so suchte er sich durch die Zeitung zu rächen. Man erzählt, er sei mehr als einmal heimlich, in unscheinbarer Verkleidung, in Meister Renaudot's Haus erschienen, um seine Artikel in sichere Hand zu legen. Diese königlichen Beiträge bestanden meistens aus kurzen Notizen, welche bestimmt waren, die Königin zu ärgern. Es wurde darin von einer bevorstehenden Scheidung oder andern kräftigen Massregeln, allerdings in sehr behutsamer Form, gesprochen, und König Ludwig hatte dann seine Freude daran, zu sehen, wie seine kleine Bosheit den beabsichtigten Zweck nicht verfehlte. Auch liess er seinem Collegen von der „Gazette" nichts anhaben, und die Königin musste ihre

Rache verschieben, bis ihr Gemahl das Zeitliche gesegnet hatte.
Dann freilich wurde der freche Zeitungsschreiber alsbald zur
Rechenschaft vorgefordert. Doch als vorsichtiger Mann hatte Renaudot die Manuscripte seines königlichen Gönners sorgfältig
aufbewahrt und konnte sich durch deren Vorzeigung rechtfertigen;
einem so hochgestellten Mitarbeiter hatte er keinen Artikel als
unbrauchbar zurückgeben können, das sah selbst die Königin ein.
So wurde die Zeitung gerettet, und wenn auch mit der Zeit
das ausschliessliche Privileg nicht zu halten war, fand sie sich
dadurch entschädigt, dass sie zur officiellen Zeitung erhoben
wurde. Dieses Vorrecht bewahrte sie bis zum Jahr VIII der Republik, d. h. bis zum Jahr 1800, zu welcher Zeit der „Moniteur uni-
versel" von der Regierung zu ihrem Organ erkoren wurde.* Für
die Zeitgeschichte ist aus der „Gazette de France" wenig zu
lernen, da sie nur mittheilt, was sie für gut findet, und z. B. im
Juli 1789 nicht einmal für nöthig erachtet, ein Wort von dem
Sturm auf die Bastille zu melden.

Wichtiger als diese „Gazette de France" wurde bald der
„Mercure", der im Jahr 1672 gegründet, sich im Jahr 1724 zum
„Mercure de France" umwandelte, und in den Jahren vor der
Revolution das beliebteste und gelesenste Blatt Frankreichs war.
Es rühmte sich lange Zeit, fünfzehntausend Abonnenten zu haben,
trotzdem sein jährlicher Preis 30 Livres betrug. Allein es sprach
nicht einzig von trockener Politik, es hatte auch einen literarischen

---

* Der „Moniteur" erschien zum ersten Mal den 20. Nov. 1789, von Beginn an in Folio. Vom 3. Februar 1790 an wurde das „Bulletin" der Nat.-
Vers. mit ihm vereinigt und seitdem fanden sich in ihm die genauesten und
besten Berichte über die Sitzungen. Es war dies um so schwerer, da die Journalisten keinen besonderen Platz hatten und gleich dem Publicum oft
stundenlang vor der Thüre harren mussten, um sich einen Platz zu erobern.
Im Jahre IV veröffentlichte der „Moniteur" noch 71 neue Nummern, um
nachträglich die Lücke vom Zusammentritt der Nat.-Vers. bis zum 3. Febr
zu ergänzen.

Theil, für welchen bedeutende Kräfte, Laharpe, Marmontel
und Andere thätig waren. Aber auch der „Mercure" wurde von
der Regierung als ihr Eigenthum angesehen und sie erlaubte sich,
aus dem Ertrag des Blattes eine jährliche Abgabe von dreissig-
tausend Livres zu ziehen, welche Summe sie als Pension an verschiedene Schriftsteller vertheilte. Auf diese bequeme Weise
glaubte sie sich Anhänger und Lobredner zu sichern, gewann aber
in Wirklichkeit nur eine Reihe von Schmeichlern und Schütz-
lingen, die am Tag der Gefahr verstummten und verschwanden.

Was der „Mercure" in politischer und literarischer Hinsicht
war, das suchte das „Journal des Savants" auf dem Gebiet der
Wissenschaft zu werden. Indessen konnte sich selbst dieses nicht
unabhängig hinstellen, so einflussreich und bedeutsam es auch
war. Die Regierung liess sich das Monopol nicht nehmen und die
Censur war mächtig.* Wer vor der Revolution eine wichtige
Tagesfrage besprechen, wer zum Volke reden wollte, musste seine
Zuflucht zu einer Broschüre nehmen, die weniger Schwierigkeit
bei ihrer Verbreitung fand. Tausende solcher kleinen Schriften
wurden damals gedruckt, welche alle möglichen Fragen behandelten und fast immer begierige Leser fanden. Mit dem Zusammentritt der Nationalversammlung änderten sich diese Verhältnisse. Broschüren konnten in dem Drang der Ereignisse nicht
mehr genügen, jeder Tag hatte seine Aufgabe, seine Begebenheit,
seine Frage zu lösen; jeden Tag erhoben sich neue Forderungen,
erwachten neue Leidenschaften. Man lebte schnell und handelte
schnell; man brauchte eine Hülfe, um sich in dem stets steigenden Wirrwarr, in der Fluth von Neuigkeiten, Beschlüssen und
Gesetzen, welche in wenigen Wochen die ganze Verfassung Frank-

---

* Wer sich offen gegen die bestehenden Verhältnisse erklärte, musste
seine Zuflucht zum Ausland nehmen, wie Brissot, der sein Journal in London erscheinen liess, oder er musste eine Maske vornehmen wie Mirabeau,
der eine „Analyse der englischen Zeitungen" veröffentlichte, darin aber seine
revolutionären Ansichten niederlegte.

reichs und seine socialen Verhältnisse umänderten, zurechtzu-
finden. Die Provinz wollte so schnell als möglich erfahren, was
sich in der Hauptstadt begab und so entstand die politische Tagespresse.

Nur der vermag sich ein wahres Bild von den ersten Jahren
der Revolution zu formen, der in den öffentlichen Blättern der
Zeit gleichsam den raschen Pulsschlag des Lebens selbst gefühlt
hat. Die ersten Tage der Revolution waren eine schöne Zeit der
Begeisterung, der Hoffnung, der allgemeinen Menschenliebe; die
Ideale, die man so lang im Herzen getragen und für unausführ-
bar gehalten hatte, schienen ihrer Verwirklichung nahe, die
Menschheit um eine neue, noch nicht ermessbare Strecke in ihrer
Entwickelung vorwärts gebracht. Ein Jeder wollte von diesem
Wunder lesen, ein Jeder seine Ansichten mittheilen, und so traten
im Frühling der Revolution, der leider nur kurze Zeit dauerte,
Zeitungen aller Art ins Leben. Die Censur wagte keinen Widerstand und verschwand völlig nach der Erstürmung der Bastille.
Man hat die Namen von etwa tausend Journalen gezählt, welche
in dem kurzen Zeitraum vom Mai 1789 bis zum Mai 1793 in
Frankreich gegründet wurden, und die Liste ist durchaus nicht
vollständig. In Paris allein zählte man im Jahr 1790, zur Zeit
als die Presse durch keine Steuer und keine sonstige Schranke gehemmt war, ungefähr 64 Zeitungen. Freilich hatten selbst die
grössten unter ihnen bei weitem nicht den Umfang der heutigen
grossen Blätter in Frankreich. Mit Ausnahme des „Moniteur“,
erschienen alle in Quart- oder Octavformat.

Dass in diesem Concert der verschiedenartigsten Stimmen
keine Harmonie zu finden war, dass nach beiden Seiten hin Aus-
artung Statt fand, ist natürlich. Auch die Presse muss erst durch
die freie Uebung allmälig ihre Kräfte erkennen und sie gebrauchen lernen. Das französische Staatsleben vor der Revolution
war aber dazu die schlechteste Vorbereitung, die man sich denken
konnte, und die Mehrzahl der Blätter jener Zeit war daher ein

armseliges Machwerk verkommener Schreiber, über deren Unwissenheit sich selbst ein M a r a t später beschwerte. Statt zu
schreiben, sagt er in seinem „Volksfreund", thäten diese Leute
besser, an der Spitze der Armen gegen die Nationalversammlung
zu ziehen, damit diese genöthigt werde, wenigstens für Brod zu
sorgen, nachdem sie den Bedürftigen alle Habe entrissen habe,
um die Blutigel des Staates zu bezahlen.

Mit derselben Bitterkeit sprach sich ein hervorragender
Schriftsteller der Zeit, M a l l e t d u P a n, in seinen Memoiren über
die Geistesarmuth und moralische Verkommenheit der Leute von
der Feder aus. Die Schriftsteller, klagt er, bilden keinen Stand
mehr, sondern seien nur noch eine ungeordnete hungrige Masse,
in welcher nur Wenige eine geachtete Stellung hätten, die meisten
aber im Elend verkämen. In seinem Tagebuch (1785 — 1789)
meint er, die Akademien und Lyceen seien verderbliche Anstal-
ten, welche die Schreibwuth und die Zahl der Schriftsteller ver-
mehrten. Paris wimmele von jungen Leuten, die eine gewisse
Leichtigkeit für Talent hielten; Schreiber, Ladendiener, Advocaten, Soldaten, alle wollten Schriftsteller werden, stürben fast vor
Hunger, scheuten sich nicht zu betteln — und schrieben Broschüren.

Die Pressfreiheit war bis zum Beginn der Bewegung völlig
unbekannt für die Zeitungen. B r i s s o t erzählt, wie er 1783 den
Zustand der englischen Colonien in Indien studirt und das Ergebniss in seiner Zeitung habe mittheilen wollen; statt ihn zu
begünstigen, habe man ihm tausend Hindernisse in den Weg gelegt, die Probenummer habe jedesmal den Weg durch die vier
Departements der Ministerien nehmen müssen, und was' diese
viermalige Censur habe stehen lassen, sei der Veröffentlichung
nicht mehr werth gewesen.

Auch hier brach M i r a b e a u die Bahn. Als Abgeordneter
begründete er alsbald eine Zeitung „die Generalstaaten". Aber
noch war die Censur zu mächtig, und er musste sein Unternehmen

bald in die bescheidenere Form von „Briefen an seine Wähler"
(lettres à mes commettants) kleiden. Als aber mit dem Fall
der Bastille der Sieg der Revolution entschieden war, liess er
sogleich ein neues Journal, den „Courrier de Provence" erscheinen, dem kein Minister mehr hemmend in den Weg zu treten
wagte. Dieses neue Blatt sollte hauptsächlich M i r a b e a u 's Ruhm
verbreiten und beeilte sich, seine Reden ausführlich mitzutheilen,
blieb jedoch ohne Einfluss auf die Stimmung des Volks, obwohl
es in der Provinz grossen Absatz fand. M i r a b e a u war eben
ein Redner, kein Journalist.

Gleichzeitig mit ihm begründete B r i s s o t seinen „Patriote
français", in dem er bald offen für die Republik und für eine
föderalistische Verfassung eintrat, in welcher die Selbständigkeit
der Gemeinden die Grundlage für den grossen Bau der nationalen
Freiheit sein sollte.

Bald folgten die andern Blätter nach, und wir sehen in
den ersten drei Jahren der Bewegung hauptsächlich zwei grosse
Parteien, die des Königthums einerseits und die der neuen republikanischen Freiheit andererseits, welche sich einander rastlos
befehdeten. Der Versuch einer Mittelpartei, diese beiden Gegensätze zu versöhnen, schlug fehl und kam nur wenig zur Geltung.
Um so heftiger befehdeten sich im öffentlichen wie im Privatleben, auf der Kanzel wie auf der Rednerbühne, auf dem Theater
wie in der Strasse die zwei grossen Armeen der Royalisten und
Republikaner. Erbitterter ist nie ein Kampf geführt worden und
die Presse wurde nothwendiger Weise in denselben mit fortgerissen, ja sie musste der Natur der Dinge nach die Gluth des Hasses
fortwährend zu höheren Flammen anfachen. Was das gesprochene
Wort in den Versammlungen und politischen Vereinen vermochte,
das bewirkte die Presse, das gedruckte Wort, in jeder Stadt, in
jeder Gemeinde, in jedem Hause des ganzen Landes.

Die Angreifenden sind immer im Vortheil; und so war
auch der Einfluss der Zeitungen der Revolutionspartei um Vieles

gewaltiger als der der königlichen Presse, welch letztere oft einen
schweren Stand hatte. Zunächst war deren Publicum beschränkt;
man zählte für alle streng conservativen Blätter zusammen höchstens zwanzigtausend Abonnenten, während eine einzige Zeitung
der Gegenpartei, „die Revolution von Paris", täglich die zehn-
fache Anzahl von Exemplaren absetzte. Dieses Blatt, das allerdings die grösste Verbreitung von allen Zeitungen hatte, trug an
seiner Spitze das verständliche Motto: „Die Grossen erscheinen
uns nur gross, weil wir vor ihnen auf den Knien liegen. Erheben
wir uns!" Jede Woche erschien eine Nummer von etwa fünfzig
enggedruckten Seiten, in denen mit anerkennenswerther Genauigkeit und selbst Unparteilichkeit die Verhältnisse besprochen
werden. Der Hauptredacteur war ein junger Mann aus dem Süden,
Elysée Loustalot, einer jener warmblütigen, für die Sache der
Revolution begeisterten Söhne der Gironde. Andere mochten ihn
an Talent, an glänzender Dialektik und Gewandtheit übertreffen,
als Patriot und als ehrlicher, überzeugungstreuer Mann stand er
keinem nach. Selbst in den Zeiten der grössten Aufregung bewahrte er sein ungetrübtes Urtheil und sah klar in die Zukunft.
Schon im August 1789 warnte er vor der Vertrauensseligkeit und
Schlaffheit. „Wir sind rasch aus der Knechtschaft in die Freiheit
übergegangen", schreibt er, „aber wir eilen noch rascher von der
Freiheit in die Knechtschaft zurück. Mit dem Lob, das man dem
Volk wegen seiner Thaten spendet, schläfert man es ein; man
belustigt es durch Feste, Processionen, Uniformen." Durch die
Gründung der Bürgergarde sieht er eine neue Gefahr erwachsen
und prophezeit einen grösseren Despotismus, wenn auch unter
anderer Form. Aber andererseits genügt ihm die Nationalversammlung nicht, und er findet sie trotz ihrer Opferfreudigkeit in
der berühmten Nacht des 4. August immer noch zu feudal, zu
wenig national.

Loustalot starb leider schon im September 1790, im
Alter von nur 28 Jahren, wie man sagt, an gebrochenem Herzen

6*

über die Nachricht von den Mordscenen in Nancy, welche ihm
den Abgrund aufdeckte, dem die Gesellschaft unaufhaltsam zu-
getrieben wurde.

Revolutionärer war die Wochenschrift, welche seit dem November 1789 Camille Desmoulins unter dem Titel „Revolutionen von Frankreich und Brabant" herausgab, und auf die wir
später zurückkommen werden. Nennen wir daneben noch den
„Courrier français", aus welchem Charlotte Corday ihre politischen Ansichten schöpfte, Marat's berüchtigten „Volksfreund"
(l'ami du peuple), der an Heftigkeit und Leidenschaftlichkeit alles
übertraf, und Freron's Schandblatt „der Volksredner", so haben
wir eine Uebersicht der gelesensten Revolutionsblätter jener Zeit.

Solchen Feinden gegenüber galt es sich zusammenzunehmen.
Es wäre die Aufgabe der königlichgesinnten Blätter gewesen,
durch Anstand, vernünftige Besprechung, einsichtige Zugeständ-
nisse sich mit der Zeit ein grösseres Publicum zu gewinnen, und
je weniger sich ihre Anhänger auf der Strasse mit den Leuten
Marat's messen konnten, umsomehr hätten sie darauf bedacht
sein müssen, bei dem ruhigeren Theile des Volks Eingang zu
finden. Allein die royalistischen Blätter waren kaum besser, als
die terroristischen Zeitungen: dem „Volksfreund" stand der
„Königsfreund" (l'ami du roi) unter der Leitung des Abbé
Royou gegenüber; neben ihm kämpften die „Hof- und Stadt-
zeitung" (le journal de la cour et de la ville), das Pfennigjournal
(le journal à deux liards), das königliche Journal und vor allen
„die Apostelgeschichte" (les actes des apôtres). Unter den bedeutendsten Mitarbeitern dieser letzteren Zeitung ist zunächst der
geistreiche, frivole Rivarol zu nennen, der die Persiflage als
„die Aristocratie des Geistes" bezeichnete, und dessen blutige
Epigramme und Ausfälle gegen die Helden des Tages nur zu sehr
von seinen Feinden bemerkt wurden. Auch Mounier, Lally-
Tollendal, Abbé Maury und der jüngere Mirabeau, „das
Fass" genannt, halfen in der Redaction. Der eigentliche Gründer

und Herausgeber war jedoch ein gewisser P e l l e t i e r , ein Wüst-
ling, der zugleich die Würde eines Gesandten Seiner schwarzen
Majestät, des Königs C h r i s t o p h von Haiti, am englischen Hofe
bekleidete, seinen Gehalt in Zuckerhüten bezog und ihn in Cham-
pagner vertrank, wie C h â t e a u b r i a n d in seinen Memoiren von
ihm erzählt. Von dem Plänkler dieser kleinen royalistischen
Armee, von dem witzigen, leichtsinnigen S u l e a u , folgt weiter
unten ein ausführliches Charakterbild.

  Alle diese Leute versammelten sich, wie man erzählt, bei
einem Restaurateur des Palais-Royal, um die „Actes des Apôtres"
zu schreiben. Schon der Name war ein Hohn auf die Abgeordneten, die Apostel der neuen Freiheit. Dort, in der Erregung und
Heiterkeit des Augenblicks, wenn der Wein die Köpfe erhitzte,
begann ein Kreuzfeuer der boshaftesten, witzigsten, angenehmsten
Unterhaltung, welche von einem der Theilnehmer in flüchtiger
Weise aufgezeichnet wurde und die Grundlage für die nächste
Nummer bildete. Allein eine Revolution lässt sich eben so wenig
durch solche Waffen besiegen, als durch die heftigen Provoca-
tionen, welche sich die royalistische Presse erlaubte.

  Solche Leute waren nicht geschaffen, die Strömung der Zeit
mit irgend welchem Erfolg zu bekämpfen und ihre Schwäche lag
eben darin, dass sie nicht allein den Uebergriffen der Revolution,
sondern auch jeder bescheidenen Entwickelung sich entgegen-
stellten. Selbst einem halbwegs liberalen Mann machten sie es
unmöglich mit ihnen zu gehen. Wie Blinde, die ihren Weg verloren haben, stiessen sie überall an und kannten, inmitten der
neuen Welt, nur ein Ideal — die vergangene Herrlichkeit des
absoluten und galanten Königthums. So überschütteten sie die
Führer der Gegenpartei mit dem bittersten Hohn und fanden ihre
Belohnung in dem Beifall der schmollenden Salons der Aristokratie, welche solch unbarmherzigen Sarkasmus mit ihrem feinsten
Lächeln begrüsste — aber ändern konnten sie damit nichts; denn
die Masse des Volks, das die letzte Entscheidung in Händen hatte,

hörte von diesen Zeitungen nichts. oder wurde noch mehr gereizt
wenn es ja einmal eine Nummer derselben zu Gesicht bekam.

Denn man muss dabei nicht vergessen, dass diese royalistischen Journale die ersten waren, welche ihre Gegner mit blutiger Vergeltung bedrohten, welche an die rohe Gewalt appellirten,
fortwährend offen zu einem Staatsstreich drängten, Hinrichtun-
gen und Confiscationen in Masse verlangten und somit jedes Vertrauen untergruben. Die „Actes des Apôtres" waren es, die zuerst eines Tages kurzer Hand von der nahen und zuversichtlich
erwarteten Gegenrevolution die Köpfe der sechshundert bekanntesten Volksführer forderten. Sie ertheilten den feindlichen Heeren,
die an den Grenzen standen, Rathschläge, wie sie am leichtesten
bis nach Paris vordringen könnten; sie druckten Briefe von Emigranten ab, welche die Hoffnung auf ein Gelingen der Invasion
offen aussprachen und damit drohten, dass sie in diesem Fall
ihrerseits ein lustiges ça ira anstimmen würden. Sie verlangten
in einem leichten Liedchen fünfzehntausend Galgen für Frankreich, welche „die Milde und kräftige Wachsamkeit des Herrn
Kaisers" — es war der deutsche Kaiser, den sie so anriefen! —
bezeugen würden. Das „Hof- und Stadtjournal" beschwor eines
Tages die Nationalgarde keine Zeit zu verlieren, sondern die
Waffen zu ergreifen, die scheussliche Höhle der Jacobiner zu er-
stürmen und alle bis auf den letzten Mann niederzumetzeln. War
es da zu verwundern, wenn die Gegner solche Drohungen und
Wuthausbrüche noch überboten und leider diese Drohungen auch
ausführten, sobald sie zur Gewalt kamen?

In der widerlichen Polemik dieser Presse zeigte sich der
Bürgerkrieg bereits in abschreckender Gestalt. *

Dabei kostete die royalistische Presse schweres Geld. Mont-
morin hat selbst zugestanden, dass er in der kurzen Zeit seines

---

* André Chénier sagt über diese Presse in seinem Jeu de paume
str. 17:

Ministeriums an sieben Millionen für Bestechungen ausgegeben und sich dafür Jacobiner, Journalisten, Redner nach Belieben gekauft habe. Liess sich doch selbst M i r a b e a u bestechen! So streute auf der einen Seite der Hof das Geld mit vollen Händen aus, während auf der andern der Herzog von Orleans seine Schätze dazu verwandte, sich eine Partei zu bilden, Volksaufstände zu organisiren und nichts sich in Ruhe gestalten zu lassen. Keiner sah ein, dass Menschen, die man kaufen kann, das Geld nicht werth sind, das man für sie bezahlt, und dass der, welcher den Pöbel benützt, um das Volk zu täuschen, selten zu seinem Ziele gelangt, niemals aber einen Erfolg von Bestand erringt.

Zwischen diesen sich begeifernden Parteien standen die sogenannten constitutionellen Blätter in der Mitte. Zu ihnen gehörte besonders der „Mercure de France" unter M a l l e t d u P a n 's trefflicher Leitung und die von dem Club der Feuillants beeinflussten Zeitungen, unter welchen besonders das „Journal de Paris" zu nennen ist, worin der unglückliche André C h é n i e r seine Artikel veröffentlichte.

Als ob aber durch die Zeitungen nicht genug für das politisch aufgeregte Volk gesorgt werde, ergoss sich noch ein Strom von Schriften und Broschüren über das Land, welche schon in den Titeln sich zu überbieten suchten, um die Neugierde der Leser zu reizen. „Hängt mich, wenn ich Unrecht habe!" — „Grosses Complot!" — „Der König und ein Nationalgardist beim Tric-trac!" — „Die patriotischen Zornausbrüche" — „Einfluss der Assignaten auf den Brodpreis" u. a. m.* Wie sich in unseren Tagen die

---

„leurs feuilles noires de poisons
Sont autant de gibets affamés de carnage.
Ils attisent de rang en rang
La proscription et l'outrage.
Chaque jour dans l'arène ils déchirent le flanc
D'hommes que nous livrons à la fureur des bêtes."

* „Si j'ai tort, qu'on me pende!" — „Grand complot découvert!" — „La chemise levée" (gegen die Klöster) — „Aristocrate emprisonné."

Strassen von Florenz oder Neapel zu bestimmten Stunden plötzlich doppelt beleben, die Zeitungsverkäufer an allen Ecken auftauchen und mit gellender Stimme ihre Waare ausbieten, so durchzogen damals die Colporteure zu Tausenden mit ihren Zeitungen und Flugschriften die französische Hauptstadt.

Aber auch das genügte nicht und zuletzt bekämpfte man sich in Maueranschlägen und Placaten. Nicht als ob man sich auf Proclamationen und ermutigende Ansprachen beschränkt hätte, das wäre nicht weiter zu erwähnen; allein man erfand ein Journal, das nichts kostete und welches von den Massen an den Strasseneecken gelesen werden konnte. So liess Tallien seinen „Bürgerfreund" öffentlich anschlagen, wozu ihm der Jacobinerclub die Mittel vorschoss; so liess die königliche Partei den „Hahnenschrei", dessen Kosten von der Civilliste getragen wurden, überall anheften. Damit entspann sich auch hier der Krieg. Jeden Morgen erschienen die Arbeiter mit ihren unendlichen Papierbündeln und schmückten die Mauern der Häuser mit ihrer Literatur. Freilich mussten sie wachen, dass ihr Blatt nicht beschmutzt, nicht abgerissen wurde, dass kein feindlicher Arbeiter nahte, um ein Blatt der Gegenpartei wie zum Hohn darüber zu kleben, und mehr als einmal kam es zu einem tragikomischen Kampf zwischen den Trägern dieser Mauerzeitungen.*

Drei Jahre lang herrschte somit in Frankreich völlige Pressfreiheit, bis sie, als eins der ersten Opfer des Schreckenssystems, fiel.

Am zehnten August 1792 gab der Aufstand des Volks die Macht in die Hände der Gironde und des Bergs, die sich an

---

— Partie de trictrac du roi avec un garde national." — „Combat à mort!"
— L'effet des assignats sur le prix du pain." — „Le premier pas à faire!"
— La chasse aux monopoleurs sur le pain" etc. etc. Duval, mémoires de la Terreur und nach ihm Goncourt, société 20. p.

* Man nennt unser Jahrhundert wohl manchmal mit einem Anflug von Verachtung das papierne Zeitalter. Dass man damals erst im

jenem Tag verbündet hatten. Ludwig XVI. wurde aus den
Tuilerien in den Temple gebracht, wo er fortan als Gefangener
gehalten wurde. Damit war die Monarchie gestürzt und die royalistische Presse ging mit ihr unter. Schon am 12. August verfügte
ein Beschluss der Commune von Paris, dass die Vergifter der öffentlichen Meinung, die Verfasser verschiedener antirevolutionärer
Zeitungen verhaftet und ihre Pressen den patriotischen Druckern
überlassen werden sollten! Die Postverwaltung erhielt den Befehl,
künftig keine verdächtigen Blätter mehr zu versenden, und so verschwand eine grosse Reihe royalistischer und gemässigter Journale. Selbst der „Mercure français" wurde von jenem Urtheil
getroffen.

Seit jener Zeit war es um die freie Meinungsäusserung gethan, die Presse verlor immer mehr an Einfluss und Ansehen;
von der Behandlung der Principienfragen sank sie immer tiefer
herab, bis sie zuletzt nur ein Tummelplatz gemeiner Persönlichkeiten wurde. Zudem hatten die Jacobiner durch ihre gewaltsame
Unterdrückung der feindlichen Presse ein Beispiel gegeben, das
die späteren Gewalthaber nur zu schnell nachzuahmen sich erlaubten.

Von den Augusttagen des Jahres 1792 bis zum Juli des
folgenden Jahres drehte sich der Kampf noch zwischen Girondisten und Jacobinern. Die ersteren hatten mit der Einführung
der Republik ihr Ziel erreicht und wollten nun ihrerseits dem
Strom Einhalt thun. Mit welchem Erfolge, ist bekannt. Bald
tobten die Blätter Robespierre's, Marat's und Freron's so
heftig gegen die Girondisten, wie sie früher gegen die Aristo-

Anfang dieser Epoche stand, beweisen die Besorgnisse, die man vor
etwaigem Papiermangel hegte. In dem Sitzungsbericht der gesetzgebenden Versammlung vom 1. Mai 1792 heisst es, dass man dem Handels-
ausschuss den Bericht des Abgeordneten François de Neufchâteau
zugewiesen habe, wozu der „Mercure français" die schon früher S. 41 von
uns angeführte höhnische Schilderung des grossen Papierverbrauchs macht.

kraten gewüthet hatten. Im März 1793 bedrohte der Convent die
Verfasser von Schriften gegen die Volksvertretung und Volkssouverainetät mit der Todesstrafe, die Verkäufer und Verbreiter
solcher gefährlichen Machwerke mit drei Monaten Gefängniss bis
zu zwei Jahren Kettenstrafe. Die Regierungscommissäre und Pro-
consuln der Republik, die in die Departements geschickt wurden,
bezeichneten dort kurzer Hand, welche Zeitungen gelesen werden
durften und welche nicht. *

Die Gironde wurde im October abgeschlachtet, die Guillotine antwortete auf jeden Einwand und nur der Terrorismus hatte
noch seine Journale.

Das war die schöne Zeit für den „Père Duchesne", das
niedrigste Blatt, das jene Zeit hervorgebracht, und das selbst
tiefer stand als Marat's „Volksfreund". Der „Père Duchesne"
war ursprünglich eine traditionelle, volksthümliche Figur, eine
Art Hanswurst voll Derbheit und Unfläthigkeit, ein Töpfer seines
Handwerks, der jedem die Wahrheit ins Gesicht sagte und keinen
Satz aussprechen konnte, ohne zu fluchen. Dieser Volksmann gab
die Benennung für das berüchtigte Blatt, das Hébert seit 1790
herausgab, das aber erst in der Schreckenszeit zur Bedeutung kam.
Hébert trat nach Marat's Ermordung an dessen Stelle und ge-
berdete sich wo möglich noch wüthender als jener und sein Journal galt zuletzt gewissermassen als officielles Organ. Fünfzig-
tausend Exemplare wurden auf Befehl des Convents an die Gemeinden und die im Feld stehenden Armeen geschickt, wie überhaupt für die politische Bildung der Soldaten in der Weise gesorgt wurde, dass man für je 100 Mann auf eine Zeitung abon-
nirte. Camille Desmoulins wagte es später, Hébert des
Unterschleifs zu beschuldigen, indem er weniger Zeitungen liefere

---

* Unter die proscribirten Blätter gehörte auch der „Moniteur univer-
sel", den dieses Loos seitdem bis zu den Tagen der Commune 1871 nicht
wieder getroffen hat. Vergl. Verhandlungen des Convents vom 8. März 1793.

als er sich bezahlen lasse. Aber Hébert wollte leben und zwar gut leben. Er war ein Epikuräer, mit feinen aristokratischen Manieren, zartem Gesicht, blauen Augen und blonden Haaren, dem es Niemand ansehen konnte, dass er seine blutschnaubenden Ergüsse in einem Blatte niederlegte, dessen Titelvignette den Père Duchesne mit grimmigem Gesicht zeigt, wie er einen vor ihm knieenden Abt mit dem Tode bedroht. Aber der Gegensatz stellt sich noch schärfer heraus, wenn man findet, dass dieser Tribun der Armen und Niederen bei seinem Tode ein Vermögen von zwei Millionen hinterliess, welches er sich in wenigen Jahren erworben hatte.

Die Geschichte der Herrschaft Robespierre's ist eine entsetzliche Folge von Blutthaten, Gräueln und Verwüstungen, bei deren Bild wir glücklicherweise nicht zu verweilen brauchen. Selbst einem eingefleischten Revolutionär, wie Camille Desmoulins, wurde das Treiben zum Ekel. Er wagte es, Milde zu predigen und bestieg wegen dieses Verbrechens mit Danton das Schaffot. Erst mit Robespierre's Tod konnte das geängstigte Land wieder aufathmen und sich der Hoffnung einer ruhigeren Zeit überlassen.

Fünfter Abschnitt.

Die Matadore der Presse.

In dem vorhergehenden Abschnitt sind die allgemeinen Ver-
hältnisse der Tagespresse während der Revolution geschildert
worden; das Bild von der Wirksamkeit und dem Einfluss der
Zeitungen wird sich indessen noch deutlicher gestalten, wenn wir
sehen, wie eine jede Richtung, die in dem grossen Kampf zur
Geltung zu kommen strebt, sich in einigen besonders organisirten
Naturen gleichsam verkörpert zeigte. Wir werden finden, dass die
Zügellosigkeit und der zuversichtliche Leichtsinn der Revolution
in Camille Desmoulins, ihre leidenschaftliche Wuth in
Marat sich ausprägte, dass sich die Reactionsgelüste in Suleau,
die ohnmächtige Mässigung in Mallet du Pan am deutlichsten
spiegelten.

"Wer ist jener glänzende Schüler, der, von Roms und
Griechenlands Vorbildern erfüllt, inmitten unserer Kämpfe so
ungezwungen die Erinnerungen des Alterthums wach ruft, der
immer lachend, immer drohend seine todbringenden Scherze vor-
bringt, der über Galgen und Plünderung angenehm plaudert und
die Sprache wüthender Fischweiber mit den Einfällen eines athenischen Genies würzt, der mit so viel Anmuth sich zur Wuth
emporschraubt?"

So zeichnet Louis Blanc in seiner Geschichte der Revolution jenen merkwürdigen Mann, der, wie kein anderer, den jugendlichen Ungestüm, den Hass und den Leichtsinn der grossen Masse
in sich verkörperte, der in dem Garten des Palais-Royal der Revolution das erste bestimmte Losungswort gab und ein Abzeichen,
eine Farbe, für sie fand. Den Tag zuvor noch unbekannt, in

drückender Geldverlegenheit, sah sich Camille Desmoulins mit
einem Male volksthümlich und im Munde der Pariser. Jüngst
noch fast ein Schüler, der nicht wusste, was er mit seinem republikanischen Enthusiasmus beginnen solle, und nun plötzlich das Haupt,
der Wortführer der Masse!* Der 12. Juli, schrieb er später an
seinen Vater, sei der glücklichste Tag seines Lebens gewesen;
Tausende hätten ihm zugejubelt, ihn umarmt und mit ihren
Thränen benetzt.** War es zu verwundern, wenn ihm manchmal
schwindelte? Die schwüle Atmosphäre der Revolution, in welcher
er fortan lebte, entwickelte seine Kräfte, wie die so vieler Anderen,
über Nacht. Je furchtbarer der Sturm, desto wohler schien er sich
zu fühlen und von seinen Erfolgen berauscht, schien er sich selbst
ein höheres Geschöpf. „Sie sagen mir immer", schrieb er vor-
wurfsvoll an seinen Vater, als dieser mit seinem Geld zurückhielt,
„dass ich noch andere Brüder habe. Gewiss; aber mit dem Unterschied, dass die Natur mir Flügel gegeben hat, und meine Brüder
nicht, gleich mir, die Kette fühlen, mit welcher die Noth mich an
den Boden fesselt."*** Dieses Wort ist bezeichnend für ihn, denn
so blieb er stets, selbstbewusst, aber unreif und ohne inneren Halt.
In der Aufregung des Tages schrieb er Zeitungen und Broschüren,
voll Geist und Witz, oft in blendendem Styl und hinreissender
Sprache, aber er vermochte es nicht, seinen Unternehmungen
längeren Bestand zu sichern. Seine Zeitschrift „die Revolutionen
von Frankreich und Brabant" hatte auf die Dauer so wenig Erfolg, wie seine „Tribüne des Patrioten" oder seine „Laterne";
und sein letztes Zeitungsunternehmen, der „Vieux Cordelier",
brachte ihn sogar auf das Schaffot. Wohl war Camille von einem
Hauch Voltaire'schen Geistes belebt, allein es fehlte ihm des

* Camille Desmoulins war zu Guise (Aisne) im Jahre 1762
geboren.
** Brief an seinen Vater vom 20. September 1789.
*** Brief an seinen Vater vom 8. October 1789.

Meisters Kraft und Ausdauer zur Arbeit. So allein erklärt es sich, warum er in jeder Richtung seiner Thätigkeit scheiterte und warum seine Schriften nichts weiter als Plaudereien sind, die zwar Witz und Hass in gleicher Weise lebendig offenbaren, die sich aber ohne System und Zusammenhang aneinander reihen und nur der Laune des Verfassers folgen, dessen Sinn oft von den verschiedensten Ideen durchkreuzt wird.

Und doch hatten Camille's leichtsinnig hingeworfene Worte oft die schwersten Folgen. In einem Schriftchen, „das freie Frankreich", das er zu Ende des Jahres 1789 veröffentlichte, suchte er Anhänger für die Revolution zu werben, indem er ungescheut auf den möglichen Raub und die reiche Beute hinwies. Er selbst habe freilich den Muth, sich um der Freiheit willen zu opfern, allein die Massen, meint er, müssten von stärkeren Motiven bewegt werden, und so zählt er die vierzigtausend Paläste und Schlösser des Landes, die weiten Besitzungen, den reichen Grundbesitz der hohen Herren auf, was Alles im Fall des Sieges zu vertheilen wäre, und zaubert so vor die gierige Phantasie der Darbenden ein verlockendes Bild des Wohlseins. „Wenn keine Billigkeit mehr herrscht, wenn eine kleine Minderheit die Masse unterdrückt", ruft er ein anderes Mal, „so kenne ich hienieden kein anderes Gesetz, als das der Vergeltung" . . „Einige Philosophen wagen das Volk nicht völlig zu verdammen, wenn es sich in seltenen Fällen auf 24 Stunden der Dictatur bemächtigt und an die Laterne appellirt!" Gleich dem alten Cato, der jede Rede im Senat mit der Ermahnung schloss, Karthago zu zerstören, so wolle er, sagt er in seiner „Laterne", ohne Aufhören darauf dringen, dass man Versailles dem Erdboden gleich mache. Und als endlich der Krieg ausbricht, schlägt er allen Ernstes ein Decret vor, dem zu Folge jeder gefangene feindliche Soldat als Bandit gehängt, jedem Deserteur, der den Kopf eines Hauptmannes bringe, eine Belohnung gezahlt werde, und verlangt überhaupt einen Tarif für jeden Feindeskopf, vom Marschall herab, bis zum gemeinen Soldaten.

Wenn ein ungebildetes Volk, dem täglich solche Nahrung
geboten wurde, endlich sich hinreissen liess, diese Lehren zur
praktischen Ausführung zu bringen — kann uns das Wunder
nehmen? Müssen wir nicht vielmehr den Männern die Hauptschuld an dem tausendfach vergossenen Blut zuschieben, die auf
solche grobe Weise den niedrigsten Gelüsten schmeichelten?
Camille erkannte die Tragweite seiner Hetzereien nicht, da er
sie nicht aus kalter Berechnung veröffentlichte; und so erklärt es
sich, warum er hier und da auch Worte der beruhigenden Ermahnung fand und mit Marat sogar in Federkrieg gerieth. Schon
im Beginn der Revolution klagte er, dass die grosse Mehrzahl
seiner Landsleute die heilige Freiheit nur als günstige Gelegenheit zu guten Geschäftchen, zu gewinnreicher Speculation betrachtete, dass sie alles der Eitelkeit und der Lust zu glänzen
nachsetzten. Er war dabei nicht, wie Marat, ein Fanatiker der
Einfachheit und wollte nichts von der Republik des Lykurg
wissen, dessen Kunst darin bestanden habe, seinen Mitbürgern
alle möglichen Entbehrungen aufzulegen. Desmoulins findet,
die Kunst eines Gesetzgebers bestehe nicht darin, den Menschen
der Genüsse zu berauben, sondern nur deren Missbrauch zu verhüten. Es sei kein Verdienst, einen Menschen mässig zu erhalten,
wenn man ihm nur Käse und abscheuliche Brühe gebe, oder wenn
man ihm ein ganzes Gastmahl für zehn Sous herrichte. Lykurg
sei wie ein Arzt, der jede Krankheit mit Diät und Wasser heilen
wolle. Welche Krankheit aber könne schlimmer sein, als solche
Diät auf Lebenszeit? Lykurg habe seine Lakedämonier einander gleich gemacht, wie der Sturm die Schiffbrüchigen gleich
mache, und wie Omar seine Araber alle gleich gelehrt gemacht
habe, als er die grosse Bibliothek zu Alexandrien habe verbrennen
lassen. Um solche Gleichheit beneidet Camille Niemand. Seiner
Ansicht nach muss die Regierungskunst suchen, die Menschen
glücklich zu machen, sie muss auch die schönen Künste, jene
Gabe des Himmels, zum Vortheil der Freiheit, zur Verschönerung

des Lebenstraums zu benutzen wissen. Athen ging nicht durch seine Theater, seinen Luxus, seine Paläste, Gärten, Statuen, durch seinen blühenden Handel und seinen Reichthum zu Grund, — es fiel wegen seiner Grausamkeit im Sieg, seiner Erpressungen in Asien, seines Stolzes und seiner Verachtung gegen die Bundesgenossen, es fiel wegen seiner Blindheit, wegen seiner Begeisterung für unerfahrene Führer, wegen seiner Undankbarkeit gegen die Helden des Landes und wegen seiner Sucht, nicht allein die Hauptstadt, sondern auch die Herrscherin von Griechenland zu werden.

Man freut sich nach den Ausbrüchen blutdürstiger Trunkenheit, bei Camille auch solche Gedanken zu finden und man fühlt sich wieder zu ihm hingezogen, wenn er in jugendlicher Begeisterung für die neuerworbene Freiheit, von einer beginnenden glücklichen Zeit träumt, in der ein gleiches Recht für Alle gelten werde, in der die Freiheit des Handels, der Presse, des Gewissens herrschen solle, in der keine Höflinge und Minister ihre Gunst verschachern könnten, und in welcher die letzten Reste des Feudalismus und der Fiscalwillkür, die Zehnten und Jagdgerechtigkeiten, für immer verschwinden müssten.

Es konnte nicht ausbleiben, dass Camille anstiess, und selbst seinen Collegen vom Jacobinerclub als nicht ganz rein revolutionär verdächtig wurde. Es bedurfte Robespierre's verächtlicher Vertheidigung, dass man einem Strudelkopf wie Camille nicht so streng nachrechnen dürfe, um ihn eine Zeitlang noch zu schützen. Robespierre hatte mit Camille Desmoulins dieselbe Schule besucht und war mit ihm eng befreundet gewesen, so dass er sich dadurch zu dieser Regung von Nachsicht veranlasst fühlte, die ihm sonst so völlig fremd war.

Doch diese Duldung währte nicht lange. So blutgierig er sich auch manchmal als „General der Laterne" hatte geberden mögen, war Camille doch von Natur nicht hartherzig und grausam. Es kam die Zeit, wo er schauderte, dem Dictator auf seinem

Weg zu folgen. Er fühlte es klar, dass das Volk des Blutvergiessens müde war und glaubte den Augenblick gekommen, wo
man in der Strenge nachlassen müsse. In seinem Selbstgefühl
überschätzte er seinen persönlichen Einfluss und wähnte sich stark
genug, diese Umkehr herbeizuführen. So entschloss er sich, ein
neues Blatt, den „Vieux Cordelier" zu gründen und gegen den
Terrorismus aufzutreten.

In der dritten Nummer desselben * gab er eine ergreifende
Schilderung der Zustände im römischen Kaiserreich. Indem er
sich streng an die Schilderung des Tacitus hielt, gelang es ihm,
ein meisterhaftes, freilich ebenso abschreckendes Bild der Verhältnisse seines eigenen Landes zu geben. Jedes Wort war ein Stoss
in das Herz der Schreckensmänner, gegen die noch niemals eine
solche vernichtende Anklage geschleudert worden war. Man
wusste, dass das Revolutionstribunal auf blossen Verdacht hin
zum Tode schickte, und las nun mit Staunen und Schrecken die
Erzählung des Tacitus in Camille's Bearbeitung. „Alles erweckte Misstrauen bei dem Tyrannen. War ein Bürger beim Volk
beliebt? dann war er ein Nebenbuhler, welcher Bürgerkrieg ent-
flammen konnte. Studia civium in se vertere, et si multi idem
audeant, bellum esse. Verdächtig! Floh er im Gegentheil die Popularität und hielt sich zu Hause — quanto metu occultior, tanto
famae adeptus. Verdächtig!" In dieser Weise entrollte er das
traurige Bild seiner Zeit. Er behauptete freilich, die Zustände
der gestürzten Monarchie damit zu schildern, allein Niemand
glaubte ihm. Wenn er vom Tyrannen sprach, bezog man seine
Worte auf Robespierre und um sich gegen diesen Verdacht zu
vertheidigen, zugleich aber in der Hoffnung, Robespierre gegen
die Partei der Wüthenden mit sich fortzureissen, schrieb er einige
Tage später seine vierte Nummer,** in welcher er noch entschie-

---

* Vom quintidi frimaire, 3⁰⁰ décade II. 15. December 1793.
** Vom 30 frimaire, 20. December 1793.

dener auftrat und noch offener die Rückkehr zur Milde predigte. Einige Personen, so beginnt er, hätten die vorhergehende Nummer missbilligt, weil sie die gegenwärtigen Zustände zu tadeln sich erlaubt habe. Jene Leute gäben wohl zu, dass die Freiheit noch nicht in Frankreich heimisch sei, behaupteten aber, man müsse sich jetzt gedulden, in der Aussicht sie eines Tages zu besitzen. Allein er frage, ob es nöthig sei, dass die Freiheit, wie die Kindheit, eine Durchgangsperiode der Thränen und des Weh's habe, ob nicht die Freiheit reif und stark sei, sobald sie ins Leben trete? Ein Volk sei frei von dem Augenblick an, in dem es frei sein wolle. Freiheit heisse Glück, Vernunft, Gleichheit, Gerechtigkeit, Menschenrechte. „Oeffnet", ruft er begeistert aus, „öffnet die Gefängnisse für die zweimalhunderttausend Bürger, die ihr für verdächtig erklärt! In der Erklärung der Menschenrechte kennt man kein Haus der Verdächtigen, man weiss nur von einem Haus der Strafe. Es gibt keine Verdächtigen, es gibt nur Leute, welche eines Vergehens gegen die Gesetze beschuldigt werden können."

Camille führt dann weiter aus, wie die Republik durch Milde nur gewinnen könne. Er fragt die Gewalthaber, ob sie denn alle ihre Gegner durch das Beil vernichten wollten? Aber für einen Getödteten erstünden ja zehn neue Feinde in dessen Familie, unter dessen Freunden. Die Frauen, die Greise und die Egoisten, die man eingeschlossen halte, seien nicht gefährlich; die Kühnen und Muthigen aber seien ausgewandert oder in Lyon, in der Vendée gefallen. Der Rest sei unschädlich. Die grosse Masse der Feuillants, die Rentiers und Krämer seien theilnahmlos wie das römische Publikum in der Kaiserzeit, und aus der Geschichte des Thrasybul, des älteren Brutus, des Augustus gehe klar hervor, dass nur durch Milde die Macht sich auf die Dauer bewahren lasse. „O mein lieber Robespierre, ich wende mich an Dich! Ich habe den Augenblick erlebt, in dem Pitt nur Dich noch zu besiegen hatte, wo ohne Dich das Schiff des Staates untergegan-

gen, und die Republik verloren gewesen wäre. O mein Schulge-
fährte, dessen Reden bei der Nachwelt Bewunderung erregen
werden, erinnere Dich der Lehren der Geschichte und Philosophie!
Schon hast Du einen Justizausschuss ernennen lassen. Soll die
Milde zum Verbrechen werden? Wollen wir freier sein als die
Athener, die der Barmherzigkeit einen Altar errichteten?"

Das Wagniss war gross. In einer Zeit, da jedes Wort ängstlich
abgewogen wurde, so zu sprechen und auf ein „Comité der Milde"
anzutragen, während alltäglich das Blut der Unschuldigen ver-
gossen wurde, zeigte von grossem Muth. Camille wagte sein
Leben und rechnete einzig auf seine Vergangenheit, die ihn schützen
werde.

Armer Schwärmer! Er wusste nicht, wie furchtbar logisch
das Geschick des Menschen ist. Er hatte zu oft Blut gepredigt,
um nun mit Erfolg ein Apostel der Milde zu sein, höchstens dass
er ihr Märtyrer wurde. Robespierre selbst konnte nicht ein-
halten, selbst wenn er gewollt hätte; er musste voran. Damit war
Camille's Loos entschieden. Ein Schrei der Wuth erscholl aus
dem Lager der Terroristen, an deren Spitze der feine Hébert
stand. Die Jacobiner stiessen Desmoulins als unwürdig aus
ihrer Gesellschaft, trotz seines nachträglichen Bemühens, sich zu
entschuldigen. Gegenüber dem drohenden Sturm verlor er den
Muth und suchte sich durch erneuten revolutionären Eifer zu
retten. Er widerrief in der folgenden Nummer seine ketzerischen
Ansichten, erinnerte an seine Thaten, durch die er die Revolution
gefördert; ja er rühmte sich sogar, zum Räuber geworden zu sein
und in der Nacht vor dem Bastillensturm einen Waffenladen ge-
plündert zu haben; er rechnete es sich als grosses Verdienst um
die Sache der Revolution an, dass er es hauptsächlich gewesen sei,
der durch seine Artikel gegen Lafayette, Bailly, Mirabeau,
Lambeth u. A. den Sturz dieser Männer herbeigeführt habe, —
es war umsonst. Die Schreckensmänner vergaben ihm nicht; sie
freuten sich vielmehr der Gelegenheit und liessen ihn verhaften.

7*

Saint-Just, der furchtbare Fanatiker der Guillotine, beschuldigte ihn vor dem Tribunal der gefährlichsten von allen Verschwörungen, „des Verraths der Milde". Unter der heuchlerischen Maske der Menschlichkeit habe Camille Desmoulins die öffentliche Meinung vergiftet, habe er Zwiespalt im Volk hervorgerufen, der Vendée neue Hoffnung gemacht, ja vielleicht mit den verbannten Tyrannen correspondirt. Alle Welt halte ihn für schuldig und so müssten auch die Richter den Muth der Ueberzeugung bewahren, sich der Unbeugsamkeit ihrer Pflichten erinnern.

Zum Tod verurtheilt, verfiel Camille in eine Art Wuth; er verzweifelte, tobte, weinte im Gefängniss und wehrte sich selbst noch auf dem Schaffot, das er mit Danton besteigen musste. Im Angesicht des Todes zeigte sich seine junge Frau, Lucile, ihm bei weitem überlegen. Heiter, liebenswürdig und voll lebhaften Geistes, wollte diese ihren Gatten nicht überleben. Absichtlich lenkte sie die Aufmerksamkeit der Tyrannen durch ihre Reden auf sich und ging acht Tage später muthig und gefasst ebenfalls zum Tod. *

Wenn man in Camille Desmoulins noch menschliche Regungen findet, ja wenn man ihm, trotz des frevelhaften Leichtsinns, von dem er sich so oft hinreissen liess, eine gewisse Sympathie nicht vorenthalten kann, so bietet dagegen Marat nirgends eine Seite, welche für ihn einnehmen, welche eine mildere Beurtheilung begründen könnte. Wie Danton die dämonische Gewalt der Revolution, Robespierre die herzlose blutige Pedanterie vertrat, so verkörperte sich in Marat die ungezähmte Wuth und der rücksichtslose Hass gegen die bestehende Gesellschaft.

---

* Nach der Schreckenszeit rehabilitirte der Rath der Fünfhundert durch einen Beschluss vom 25 Floreal IV das Andenken Camille's und setzte seinem Söhnchen Horace eine Pension von zweitausend Franken aus, die freilich nie bezahlt wurde. Lucile stammte indessen aus einer reichen Familie.

Jean Paul Marat stammte von einem italienischen Vater, der
sich im Fürstenthum Neuchâtel angesiedelt hatte, während seine
Mutter, der er nach seiner eigenen Aussage seine hauptsächliche
Erziehung und Geistesrichtung verdankte, eine geborene Genferin
war. Am 24. Mai 1743 zu Boudry geboren, verrieth er schon in
seiner frühesten Jugend einen nachdenklichen, fast finsteren Geist.
Kindliche Spiele, heiterer Knabensinn war ihm zuwider und er
zog sich gern von seinen Schulgefährten zurück. Später studirte
er Medicin, machte grosse Reisen, hielt sich lange Jahre in Bordeaux, in England, Schottland und Holland auf und fand zuletzt
eine Anstellung als Arzt bei den Garden des Grafen Artois in
Paris. Doch auch diese Stellung gab er bald auf, um sich mehr
und mehr der Schriftstellerei zu widmen. Seine Thätigkeit war
ungemein und seine Schriften über Anatomie und Physiologie,
über Metaphysik und Physik füllen viele Bände. Dazwischen
schrieb er noch politische Abhandlungen und, was psychologisch
merkwürdig ist, einen sehr mittelmässigen sentimentalen Roman.*
Für all diese angestrengte Arbeit fand er die gehoffte Anerkennung nicht und sein glühender Ehrgeiz litt schwer unter diesen
fortwährenden Enttäuschungen. Er wurde finsterer und bitterer
als je.

So kam die Revolution und sie eröffnete dem heftigen, in
der Aufregung sich verzehrenden Charakter Marats ein weites
Feld. Nun hatte er, was er brauchte; nun fand er die Gelegenheit,
auf die Massen einzuwirken, da ihn die gebildeten Kreise nicht
hatten anhören wollen, und er warf sich nun zum Sprecher der

---

* „Ein Herzensroman" (un roman de coeur). Der Roman blieb als
Manuscript im Besitz der Schwester Marats, bis ihn diese von Noth
gedrängt an den bekannten Schriftsteller Aimé-Martin verkaufte.
Durch den Druck wurde der Roman zum ersten Mal im Feuilleton des
„Siecle" 1847 veröffentlicht, und im folgenden Jahr in zwei Bänden vom
„Bibliophilen Jacob" herausgegeben.

Armuth und des Elends auf. Darin lag seine Kraft, ja bis zu einer
gewissen' Grenze seine Berechtigung, denn das sociale Uebel war
in der That unendlich furchtbar. Aber man erwarte bei Marat
keine neuen schöpferischen Ideen, keine Lichtblicke, keine praktisch kühnen Vorschläge zur Abhülfe. Er hat nichts als Declamationen, heftige Ausfälle gegen die Besitzenden, mit welchen er die
Massen reizte, ihnen die Waffen in die Hand drückte, sie ihrem
Ziel aber nicht näher bringen konnte. Er scheint den ganzen
Jammer der Elenden mitzufühlen, die sich mit den nagenden Sorgen des Tages, mit Hunger und Krankheit herumschlagen müssen,
bis sie hülflos zu Grunde gehen, und er ist mehr Socialist als
Politiker. Darum kümmert er sich auch weniger um die Frage,
wer zur Herrschaft gelangen soll, ob Constitutionelle oder Jacobiner, ob Monarchisten oder Republikaner; seine Angriffe gelten
mehr der ganzen gesellschaftlichen Verfassung, deren innere
Widersprüche und Ungerechtigkeiten er schildert. Schon im Juni
1789 veröffentlichte er eine Bittschrift an die Nationalversammlung
„von Seiten derer, die nichts haben, gegen die, welche Alles haben."

Um ein Mittel der Agitation zu besitzen, begründete er,
wie wir schon wissen, seinen „Volksfreund", dessen erste Nummer
im September 1789 erschien und in dem er jenen furchtbaren
Krieg eröffnete, der nur mit seinem Tode endigte. Seine Aufgabe
war es, die Revolution zu immer höherer Wuth anzureizen und je
furchtbarer dieselbe sich zeigte, um so lauter, um so schrecklicher
wurde auch er. Wie Antäus in der Sage stets neue Kräfte erlangte, sobald er die Mutter Erde berührte, so war es für Marat
ein Bedürfniss, von Zeit zu Zeit in das Meer von Elend unterzu-
tauchen, um zu neuem Hass seine Kräfte zu beleben. Dann pries
er den Mord der Gegner noch höher, dann rief er in noch grimmi-
geren Reden zum Aufstand und blutiger Vergeltung auf, und er
fand dabei Worte von unglaublicher Kraft, mitunter auch prak-
tisch-vernünftige Ansichten. So sprach er sich mit Recht gegen
die patriotischen Spenden aus, welche sich die Armen abdarbten,

um den Staatsfinanzen aufzuhelfen, während in dem Staatshaus-
halt noch die grösste Verschwendung herrschte.* „Nimm deine
Lumpen zurück, Unglücklicher!" schloss er seinen Artikel, „stille
deinen Hunger und wenn dir noch ein Stückchen zu theilen übrig
bleibt, so blicke auf deine Brüder, die im Elend verderben!"

Dann wieder malt er in den stärksten Farben die Verschwendung des Hofhalts, den Luxus der Königin, die an einem
Abend soviel Geld verspiele, als eine ganze Vorstadt brauche, um
sich Monate lang zu ernähren, ängstigt fortwährend durch Warnung vor Verschwörungen und erweist sich als wahrhafter Künstler
in dem Geheimniss der Hetzereien und Denunciationen. Hat er
einmal einen Gegner als Ziel seiner Angriffe ausersehen, dann
lässt er nicht mehr von ihm ab, und in den späteren Zeiten weiss
er oft sogar anzugeben, wo sein Opfer den Tag verbringt, gibt
Strasse, Hausnummer und Stockwerk an, wo der Verdächtige
wohnt. Er weiss, dass General Dumouriez seit zehn Tagen das
Heer verlassen hat, um in Paris zu intriguiren, dass er schon seit
acht Tagen bei seiner Nymphe, rue neuve St. Marc, Abends von
acht Uhr an geheime Zusammenkünfte hat u. s. w. Wenn er sich
nur auf solche Mittheilungen beschränkt hätte, so wäre er einfach
als Denunciant zu betrachten, allein damit begnügte er sich nicht.
Schon in dem ersten Jahr verlangte er achthundert Galgen, die
man im Hof der Tuilerien errichten müsse, um die Verräther, besonders Mirabeau, daran aufzuhängen. Im nächsten Jahre schon
genügte ihm das nicht mehr. In seiner Zeitung und in einem
grossen Placat: „Es ist um uns geschehen!" sagt er, dass fünfhundert bis sechshundert Köpfe dem Land vor einiger Zeit die

---

* Vergl. Capitel II S. 27 über die patriotischen Gaben. Mercier,
„le nouveau Paris" I, 399 (chap. 93) berichtet von der Schuhmacherge-
nossenschaft, welche ihre ganze Sparcasse, 156,650 Livres, geopfert und
nur für ihre Kranken und Greise eine kleine Pension sich ausbedungen
hätten.

Ruhe, die Freiheit, das Glück gesichert haben würden, dass aber
ein falsches Gefühl der Sicherheit diese Streiche gehemmt habe,
und nun Millionen Brüder ihr Leben dafür lassen müssten. Bald
auch genügen ihm nicht mehr sechshundert, er fordert sechstausend Köpfe, Generale, Minister, Bürgermeister und Gemeinde-
räthe, den ganzen Pariser Generalstab; die Reactionäre in der
Generalversammlung, alle Stützen des Despotismus sollen über
die Klinge springen. Nur so noch sei das Vaterland zu retten.
(18. Dec. 1790.) Zuletzt weiss er die Zahl seiner Opfer nicht mehr
zu begrenzen, und er geberdet sich wie ein Trunkener, der sich im
Blut berauscht hat und von dem Dunst des vergossenen Blutes zu
immer rasenderer Gier gereizt wird. Und alles das nur im Namen
der Menschlichkeit, des Friedens, des Glücks! Marat vertheidigt
sich selbst gegen den Vorwurf der Grausamkeit, könne er doch
nicht einmal ein Insect leiden sehen! Er rathe nur, das Blut
tropfenweise zu vergiessen, da er voraussehe, dass es sonst ganze
Ströme kosten würde!

Dabei ist es der „Volksfreund", der vor Allem die schaudervollen Mordscenen der Septembertage anräth', sie zum Voraus
rechtfertigt, sie nachher lobt und zu ihrer Wiederholung auffor-
dert. Er nennt diese Pöbeljustiz ein grausames Mittel, das von dem
Gesetz der Nothwendigkeit dem verzweifelten Volk anempfohlen
werde und stets da gerechtfertigt sei, wo die Gesetze schlum-
merten.

Bei solchen Lehren konnte Marat nicht ungefährdet bleiben; in der That sah er sich in den ersten Jahren der Revolution
vielfach bedroht und verfolgt; Verhaftsbefehle wurde gegen ihn
erlassen und er wurde oft gescheucht wie ein gehetztes Wild.
Dann verliess er wohl Paris auf kurze Zeit, ging selbst einmal
nach England, allein seine Abwesenheit währte nie lange und
bald bewiesen neue Nummern des „Volksfreunds", dass er zurückgekehrt sei und den Kampf wieder aufgenommen habe. Eine
einzige Nummer seines Blattes, das ursprünglich zwei Sous

kostete, soll nicht selten mit 18 und 20 Livres bezahlt worden
sein. Seiner selbst aber konnte man nicht habhaft werden. Es gab
eine Zeit, wo er in Kellern und Schlupfwinkeln ähnlicher Art
hauste, dort seine geheime Presse hatte und von dort aus seine
Brandfackeln in die geängstigte Welt schleuderte.

Der Mann hatte etwas Schauriges, Geheimnissvolles, das
seine Macht beim Volk noch erhöhte. Ist es nicht wunderbar, einen
Volkstribun zu sehen, den das Volk kaum kannte und dem es doch
aufs Wort folgte, ja dem es zu grösserer Sicherheit eine Leibwache
von fünfzig Patrioten unter dem Befehl des Generals „la Pique“
stellte? Wem es gegönnt war, dem Fanatiker zu nahen, der fand
in ihm einen kleinen unscheinbaren Mann, mit gelbem Gesicht,
das von den Pocken zerrissen war, mit schwarzen glatt anliegenden
Haaren, roth unterlaufenen unstät blickenden Augen, einem oft
krampfhaft verzerrten Mund und in einem mehr als einfachen,
vertragenen, schmutzigen Anzug.* Ihn belebte nur ein Gefühl,
der Hass, nur ein Streben, nach Rousseau'schen Grundsätzen
eine neue gesellige Ordnung einzuführen, in der jede Ungleichheit
beseitigt, jede Ungerechtigkeit unmöglich sei. Dass die alte Welt
dabei in Trümmer gehen musste, war ihm klar, schreckte ihn
aber nicht. Ohne Mitleid, keiner Bestechung zugänglich, Reichthum und Würden verschmähend, im Dunkel der Nacht verborgen und doch von allen Vorgängen unterrichtet, wurde er fast zur
Legende und es gab ernsthafte Leute genug, die nicht an seine
Existenz glauben wollten.

Erst nach dem Sturz des Königthums trat er offener hervor
und so nur wurde es Charlotte Corday möglich, bis zu ihm zu
gelangen und ihm den Dolch in die Brust zu stossen (13. Juli
1794).

Seine Schriften gehören trotz all ihrer historischen Wichtigkeit doch kaum in eine Geschichte der Literatur. Jedem Luxus,

---

* Duval. mémoires I. 227. Fabre d'Eglantine „portrait de Marat.“

jeder Schönheit, jeder Verfeinerung des Lebens abhold, konnte er auch nicht an literarische Form und abgerundeten Styl denken. Seine Sprache war gleich seinen Ideen, wild, gemein, reich an niedrigen Bildern und oft ungeordnet, aber sie trug das Gepräge der Kraft, des markigen Nachdrucks und seine Entgegnungen waren oft von einschneidender Wirkung.

Wenden wir den Blick von diesen finsteren Gestalten der terroristischen Partei hinüber nach dem Lager der kaum minder fanatischen Ultraroyalisten, so haftet unsere Aufmerksamkeit alsbald auf S u l e a u, weitaus dem interessantesten Mann unter allen seinen Collegen. Bei ihm finden wir kein stetes Stirnrunzeln, kein Donnern gegen die Laster und Gebrechen der Menschen. Er nimmt die Welt wie sie ist, so schlecht, so verdorben, so unverbesserlich. Warum sich über sie grämen, warum sie ändern wollen, statt sich des kurzen Lebens zu freuen? Warum weinen, wenn man lachen kann? Warum das Leben so ernst nehmen, da es doch nur eine Komödie ist?

Trotz solcher Philosophie oder vielleicht durch ihre Lehren dahin gebracht, war S u l e a u von demselben Hass gegen die Revolution erfüllt, wie M a r a t gegen die Aristokratie. Er war einer der unerschrockensten Vorkämpfer seiner Partei und hielt getreu auf seinem Posten aus, selbst als er erkannte, dass er für eine verlorene Sache einstand. Allein sein Kampf erscheint nicht ernsthaft, so ernst er auch war. Nicht mit Gründen, sondern mit Hohn und Sarkasmen geht er seinen Feinden zu Leib; es ist ihm das grösste Vergnügen, die Erbitterten noch mehr zu reizen, ähnlich einem Stierkämpfer, der das rasende Thier durch ein rothes Tuch noch wüthender macht. Er trifft den Colporteur eines revolutionären Blattes und prügelt ihn auf offener Strasse ab, dann aber schreibt er dem Präsidenten des Bezirks, er beehre sich ihm anzuzeigen, dass er sich so eben das Vergnügen gemacht habe, abermals ein Verbrechen gegen die Majestät des Volkes zu begehen. Man sperrt ihn ein und als man ihn nach einiger Zeit wieder los-

lässt, bittet er beim Weggehen den Schliesser um eine Contre-
marke, da er doch bald wiederzukommen gedenke. Er scheut nicht,
sich bei der Hinrichtung des Marquis Favras unter die blut-
gierige Menge zu mischen und dem Verurtheilten auf das Schaffot hinauf das Versprechen der Rache zuzurufen. „Kein Laternen-
pfahl kann mich ohne eine Regung von Gier betrachten", sagt er
frech in seiner Zeitung. Seiner eigenen Partei war er zu heftig, zu
revolutionär, zu selbständig, und sie nannten ihn den „Marat der
Aristokratie".

Suleau wusste dies recht gut. Er kannte die Hohlheit und
Mattherzigkeit seiner Leute vollständig. Eines Tages reiste er in
das Lager der Emigranten nach Koblenz, ohne sich darum zu
kümmern, dass man ihn wegen dieser Reise zur Verantwortung
ziehen könne. Doch schon nach kurzer Zeit kam er enttäuscht
zurück. Ein Gefühl der Bitterkeit überkam selbst dieses leicht-
lebige rasche Herz, als er schrieb: „Vernunft und Erfahrung haben
mich überzeugt, dass der Mann, der sich ohne Noth für die unbe-
stimmten Interessen einer Gesellschaft opfert, ein Geschöpf mit
verderbtem Instinct ist, das früher oder später durch die doppelte
Heimsuchung der Ungerechtigkeit und Undankbarkeit bestraft
wird." Und so geschah es. Als in den furchtbaren Augusttagen
1792 das Volk die Tuilerien stürmte und das Königthum zu-
sammenbrach, eilte Suleau in der Uniform eines Nationalgar-
disten auf das Stadthaus, um den Stand der Dinge zu erkunden,
wurde erkannt und fiel unter dem Dolch eines wilden fanatischen
Weibes. Seine Partei aber, für die er sich geopfert, vergass ihn,
zufrieden, dass sie seiner ledig war.

In Mallet du Pan endlich sehen wir den Vertreter der
grossen Mittelpartei, welche trotz der Zahl ihrer Anhänger niemals
dazu gelangte, sich zu thatkräftigem Handeln zu organisiren und
deshalb immer ohnmächtig blieb. An sich war Mallet jedenfalls der bedeutendste, scharfsinnigste und gewissenhafteste Journalist seiner Zeit. Aus einer angesehenen Genfer Familie stam-

mend, war er in seiner Jugend in die heftigen politischen Fehden
verwickelt worden, welche seinen kleinen vaterländischen Frei-
staat zerrissen und hatte dadurch frühzeitig sein Talent der Con-
troverse ausgebildet. Die Einsicht in die Umtriebe der kleinen
Parteien schärfte seinen Blick für die Beurtheilung der späteren
Kämpfe in Frankreich und erhöhte die Schlagfertigkeit, womit er
jeden Einwand, jeden Angriff der Gegner abzuwehren verstand.
Er hatte Voltaire auf dessen Gut in Ferney kennen gelernt
und dieser empfahl ihn 1772 dem Landgrafen von Hessen-Kassel,
der einen Professor der Geschichte zu berufen wünschte. Mallet
hielt es dort nicht lange aus, sondern kehrte schon nach einem
Jahre zurück, nahm dann Theil an Linguets „Annalen", siedelte
ganz nach Paris über und trat 1784 in die Redaction des „Mercure de France" ein, dessen politischen Theil er bald ganz allein
übernahm.

Mallet war einer jener klaren, praktischen, nüchternen Köpfe,
wie man sie in den alten Genfer Familien häufig findet. Achtbar
ohne gerade liebenswürdig, wohlmeinend ohne gutmüthig zu sein;
für ruhige Freiheit und allmälige Entwicklung eingenommen,
wenn gewisse Privilegien nicht dadurch gefährdet werden; für das
allgemeine Wohl besorgt, in so ferne dieses die beste Garantie des
Privatwohlstandes bietet, genau berechnend und abwägend, ohne
Spur von Idealität und Begeisterung — so erscheinen die echten
Nachkommen der Patricierfamilien, die Calvin sich nach seinem
Sinn geformt hatte, und so war auch Mallet, im Gegensatz zu
seinem Landsmann Rousseau, ein geborener Dialektiker. logisch
scharf, seiner Wege gewiss.

Trotz seiner Vorliebe für Voltaire, den er später warm
vertheidigte, kann er doch seinen Standpunkt der richtigen Mitte
nicht verlassen. Bei einer Besprechung der Toleranzgesetze Kaiser Josef II. bezeichnet er kurzer Hand die Toleranz als „eine
religiöse Anarchie", die ihm ebenso zuwider sei wie der „Despotismus des Aberglaubens". Seine Hauptaufmerksamkeit richtete

er aber auf die ökonomischen und legislativen Fragen, welche
Europa in den Jahren vor der Revolution lebhaft bewegten, und
die er um so trefflicher behandelte, da auch sein knapper klarer
Styl völlig für solche Gegenstände geeignet war. Doch bewies er
auch in politischen Fragen oft erstaunliche Voraussicht. Bei der
Kritik eines zu jener Zeit viel besprochenen Werkes von Raynal
über die Colonien, sagte er die Revolution mit Sicherheit voraus.
„Ihr nennt euch frei?" wandte er sich ironisch-warnend an die
Neuerer, „ihr werdet es sein, wenn das Schaffot auf dem öffentlichen Platz von dem Blut eurer Herrscher triefen wird!..."
„Verbergt die Fahne des Aufruhrs, sonst würde sie sich bald mit
dem Blut eurer Anhänger röthen!" Als dann die Umwälzung
wirklich Statt hatte und die Nationalversammlung zusammentrat, waren es seine Berichte im Mercur, welche am genauesten,
am anziehendsten und verhältnissmässig am unparteiischsten die
Verhandlungen der Abgeordneten wiedergaben. Auch war er
lange Zeit bei der königlichen Partei nicht beliebt, ja man miss-
traute ihm, und erst die Gewalt der Verhältnisse brachte sie ihm
näher. Im Frühjahr 1792 ging er in geheimer Mission des Königs
nach Koblenz und an das Hoflager des deutschen Kaisers, wo-
durch er dem Sturm der Augusttage entging, der ihn jedenfalls
schwer bedroht haben würde. Nach dieser Katastrophe aber gab er
den Kampf auf, da jede gemässigte Zeitung unmöglich war, und
zog sich in die Schweiz zurück.

Von dort aus aber reizte Mallet fortwährend zum Krieg
und schürte den Hass gegen die Republik. Denn er verabscheute
nicht allein die Revolution in Frankreich, er fürchtete auch für
die Selbständigkeit seiner Vaterstadt. Diese zu retten, sah er kein
anderes Heil als einen grossen europäischen Krieg. Wie hoch die
Wogen der Leidenschaft gehen mussten, zeigt sein Beispiel. Ein
Mann von seinem Geist und seiner Selbstbeherrschung konnte sich
soweit vergessen, dass er Memoiren an den König von Preussen
und an Lord Elgin richtete, um sie zur energischen Kriegführung

zu ermahnen! Wohl war ihm die tägliche Metzelei in Paris und den Provinzen mit Recht ein Gräuel, aber Hass und Furcht verblendeten ihn so sehr, dass er nicht einsah, wie er das Leben von Hunderttausenden opfern wollte, um Tausende zu retten; dass er nicht scheute, den Ruin und Untergang reicher Provinzen herbeizurufen und schliesslich doch nur durch diese steten Kriegsdrohungen den Schreckensmännern die beste Waffe in die Hand drückte, sich in dem Besitz der Herrschaft zu vertheidigen. Wie sehr näherte sich Mallet, der moralische, besonnene Mann, damit unbewusst dem von ihm so bitter gehassten Marat! Hatte dieser stürmisch den Tod der Aristokraten verlangt, um den Krieg zu vermeiden und das Blut der Plebejer zu verschonen, so heischte jener den Krieg und damit den Tod unzähliger Plebejer, um die bedrohten Aristokraten zu befreien.

Die Hoffnungen, die Mallet auf die Invasion setzte, wurden indessen bald getäuscht, selbst seine Vaterstadt ging verloren und im Jahr 1798 sah er sich auf Befehl des Directoriums aus der Schweiz ausgewiesen. Er flüchtete nach England, wo er sich bis zu seinem Tod, den 10. Mai 1800, mit der Abfassung von Denkwürdigkeiten beschäftigte, die für die Kenntniss seiner Zeit von hohem Werthe sind.

Sechster Abschnitt.

Das Theater vor der Revolution.

Um die Zustände des französischen Theaters während der Revolution richtig würdigen zu können, ist es nöthig zurückzugreifen und auf einige Hauptpunkte in seiner geschichtlichen Entwickelung aufmerksam zu machen. Denn die Bühne fand nicht wie die Presse und die Beredtsamkeit in der Revolution den Grund und Ausgangspunkt einer neuen mächtigen Entwickelung, sie sank vielmehr unter dem Einfluss der bewegten Zeit in erschreckender Weise und zeigte in ihrer ganzen Thätigkeit nur den matten Abschluss einer langen fruchtbaren Epoche.

Von jeher war das Theater in Frankreich eine der wesentlichsten Stützen der fortschreitenden Bildung gewesen. Zu einer Zeit, da jede andere Rede verstummt oder zu höfischer Ergebenheit herabgedrückt war, hatte sich die Bühne allein die Macht bewahrt, die allgemeinen Ideen der Unabhängigkeit, Duldsamkeit und Gerechtigkeit zu verkünden und ohne dass sie sich dessen klar bewusst war, wurde die dramatische Dichtung die Lehrmeisterin des Volks, gewissermassen die Verkünderin der öffentlichen Meinung. Der Reichthum an Bühnenwerken in der französischen Literatur ist ausserordentlich gross und beweist nicht allein die Vorliebe und das Talent des Volks für das Theater, sondern auch die ungemeine Bedeutung des letzteren für das ganze Leben und Denken der Nation. Nun behielt die Bühne zwar auch während der Revolution ihren Einfluss, aber indem sie sich dem Ungeschmack und den politischen Tendenzen der Massen anbequemte, verlor sie jeden inneren Gehalt. Und doch überstand sie fast allein den Sturm der Zeit ohne jede wesentliche Umgestaltung, ohne irgend welche bedeutsame Concession von ihrer Seite. Die Formen

des Staats, der Gesellschaft, die Verhältnisse des Besitzes zeigten
sich beim Schluss der Revolution als völlig umgewandelt, der Geschmack im Reich des Theaters war geblieben und es bedurfte
noch der Arbeit vieler Jahre, bis er sich von den Fesseln des er-
starrten Formalismus lösen konnte, in welchen er gerathen war.
Es liegt in diesem Widerstand freilich der Beweis, dass ein solcher
Zwang in dem Charakter des Volks und in der Vorliebe desselben
für abgemessene Formen bis zu einem gewissen Grad seine Berechtigung fand.

Bis zum Jahr 1789 war die Ausübung der theatralischen
Kunst und dadurch auch die Entwickelung der dramatischen
Dichtung durch beengende Privilegien vielfach gehemmt. Paris
hatte zwar eine grosse Anzahl von Theatern, allein ein jedes derselben war auf einen so kleinen Kreis der Thätigkeit beschränkt,
dass an eine lebendige Entfaltung der Kräfte bei der Mehrzahl
nicht zu denken war. So durfte das Theater des Variétés nur
Stücke aufführen, die nicht mehr als drei Aufzüge hatten; ein
anderes (das Theater de Monsieur) war auf italienische Opern in
französischer Uebersetzung beschränkt, während die „Italiener"
— eine französische Schauspieltruppe, die das Local der früheren
italienischen Oper inne hatten — nur Schauspiele aufführen durften, welche einen guten Ausgang hatten. Ohnmachten, Verwun-
dungen, Thränen waren demnach in ihren Stücken gestattet, nur
durfte bei Leibe Niemand bei ihnen sterben! Wieder andere
Bühnen waren verpflichtet, Pantomimen aufzuführen oder Seil-
tänzer zuzulassen, ja in zwei Theatern mussten die Schauspieler
von dem Publikum durch einen Gazevorhang geschieden sein.
Derlei launenvolle Verfügungen und Neckereien können nur den
Zweck gehabt haben, dem vornehmsten Theater des Landes, der
Comédie française, jede Nebenbuhlerschaft fern zu halten. Eine
solche Massregel richtet sich von selbst. Alle anderen Unternehmungen herabzudrücken, jede andere Bühne auf geschmack-
lose Possen, Harlekinaden oder Rührdramen zu beschränken, in

der Absicht eine einzige Gesellschaft zu heben, das hiess den Geschmack des Publikums absichtlich fälschen, das Land um seine
Kunst betrügen und nur der Eitelkeit des Hofes fröhnen. Wenn
sich unter der Herrschaft dieses Systems und trotz demselben
dennoch die grössten dramatischen Dichter Frankreichs erhoben
haben, so ist das Verdienst jener Männer um so höher, das Vorrecht der Comédie française aber dadurch nicht gerechtfertigt. Im
Gegentheil, es lässt sich nachweisen, wie nachtheilig die Hofluft
auf die Dichtungen selbst eines Corneille und Racine eingewirkt hat und wie ungleich gewaltiger und grossartiger der Aufschwung des französischen Theaters ohne diese gefährliche Gunst
gewesen wäre.

Die Comédie française hatte das ausschliessliche Eigenthum
aller Stücke von Dichtern, die nicht mehr am Leben waren; sie
besass somit das classische Repertoire für sich allein. Sie hatte
aber ferner das alleinige Recht, Trauerspiele aufzuführen und war
somit auch der lebenden Dichter Herr. Von dem König geehrt
und unterstützt, bildeten die Künstler der Comédie française eine
geschlossene Gesellschaft, die ihre eigenen Gesetze hatte und gegenüber der andern Künstlerwelt eine hervorragende vielbeneidete
Stellung einnahm. Auch hierin zeigt sich die merkwürdige Centralisation, welche seit Ludwig XIV. das Leben des ganzen Landes mehr und mehr zusammenfasste. Wie anders in Deutschland, wo selbst auf dem Gebiet der Kunst bald das Theater von
Hamburg, bald das von Mannheim, bald das von Weimar in dem
Wettstreit siegte. Jede Weise hatte ihre Vortheile und ihre Gefahren; in Frankreich bildeten sich sichere Traditionen, feste
Regeln der Kunstübung und des Spiels, Harmonie der Gesammt-
darstellung, während in Deutschland die grössere Freiheit auch
grössere Lebendigkeit und Natürlichkeit des Spiels mit sich
brachte, der rasche Wechsel und das Schwanken in der künstleri-
schen Bedeutung der Bühnen dagegen die Bildung eines sicheren
Geschmacks erschwerte. In Frankreich war dem Dichter ein enger

Kreis gezogen, innerhalb dessen er sein Werk halten musste und feste Gesetze hemmten nicht selten den Flug seines Geistes: — in Deutschland drohte die entgegengesetzte Gefahr, indem den Dichtern keinerlei Schranke für ihr Streben, Versuchen und Schaffen gesetzt war und sie sich desshalb oft auf weiten Abwegen verloren. Das wahre Genie kann sich zum Glück unter allen Verhältnissen entfalten; es vermag sich trotz aller Beschränkung zu erheben und kann sich wiederum trotz jeglicher Ungebundenheit mässigen und zurückhalten.

Die dramatische Literatur in Frankreich zählte bis zur Zeit der Revolution zwei grosse Epochen, in welchen jedesmal auch die Schauspielkunst sich zur besonderen Blüthe erhob. Die erste wirklich klassische Periode, die Zeit Corneille's und Racine's, fand ihren Hauptdarsteller in Baron, den Manche als den grössten Künstler Frankreichs betrachten wollen. In der zweiten Periode beherrschte Voltaire das Theater und Lekain, sein Freund und Schützling, die Bühne. Talma führte späterhin noch eine dritte Glanzzeit der Schauspielkunst herauf, die jedoch keine entsprechende Stütze in der zeitgenössischen Dichtung finden konnte.

In der ersten Zeit war das Theater noch einfach und in sich begrenzt gewesen. Kein scenischer Aufwand stützte die grossen Tragödien, welche allein durch ihren inneren Werth, durch die Harmonie und Freiheit der Sprache, die Hoheit und Würde ihrer Poesie bezauberten. Wohl trugen die Helden Corneille's und Racine's nicht den geschichtlichen Charakter, sondern sprachen alle mehr oder weniger die Hofsprache von Versailles. Es ist dies einer der Hauptvorwürfe, die man ihnen in Deutschland macht. Aber lässt nicht auch Goethe in seiner Iphigenie den rauhen Scythenkönig in gewählter Rede sprechen, was uns nicht hindert, sein Gedicht ebensowohl für vollendet in der Form als wahr und treu in der Charakteristik der einzelnen Personen zu bewundern. So berechtigt Lessing's Kampf gegen das französische Theater und seinen übergrossen Einfluss auf die deutsche Bühne war, so falsch würde es sein, wenn wir von diesem Urtheil allein geleitet, die dichterische Bedeutung der beiden grossen französischen Dichter verkennen wollten, deren Formvollendung und künstlerisches Masshalten von einem fremden Ohr kaum völlig gewürdigt werden kann.

Was würde unser heutiges Publicum sagen, wenn es zu einer Aufführung der Goethe'schen Iphigenie oder des Shakespeare'schen Lear eingeladen würde, und sähe plötzlich Orestes im schwarzen Frack und weisser Halsbinde vorstürzen? Wie würde uns zu Muth, wenn der wahnwitzige englische König auf wilder Heide mit dem armen Tom in Lackstiefeln und Glacéhandschuhen einhertollte?

Und doch, so ungereimt uns die Idee eines solchen Kostüms erscheinen mag, so ist sie doch weder neu, noch auch an und für sich so entsetzlich. Hören wir nicht in Concerten und ähnlichen Abendunterhaltungen unsere Künstler oft die tragischsten Scenen declamiren? Die Blüthezeit des englischen, französischen und spanischen Theaters kannte keine andere Tracht für die Schauspieler, als wie sie die Mode des Tages mit sich brachte. Noch Garrick spielte alle Shakespeare'schen Rollen mit der gepuderten Perrücke, und Ludwig XIV. hätte es als Majestätsbeleidigung aufgenommen, wenn seine Künstler anders als in der strengsten Hoftracht vor ihm erschienen wären.

Nichtsdestoweniger wussten die Schauspieler jener Zeit ihr Publicum gerade so zu begeistern, wie es unsere heutigen Künstler vermögen. Die allmächtige Meisterin Phantasie muss eben jeder Zeit zu Hülfe kommen, und so fragt es sich noch sehr, ob nicht das neunzehnte Jahrhundert mit seiner Sucht nach grösstmöglicher Pracht und blendenden Decorationen weiter von dem rechten Weg abgeirrt ist, als das Theater des siebzehnten und achtzehnten Jahrhunderts mit dem Schmuck der Perrücke und seinem widersinnigen Kostüm. Man traute wenigstens der Phantasie damals etwas zu, während die heutige Zeit, wie es scheint,

sich nichts vorstellen kann, was sie nicht leibhaftig vor sich
sieht.

Voltaire, das Haupt der zweiten Epoche, kann sich mit
seinen Vorgängern als Dichter nicht messen; immerhin zeichnen
sich einige seiner Trauerspiele, Merope, Zaire, Mahomet, durch
die Kraft der Leidenschaft, durch bühnenkundige Behandlung
sowie durch eine edle Sprache aus. Man sieht es, das er der französischen Tragödie gern mehr Freiheit und Bewegung gegeben
hätte, allein er scheute nach bescheidenen Versuchen vor der
Strenge der Tradition zurück, und beschränkte seine Reformen
auf Aeusserlichkeiten, ohne das Wesen und Gesetz der Tragödie
zu ändern.

Noch immer erschien Augustus, Cinna, oder jeder andere
Römer gepudert, mit grossem Federhut, gallonirtem Röckchen,
kurzen Hosen, seidenen Strümpfen und Schnallenschuhen; höchstens, dass man einem Krieger noch einen Brustpanzer erlaubte
oder ihm einen vergoldeten Helm auf die Puderlocken stülpte.
Musste doch selbst der edle Dulder Odysseus nach seinem Schiff-
bruch bei der Insel Scheria in voller Hoftracht, fein gepudert, aus
den Wellen auftauchen, um sich alsdann, ohne über solchen
Widerspruch zu erröthen, der Prinzessin Nausikaa als den
Aermsten, Elendesten und Hungrigsten aller Sterblichen vor-
zustellen, dem nichts geblieben sei, um seine Blösse zu bedecken.
Mit nicht weniger Anstand zog König Agamemnon seinen
Federhut, wenn er seine Tochter Iphigenia zum grausen Opfer-
tod führen musste.

Schlimmer wurde es noch, als die Mode der Zeit von den
Herren breite Hüften verlangte, welche mit Hülfe besonderer Ross-
haarkissen erzielt wurden. Daneben trugen die Damen grosse
unförmliche Reifröcke, welche sie nicht einmal weglassen durften,
wenn sie als griechische Jungfrauen auftraten. Selbst in solchen
Rollen erschienen sie mit einem bunten Schmuck von Federn,
Schleiern, Bändern und besonders mit jenem fusshohen Haarge-

flecht auf dem Kopf, welches dem Gesicht jede Bedeutung raubte. Man denke sich einen solchen wespenartigen O d y s s e u s gegenüber einer derart herausgeputzten N a u s i k a a. Allein, wie schon gesagt, alle diese Personen hatten ihren historischen Charakter verloren und wie Mademoiselle S c u d é r y in ihrem Roman vom „grossen Cyrus" den Prinzen C o n d é und seinen Kreis geschildert hatte, so zeigten auch die Tragödien trotz ihrer antiken Stoffe nur Abbilder des Versailler Lebens. Schon desshalb ist es nicht zu verwundern, wenn dieselben sehr bald fabrikmässig und nach der Schablone gefertigt wurden. Das Volk, der gemeine Bürger war von der Bühne verbannt, die nur für Prinzen und Könige errichtet schien. Wild und barbarisch durften dieselben schon sein, wenn sie nur durch ihre Geburt Anspruch auf Hoffähigkeit hatten. Ein Mongole, wie D s c h i n g i s k h a n, redete dieselbe geschraubte Sprache wie alle anderen Höflinge und auf diese Weise ging das Gefühl für natürliche Einfachheit und Schönheit verloren. Bei dem Haschen nach edler Sprache verfielen die Dichter in eine unerträgliche Manierirtheit und dadurch sowie durch die immer längeren Erzählungen der langweiligen und doch unentbehrlichen Vertrauten legte sich eine tödtliche Langeweile und Monotonie über alle diese Erzeugnisse. Es konnte schliesslich nicht überraschen, wenn ein Dichter sein orientalisches Trauerspiel durch einfache Umänderung der Namen in ein spanisches Stück verwandelte. Auch hier schien eine Umwälzung nöthig und unausbleiblich, allein sie kam langsamer als es zu erwarten war.

V o l t a i r e begann den Versuch einer Reform zunächst in der Ausstattung. Als er im Jahr 1755 eins seiner Stücke, „die Waise aus China" aufführen liess, verlangte er statt der bisher üblichen stets gleichen Hinterwand eine chinesische Decoration, ja er liess den Schauspielern Anzüge fertigen, welche an chinesische und tartarische Tracht erinnerten. Vier Jahre darauf machte man einen neuen Fortschritt, indem man die Bühne von den Zuschauern befreite, welche bis dahin ringsumher an den Coulissen

ihre Sitze gehabt hatten. Ein an sich sehr unbedeutender Dichter
jener Zeit, Collé, der aber ein genaues Tagebuch über alle Vorgänge im Theater führte, berichtete darüber triumphirend am
30. April 1759: „Ich sah heute den Saal der Comédie française,
auf deren Bühne man Niemanden mehr dulden will. Wollte Gott,
dass dem so bliebe! Es macht den besten Eindruck von der Welt;
ich meine selbst zu bemerken, dass man die Stimmen der Schauspieler ungleich besser versteht. Die theatralische Illusion ist nun
vollkommen; man sieht keinen Cäsar mehr in Gefahr, einem
Gecken in der vordersten Reihe den Puder abzustreifen, keinen
Mithridates mehr, der inmitten unserer Bekannten verscheidet;
keinen Schatten des Ninus mehr, der einem Generalpächter auf
die Hühneraugen tritt!"*

Bei einigen seiner Stücke verzichtete Voltaire auf den
Autorenantheil, der ihm zufallen musste, auf dass man die Kosten
der nöthigen Kostüme damit bestreite. Der König selbst steuerte
fünftausend Livres bei, um eine neue Decoration für Voltaire's
„Semiramis" zu beschaffen und für Crébillon's „Catilina" liess
er allen Schauspielern römische Togen auf seine Kosten verfertigen. Das war ein erster scheuer Versuch, der die Sache Anfangs
nur verschlimmert haben muss, denn diese stolzen Römer trugen
unter der Toga immer noch ihre seidenen Röckchen und kurzen
Hosen und als ein Schauspieler in einer antiken Rolle es wagte,
mit seinem natürlichen Haar zu erscheinen, ärntete er vom Inten-
danten einen derben Verweis für diese Unanständigkeit. Voltaire
selbst konnte sich nicht entschliessen, im letzten Act seines „Tan-
cred" ein Schaffot auf der Bühne errichten zu lassen, wie man ihm
vorschlug, und wies diese Idee mit den Worten zurück, dass er
nicht begreife, was die Kunst mit der Arbeit eines Tischlers zu
thun haben könne.

---

* Journal historique ou mémoires critiques et littéraires sur les
ouvrages dramatiques et les événemens les plus mémorables depuis 1748
à 1751 par Charles Collé. Zuerst gedruckt zu Paris 1805.

Hatte indessen Voltaire schon einen grossen Schritt gethan, indem er die Bühne von dem ewigen Einerlei des Alterthums befreite und aus dem Mittelalter den Stoff zu einigen seiner
besten Dichtungen nahm, so sah er in seinem Geist noch weiter
und verkündigte den völligen Sturz der antikisirenden Tragödie.
Im Jahre 1764 schrieb er darüber: „Ohne Zweifel wird einst die
Zeit kommen, wo wir die Päpste auf die Bühne bringen, eine Zeit,
in welcher die Bartholomäusnacht der Gegenstand eines Trauerspiels sein wird", und er sah voraus, dass sich bei solchen Stücken
das Wesen derselben und ihre ganze Manier ändern müsse.*
Allein er war weit entfernt zu glauben, dass seine Voraussicht
sich so bald schon erfüllen und dass gerade eine Darstellung der
Bluthochzeit, Chéniers „Karl IX.", in dem ersten Jahr der Revolution solche Stürme in dem Theater hervorrufen werde.

Die dramatische Poesie vor der Revolution genauer zu
würdigen, ist hier nicht der Platz. Hervorheben müssen wir nur,
dass sie trotz ihrer Verirrungen, trotz ihrer oft unsäglichen Platt-
heit dennoch ihre geschichtliche Wichtigkeit hätte, da sie wesentlich dazu half, die Geister auf die kommende Umwälzung vorzu-
bereiten. Der Zug der Zeit zeigte sich überall allmächtig; wie die
philosophischen Schriften und die historischen Werke, wie der
Roman, die Lyrik, ja selbst die Idylle, so predigte auch die Tragödie und das Drama das grosse Princip der staatlichen und religiösen Toleranz, der bürgerlichen Freiheit, und die Helden der
Stücke mussten, selbst wenn sie dem grauen Alterthum entstamm-
ten, sich mit den Lehren der modernen Zeit befreunden, ja nicht
selten Reden halten, die einen völlig revolutionären Anstrich
hatten. Vom ästhetischen Standpunkt betrachtet, war dies freilich
abscheulich, aber wer dachte daran? Nicht einmal, dass man in
diesen Erscheinungen die sicheren Vorboten des Sturms gesehen

* Aehnlich äusserte sich der bekannte Abbé Galiani in einem
Brief an Madame d'Epinay (1772) über die Ursachen, welche das Theater
so gänzlich von jeder Natürlichkeit abgewendet hätten.

hätte; das vornehmste Publicum lauschte den heftigen Worten, ohne über sie zu erschrecken, waren es doch feingepuderte elegante Herren und Prinzen, welche auf der Bühne dargestellt wurden und die sich solche Ketzereien erlaubten. Man fühlte sich in guter Gesellschaft und belächelte als poetische Freiheit und unschuldige Träumerei, was bald in die rauhe Wirklichkeit übertragen werden sollte.

Auch die Einführung des bürgerlichen Drama's durch Diderot war ein Zeichen der Zeit. Der dritte Stand, der „nichts war und Alles sein sollte", strebte auch auf dem Theater nach der Herrschaft. Wie er später durch Sieyès und Mirabeau für politisch reif erklärt wurde, so zeigte ihn Diderot vorläufig als bühnenfähig und lebensvoll genug, um die schwülstigen Helden der Tragödie mit der Zeit völlig von den Brettern verbannen zu können.

Aber weder Voltaire, noch Crébillon, noch Diderot waren im Bereich des Theaters die gefährlichsten Neuerer. Der wahre Vorläufer, der Sturmvogel der Revolution, war vielmehr Pierre Augustin Caron, genannt Beaumarchais.* Nicht als ob er bewussten Willens, wie Jean Jacques Rousseau, die Revolution vorbereitet und an ihrem Ausbruch gearbeitet habe; aber er fühlte ihr Nahen, er zeigte selbst dem blödesten Auge die Hinfälligkeit des alten Staatsschiffes und indem er mit vernichtendem Spott die Hohlheit und Verkommenheit, die moralische Fäulniss in den höchsten Kreisen der französischen Gesellschaft nachwies, musste er jedem Einsichtigen die Ueberzeugung geben, dass eine Katastrophe unausbleiblich wäre.

Es war im Frühling des Jahres 1784. Die Pariser drängten sich mit einem Ungestüm, wie selbst sie es selten zeigten, vor

---

* Vgl. Louis de Loménie, Beaumarchais et son temps, 2 vols. Paris. Levy frères; ein vorzüglicher Beitrag zur Kenntniss der gesellschaftlichen Zustände im 18. Jahrhundert.

den Thüren der Comédie française, die seit Kurzem in dem aristokratischen Stadtviertel Saint-Germain eine Stätte gefunden hatte.
Das Theater hatte die erste Vorstellung eines neuen Lustspiels
von Beaumarchais „die Hochzeit des Figaro" angekündigt,
und man erwartete einen heiteren, etwas scandalösen Abend voll
Anspielungen gegen die Aristokratie, die sich desshalb selbst um
so eifriger in den Logen einfand. Niemand, selbst der Dichter
nicht, ahnte, dass die leichtsinnige Menge an diesem Abend dem
Vorspiel der Revolution beiwohne, die sich bereits drohend, wie
ein Gewitter durch fernes Wetterleuchten, ankündigte.

In unserem Geist verbindet sich mit dem Namen Figaro
sogleich die Erinnerung an die lieblichen Melodien Mozart's,
dessen anmuthvolle Oper die Figur des durchtriebenen Barbiers
bei uns so volksthümlich gemacht hat. Allein an dem erwähnten
Tag, dem 27. April 1784, war es die ursprüngliche Dichtung,
welche das Publicum anlockte.

Wer aber war jener Beaumarchais, der die feine Welt
so zu erregen wusste? Er war das Urbild des Figaro, einer der
merkwürdigsten, unternehmendsten Männer seiner Zeit, gleich
bekannt durch seine Lustspiele, wie durch seine Händel, der sich
aus der Klasse der Arbeiter bis zu einer Stellung aufgeschwungen
hatte, die ihn berechtigte mit dem hohen Adel umzugehen und sich
dem König zu nahen, der eine Zeitlang eine eigene Handelsflotte
besass und dann in raschem Sturz das bitterste Elend kostete, —
aber ein Mann, der sich niemals ermüden oder entmuthigen liess.

Pierre Augustin Caron war als der Sohn eines wohlhaben-
den Uhrmachers im Jahr 1732 geboren. Wie Rousseau, der
sich sonst in jeder Beziehung von ihm unterscheidet, war er
musikalisch, trotzdem aber genöthigt in seines Vaters Geschäft
einzutreten. Rousseau lief unter solchen Umständen einfach
weg, Caron, der ein wilder „Cherubin" war, rechnete anders.
Er verschaffte sich eine kleine Geldsumme und kaufte damit eine
bescheidene Hofstelle, die ihm die Pflicht auferlegte, einige Roch-

nungen zu führen und im Galagewand, den Degen an der Seite,
die Braten auf des Königs Tafel aufzutragen. Diese Würde öffnete
ihm den Weg der Ehren. Da er sein musikalisches Talent und
seine schöne Stimme geltend zu machen wusste, wurde er bei den
königlichen Prinzessinnen, den Schwestern Ludwigs XV., eingeführt, denen er bald als Veranstalter und Leiter ihrer kleinen
Hofconcerte unentbehrlich wurde.

In dieser Stellung wusste er durch geschickte Politik einem
reichen Finanzmann, Pâris de Verney, einen grossen Dienst
zu leisten, indem er mit Hülfe der Prinzessinnen den König vermochte, eine von jenem Bankier gegründete Militärschule mit
seinem Besuch zu beehren. Um diese Gunst hatte der eitle Mann
bisher vergebens gebeten und in seiner Dankbarkeit betheiligte
er Caron nun an seinen Unternehmungen, unterstützte ihn mit
grossen Summen und machte ihn bald zum reichen Mann. Durch
die Heirath mit einer reichen Witwe, die aber bald starb, vermehrte dieser noch seinen Besitz, zu dem auch das Gut Beaumarchais gehören sollte, nach dem er sich von nun an nannte, das
aber keines Menschen Auge je gesehen hat. Einmal auf diesem
Weg, war es ihm nicht schwer, sich mit seines Gönners Geld ein
zweites diesmal hocharistokratisches Hofamt zu kaufen und so
seinem Ehrgeiz zu schmeicheln.

Wichtiger als diese Erfolge wurde seine Reise nach Spanien,
die er im Jahr 1764 unternahm, um die Ehre einer seiner
Schwestern — er hatte deren fünf — gegen einen Schriftsteller in
Madrid, gegen Clavijo, zu schützen. Es gelang ihm in der That,
denselben vom Hof verbannt und seiner Stellung beraubt zu
sehen, und die Erzählung dieses Abenteuers in seinen Memoiren
gab unserm Goethe bekanntlich den Stoff zu einem Drama. Ein
ganzes Jahr lang blieb Beaumarchais in Spanien, wo er grosse
geschäftliche Interessen hatte. Doch der Hauptgewinn, den er über
die Pyrenäen heimbrachte, waren die spanischen Charaktere, die
er studirt hatte und zur Darstellung von Sitten- und Intriguen-

spielen vorzüglich geeignet fand. Dennoch benutzte er sie nicht
alsbald, sondern versuchte sich zunächst mit zwei Rührstücken
in D i d e r o t 's Manier, die beide durchfielen, und sah sich nicht
lange darauf in einen Process verwickelt, der keinen Gedanken an
dichterische Thätigkeit in ihm aufkommen liess.

Pâris de V e r n e y starb nämlich und bedachte ihn in seinem
Testament mit einem beträchtlichen Legat. Die Erben aber focht-
ten die Gültigkeit desselben an, sprachen ausserdem von falschen
Rechnungen und forderten von B e a u m a r c h a i s eine Entschädi-
gungssumme von über hunderttausend Livres. Dieser letztere gewann zwar seinen Process in erster Instanz, wurde aber, während
das Pariser Parlament in zweiter Instanz sein Urtheil abzugeben
hatte, auf einen willkürlichen Befehl des Königs hin zur Haft gebracht und verlor darüber seine Sache. In Folge dessen musste er
sein Hofamt aufgeben und schien für immer beseitigt. Allein
gerade jetzt erst zeigte er seine zähe Widerstandskraft. Krank
und noch im Gefängniss zurückgehalten, begann er, der in seiner
Ehre geschädigte und verstossene Privatmann, den Kampf gegen
das mächtige Parlament, bewies die Käuflichkeit eines der Richter, dessen Frau von ihm selbst Geld gefordert und erhalten hatte,
und es gelang ihm in einer Reihe von Schriften seine Gegner
völlig zu vernichten. Bald galt er nicht mehr als der Anwalt
seiner eigenen Sache, sondern als der beredte Vertheidiger der
Volksrechte gegen einen verhassten Gerichtshof.

Selbst die Regierung glaubte die Talente eines so feinen
Mannes benutzen zu müssen, und in dem amerikanisch-englischen
Krieg musste er im geheimen Auftrag des Ministeriums und mit
dessen Geld ein Handelshaus gründen, um den Amerikanern,
scheinbar auf seine Gefahr hin, Waffen und sonstige Hülfsmittel
zuzuführen. Seine Geschäfte breiteten sich bald nach allen Richtungen hin aus, er hatte eine Zeitlang über vierzig Schiffe auf
dem Meer und stellte sogar ein eigenes Kriegsschiff von zwei und

fünfzig Kanonen zur französischen Flotte. Und gerade in diesem Wirbel von industriellen und finanziellen Geschäften fand der merkwürdige Mann noch Neigung und Musse, sich auf dem Gebiet des Lustspiels zu versuchen. Im Februar 1775 liess er den „Barbier von Sevilla" aufführen, der bei der ersten Darstellung durchfiel, bei der zweiten aber, nach grossen Aenderungen, lebhaften Beifall fand. Dieser erste Erfolg gab ihm den Muth, „die Hochzeit des Figaro" zu schreiben, ein Stück, das an Werth vielleicht unter dem „Barbier" steht, das aber ungleich grösseres Aufsehen machte.

Freilich behielt Beaumarchais sein Manuscript fast zehn Jahre in der Mappe, bevor es zur Aufführung kam. Die Kunde von der Kühnheit des neuen Stückes durchlief ganz Paris und Ludwig verbot es kurzer Hand, weil er ärgerliche Vorfälle fürchtete. Es kostete einen wahren Feldzug, um dieses Verbot rückgängig zu machen, und Beaumarchais, gleich Figaro ein Meister der Intrigue, spann seine Fäden so gut, dass er die Königin und die einflussreichsten Höflinge für sich gewann. „Kein Heil ausser der Hochzeit des Figaro!" schrieb Graf Vaudreuil, dem Beaumarchais den Glauben beigebracht hatte, dass er kein Höfling sei. So gab der König endlich nach. Der Sieg des Dichters war um so grösser, als das Lustspiel gerade seine schärfsten Pfeile gegen den Hof und die Herren des Hofs gerichtet hatte. „Ich war zum Höfling geboren", sagt Figaro im zweiten Aufzug und auf Susannen's Bemerkung, dass dies ein schwieriges Amt sei, antwortet er verächtlich: „Empfangen, nehmen und fordern — das ist in drei Worten das ganze Geheimniss."

Die Aufführung der „Hochzeit des Figaro" hatte fast den Charakter eines politischen Ereignisses; man hätte glauben sollen, es sei ein Jubelfest der französischen Aristokratie! Am Tag der ersten Vorstellung erschienen die vornehmen Damen schon Stunden vorher in ihren Logen, um sich ihre Plätze zu sichern; sie zogen vor, ihr Mittagessen in dem dämmerigen Theatersaal einzunehmen, nur um dem pikanten Angriff gegen sie selbst, gegen die eigene vornehme Welt, beiwohnen zu können. *

Wir Alle kennen den Inhalt des Stücks und wäre es auch nur aus der Mozart'schen Oper, deren Text sich an das Original gehalten hat, so gut es einem Operntext möglich ist. Auf den ersten Anblick begreift man kaum, was dem Stück in den Augen seiner Zeitgenossen eine solche Wichtigkeit geben konnte.

Wir sehen in ihm zunächst nur das schlüpfrige Gemälde einer von Grund aus verdorbenen Welt, wobei wir allerdings die Kunst des Dichters in der geistreich durchgeführten Intrigue, in dem spannenden Dialog, den satyrischen Ausfällen anerkennen müssen. Bei genauerer Prüfung entdecken wir jedoch hinter diesen Liebesscenen und Tändeleien den glühenden Hauch der Leidenschaft und des Ehrgeizes, die Eifersucht gegen die Vorrechte des Adels, das erwachende Selbstgefühl des Volkes, dessen Repräsentant Figaro, alle anderen Personen nach seiner Pfeife tanzen lässt. Beaumarchais hatte bei der Abfassung seines Lustspiels wesentlich eine persönliche Rache im Sinn gehabt, aber was er auszusprechen wagte, dachten mit ihm gar Viele, und so gewann die „Hochzeit des Figaro" die Bedeutung eines politisch-socialen Pamphlets.

In der Form gehört das Stück noch zu der Klasse der alten Lustspiele; Figaro ist zwar nicht einfach Barbier und Kammerdiener, wie man gewöhnlich glaubt, denn er hat bei dem Grafen das Amt eines Secretärs und Arztes, allein er spielt doch völlig die Rolle, welche vor ihm Arlequin, Sganarell und die andern vertrauten Diener hatten. Er und die Zofe dürfen sich, im Sinne des alten Bühnenherkommens, Freiheiten erlauben, die uns heute gar sonderbar erscheinen. Allein wenn das Stück in seiner äusseren Composition an die frühere Zeit anknüpft, so gehört es durch den

---

* Vergl. Théodore Muret, l'histoire par le théâtre. 1789 –1851. Paris 1865. vol. I. S. 7 f. f.

Geist, der in ihm lebt, völlig zu der neuen Schule. Graf A l m a -
v i v a , der seiner Gemalin überdrüssig ist, hat seine lüsternen
Blicke auf die Braut F i g a r o 's gerichtet, so dass dieser alle List
und seine ganze Kunst der Intrigue aufbieten muss, um seine und
seiner S u s a n n e Ehre zu retten. Es gelingt ihm endlich mit Hülfe
der Gräfin, die sich in das Kleid ihrer Zofe hüllt und sich als
solche zum verabredeten Stelldichein begibt, um den Grafen zu
beschämen.

In dem engen Rahmen dieses Planes häuft sich die Satire
gegen die bestehenden Zustände. Alle Richtungen des öffentlichen
Lebens werden berührt. Die Gerechtigkeitspflege, welche B e a u -
m a r c h a i s zu seinem Schaden hatte kennen lernen, wird als nach-
sichtig gegen die Grossen und als hart gegen die kleinen Leute
geschildert; Politik und Diplomatie erscheinen als die Kunst der
Heuchelei, als ein Handwerk voll Nichtigkeit und Hohlheit.
F i g a r o lobt ironisch die Freiheit der Presse „zu Madrid";
„vorausgesetzt, dass ich in meinen Schriften weder von der Regierung, noch von der Kirche, weder von Politik noch von Moral,
weder von den Beamten noch den hohen Kreisen überhaupt rede,
wenn ich weder von der Oper und den andern Theatern, noch von
irgend Jemand, der mit irgend Etwas zusammenhängt, spreche
— so kann ich unter der Aufsicht von zwei oder drei Censoren
Alles frei drucken lassen." S u s a n n e ihrerseits schleudert der
hohen Damenwelt das folgende Wort zu, das gewiss um manchen
schönen Mund ein zustimmendes Lächeln hervorrief: „Die grosse
Welt und ihr Umgang lehrt die vornehmen Damen, mit Leichtigkeit zu lügen, ohne dass man es merkt." F i g a r o fragt dann weiter,
wie viel grosse Herren es gäbe, die besser wären als ihr Ruf, und
in einem erbitterten Monolog ruft er dem Grafen zu: „Weil du
ein grosser Herr bist, hältst du dich für ein grosses Genie. Adel,
Reichthum, Rang und Würden — das Alles macht so stolz! Was
hast du denn gethan, um so viel zu verdienen? Du hast dir die
Mühe gegeben, auf die Welt zu kommen, — nichts weiter! Und

doch bist du ein Mann gewöhnlichen Schlages, während ich, in
der Masse verloren, mehr Wissen und Berechnung brauche, um
nur leben zu können, als man seit Jahrhunderten aufgewandt hat,
um ganz Spanien zu regieren!"

Mit jeder Vorstellung wuchs der Beifall und das Aufsehen,
und seinen Erfolg noch zu erhöhen, blieben auch die Gegner nicht
aus. Eins der vielen gegen ihn gerichteten Spottgedichte besagte,
dass jede Person des Stückes ein besonderes Laster darstelle, und
dass das Publicum am Schluss den Dichter hervorrufe, um alle
Laster in einer Person vereinigt zu sehen. Beaumarchais liess
dieses sowie andere Epigramme auf seine Kosten drucken, ver-
schärfte sie sogar noch, und liess sie eines Abends während eines
Zwischenactes aus der obersten Gallerie in die Logen und das
Parterre hinabwerfen. Das getäuschte Publicum glaubte an einen
hämischen Streich der Gegner und feierte den Dichter in stürmi-
schem Zuruf.*

Beaumarchais stand damals auf der Höhe seines Ruhms.
Selbst die vornehme Welt zürnte ihm nicht, ja sie fühlte sich
durch das Bild, das er von ihr entworfen, eher geschmeichelt als
beleidigt!

---

* Muret, p. 9 gibt das Spottgedicht, worin es unter Anderem
heisst:

„Dans ce drame éffronté chaque acteur est un vice.
„Bartholo nous peint l'avarice,
„Almaviva le séducteur,
„Sa tendre moitié, l'adultère.
`. . . . . . . . . . . . .`

„Mais Figaro? . . le drôle à son patron
- „Si scandaleusement ressemble,
„Il est si frappant qu'il fait peur;
„Et pour voir à la fin tous les vices ensemble,
„Le parterre en chorus a demandé l'auteur."

Als aber kurze Zeit nachher die Revolution ausbrach, wurden nicht allein jene feinen Kreise gesprengt, auch der, der sie verspottet hatte, wurde in ihren Fall verwickelt. In seinem Vermögen geschädigt, weil ihm die amerikanische Regierung jede Zahlung verweigerte, den revolutionären Gewalthabern verdächtig, eingekerkert, wieder freigelassen und endlich für einen Emigranten erklärt, weil er sich auf eine Geschäftsreise nach Holland begeben hatte, sah er sich mit einem Male völlig ruinirt. Er flüchtete nach Hamburg und lebte dort in solchem Elend, dass er jedes Schwefelhölzchen sorgfältig bei Seite legte, um es noch einmal gebrauchen zu können, wie er selbst erzählt.

Im Jahr 1796 erlangte er die Erlaubniss zur Rückkehr in die Heimath, wo er noch drei Jahre in fieberhafter Thätigkeit lebte, sich mit Gläubigern und Schuldnern herumschlug, ja selbst noch einmal sein Glück mit einem Drama versuchte, in welchem er die Familie des Grafen Almaviva im Alter zeigte. Allerdings hatte er dieses Stück „die schuldige Mutter" schon 1792 aufführen lassen, doch erschien es erst jetzt im Druck, ohne indessen irgend welchen Eindruck zu machen. Es fehlte ihm die Kühnheit der früheren Dichtungen und die Zeiten waren zudem der Literatur abgewendet.

Ein Schlaganfall raffte den unermüdlichen Mann im Mai 1799 hinweg. Einer der merkwürdigsten Männer seiner Zeit, gehörte er trotz seines Kampfes gegen die alte stürzende Welt mehr zu dieser als zu der sich nun erhebenden jungen Generation. Denn was die neue Zeit zu beanspruchen und zu erstreben berechtigt war, davon hatte er trotz aller anscheinend so revolutionären Gesinnungen doch nicht die leiseste Ahnung.

Siebenter Abschnitt.

Das Theater während der Revolution.

Die Ereignisse des Jahres 1789, welche sich auf jedem Gebiet des öffentlichen und privaten Lebens fühlbar machten, konnten nicht ohne Einfluss auf die Schaubühne bleiben. Kurz nach dem Sturm auf die Bastille, bei dem das Regiment der „Gardes françaises" mit dem Volk fraternisirt hatte, gaben die Schauspieler der Comédie française eine besondere Vorstellung zum Besten der genannten Soldaten. Mit dieser Aufführung lenkte das bisher friedliche Kunstschifflein in den vollen Strom der politischen Agitation. Die Zuschauer gewöhnten sich daran, jedes Wort, das auf der Bühne fiel und auf die Gegenwart bezogen werden konnte, durch Beifall oder Zischen zu begrüssen. Der Beifall überwog allerdings in der ersten Zeit, als man die Zukunft noch in rosigem Lichte sah. Wenn in einem alten Lustspiel des Destouches* von Don Philipp, dem braven Rathgeber seines Königs, gesagt wurde, dass er nichts kenne, als das Interesse seines Herrn und dass dieser zu einsichtig sei, um einen solchen Diener zu entlassen, so erhob sich das gesammte Publicum, um den Minister Necker zu feiern, an dessen Sturz die Hofpartei fortwährend arbeitete. Auch Ludwig XVI. erhielt zu jener Zeit

---

* Destouches, l'ambitieux et l'indiscrète. — Für die Geschichte des französischen Theaters in der neueren Zeit sind überhaupt zu vergleichen Muret, l'histoire par le théâtre; dann Le théâtre français p. Ch. Maurice, Paris 1859; Géruzez, histoire de la littérature française pendant la Révolution sowie die „Geschichte des französischen Theaters während der ersten Revolution. Nach dem Französischen des Toubin u. A. Hamburg, Meissner 1853."

9

noch seinen Antheil an der Huldigung und in demselben Stück
wurde ihm zugejubelt, als es darin von dem spanischen König
hiess, er sei vom Himmel dazu geschaffen, über die Herzen zu
regieren.

Die Zeit des Vertrauens währte indessen nicht lange und
machte bald einer Periode gegenseitigen Hasses Platz. Den
nächsten Anlass zu einem feindseligen Ausbruch in der Comédie
française gab ein junger Schauspieler, der später so berühmte
Talma, der zu jener Zeit nur untergeordnete Rollen spielte und
seine grosse Künstlernatur noch nicht hatte beweisen können.
Schon vorher hatte er, im Vertrauen auf die Abneigung des Publicums gegen Alles, was an die alte höfische Weise erinnerte, es
gewagt, einen entscheidenden Schritt in der Anwendung des Co-
stüms zu thun. Sein Freund David, der schon in der Malerei die
Antike zu Ehren gebracht hatte, trieb ihn an, dieselbe auch auf
der Bühne heimisch zu machen. So erschien Talma in Voltaire's „Brutus", obwohl er nur die unbedeutende Rolle des
Proculus darin zu spielen hatte, genau nach altrömischer Weise
gekleidet, mit nackten Armen und Beinen und seinem natürlichen
braunen Haar statt der üblichen Puderlocken. Seine Collegen
waren empört und Mademoiselle Contat, eine der ersten Schau-
spielerinnen der Gesellschaft, wandte sich entsetzt von ihm ab,
weil er, wie sie sagte, aufs Haar einer jener hässlichen alten
Statuen gleich sehe. Auch die Zuschauer waren einen Augenblick
über die fremdartige Erscheinung Talma's erstaunt, begriffen
aber bald den Sinn der Neuerung. War doch überall der Ruf nach
Wahrheit und Einfachheit erhoben worden, warum sollte man die
höfische Etikette auf der Bühne bewahren? In diesem Gedanken
erklärte sich die grosse Mehrheit entschieden für Talma, dessen
Beispiel von anderen Künstlern allmälig befolgt werden musste.
Manche ältere Herren unter denselben fanden sich freilich schwer
in diese Neuerung und seufzten über die unbequeme Tracht, so
Vanhove, ein bekannter Schauspieler, der sich oft darüber be-

schwerte, dass er sich mit griechischen Gewändern schleppen
müsse, in denen er nicht einmal eine Tasche für seine Tabaks-
dose finde. Eine Prise zu nehmen, hatte ihm früher in der Rolle
eines antiken Helden durchaus nicht übel gestanden.

Für Mittwoch, den 4. November 1789, war von den Schauspielern der Comédie française ein neues Stück von Marie Josef
Chénier, „Karl IX. oder die Schule der Könige", angekündigt,
und die Erwartungen der Theaterfreunde waren aufs Höchste ge-
spannt, galt es doch einer Darstellung der Bartholomäusnacht.
Ueber den Dichter, der zu jener Zeit von Mirabeau und Danton eifrig patronirt wurde, wird in einem besonderen Abschnitt
genauer die Rede sein; zunächst handelt es sich hier um die Darlegung der Folgen dieses Stückes, welche grösser waren, als man
hätte glauben können, denn sie führten zur Sprengung der bedeutendsten dramatischen Gesellschaft Frankreichs.*

Die Rolle des Königs Karl, an sich undankbar und zugleich sehr schwierig, war von dem Schauspieler, dem sie zunächst
gebührt hätte, zurückgewiesen worden und dadurch Talma zu-

---

* G. Duval berichtet in seinen Souvenirs de la Terreur I, 126
folgendes über die erste Aufführung von „Karl IX": „. . es war erst
zwei Uhr . . . schon war der Platz mit Menschen bedeckt und zahl-
reiche Gruppen belebten den Garten des Luxembourg. In den benach-
barten Kaffeehäusern fand man keinen Sitzplatz mehr . . Ueberall zeigte
sich grosse Bewegung und man sah viele düstere und drohende Gestalten
auftauchen. Es schien als ob man sich gegenseitig recognoscire, wie vor
einer Schlacht. Die erste Vorstellung von „Karl IX" war eben mehr als
ein theatralisches, sie war ein politisches Ereigniss . . . Ich will nicht
von dem Eindruck der einzelnen Scenen reden; wie jeder weiss, war der
Erfolg der Aufführung ungeheuer. Das Stück wurde unter rauschendem
Beifall, Gestampf, Bravo und ohne das leiseste Murren bis zum Ende ge-
spielt. Ich glaube, dass der, der sich erlaubt hätte zu pfeifen, halbtodt
hinausgekommen wäre . . . Mirabeau und einige andere Abgeordnete
seiner Partei befanden sich in einer Balconloge und gaben das Zeichen
zum Beifall."

gefallen; und dieser enthüllte sich durch die meisterhafte Darstellung des geistesschwachen, feigen und doch mordlustigen Tyrannen mit einem Male als einer der grössten dramatischen Künstler seines Landes. Schon hatte das Stück mehr als dreissig Vorstellungen erlebt, als der König auf die Eingabe einiger Bischöfe hin die weitere Aufführung verbot. Diese unzeitige Massregel erhöhte noch die Beliebtheit des Drama's. Als am Jahrestag der Eroberung der Bastille ein grosses Verbrüderungsfest in Paris gefeiert wurde und Deputationen aus allen Theilen des Landes sich dazu einfanden, forderte das Parterre stürmisch die Wiederaufnahme des Stückes. Vergebens schützte der Regisseur die Krankheit einiger Künstler vor, Talma, der seine dankbare Rolle ungern verloren hatte, stürmte plötzlich auf die Bühne und erklärte die Aufführung „Karls IX" für möglich, wenn man nur etwas guten Willen zeigen wolle.

Dieser für seine Collegen höchst compromittirende Schritt des jungen Schauspielers beschleunigte den Ausbruch einer schon lang glimmenden Feindschaft unter den Mitgliedern der Gesellschaft. „Karl IX" konnte nun nicht verweigert werden, aber einige Zeit später rächten sich die beleidigten Künstler, indem sie Talma auf mehrere Monate suspendirten. Die Commune von Paris hob diesen Beschluss freilich wieder auf, aber kaum hatte die Nationalversammlung am 13. Januar 1791 die Freigebung der Theater beschlossen, als die Gesellschaft der Comédie française sich trennte. Talma gründete mit einem Theil der Künstler das Theater der Rue Richelieu, oder wie er es bald nannte, das Theater der Freiheit und Gleichheit, in welchem er mit Vorliebe Stücke revolutionären Charakters gab und zugleich unangefochten die ersten Rollen in denselben übernahm. Die andern Mitglieder der Comédie française vereinigten sich zu dem Theater „de la Nation" und zeichneten sich besonders durch die Darstellung des höheren Lustspiels aus. Noch fand man bei ihnen den feinen Ton der gebildeten Gesellschaft früherer Zeit und ihr

Repertoire versuchte, im Gegensatz zu Talma's Theater, eine
gewisse königstreue Opposition geltend zu machen.

Psychologisch höchst merkwürdig ist es, dass in jener Zeit
der Aufregung, in welcher die Wirklichkeit so tragische Schauspiele bot, die Lust des Volks an theatralischen Aufführungen
immer höher stieg. Im Jahre 1790 lagen einmal gleichzeitig nicht
weniger als acht und siebenzig Anzeigen von neu zu eröffnenden
Theatern auf dem Rathhaus vor. Freilich galt von diesen Bühnen,
was von den unzähligen Zeitungen galt; es waren Eintagsfliegen,
die mit dem Tag geboren wurden und mit ihm starben. „Am
Freitag eröffnet, am Sonnabend verunglückt und am Sonntag geschlossen", besagte ein Couplet in der Posse „Tausend und ein
Theater". War es die Ungewissheit des Lebens, welche die Leute
antrieb, sich der Gegenwart zu erfreuen; war es die allgemeine
Bewegung und Unruhe der Geister, welche ein leichteres rasches
Leben verlangte? Oder war es die dem Menschen eingeborene
Lust am Widerspruch, die sich so häufig im Volksleben äussert
und selbst auf das ernste Leichenbegängniss einen Schmaus folgen
lässt? Man ist geneigt, das Letztere zu glauben, wenn man sieht,
wie in der blutigen schwerdrückenden Zeit plötzlich das lebhafte,
muthwillige Vaudeville entstehen konnte. Sei dem aber, wie ihm
wolle; jedenfalls erwies sich jene Masse von Theatern der Poesie
keineswegs förderlich, und die dramatische Literatur sank mit der
Schauspielkunst in gleich raschem Masse. Die Nachlässigkeit der
Schauspieler überstieg bald jeden Glauben und selbst die äussere
Wahrscheinlichkeit wurde verachtet. Kotzebue sah 1790 im
„Theater Monsieur", wie er in seiner „Flucht nach Paris" er-
zählt, eines Abends ein Drama: „Der Process des Sokrates" und
die Wohnung des athenischen Weltweisen wurde durch ein modernes
Zimmer mit einem Kamin dargestellt, auf dessen Sims sich eine
Tabakspfeife fand!

Der bekannteste Dichter jener Jahre war Marie-Joseph
Chénier, der auf Talma's Bühne in rascher Reihenfolge mehrere

Trauerspiele folgen liess, aber weder mit seinem „Heinrich VIII.
von England" noch mit seinem „Calas", „Cajus Gracchus"
oder „Timoleon" einen Erfolg erringen konnte, wie ihn sein
„Karl IX." gefunden hatte. Neben ihm erschien D u c i s mit seinen
Bearbeitungen S h a k e s p e a r e 's, A r n a u l t mit seinem Erst-
lingsdrama „Marius in Minturnä", L e g o u v é mit seinem „Tod
Abels", sowie seiner Tragödie „Epicharis und Nero"(1794). Doch
das Publicum fühlte sich im Allgemeinen weniger von diesen
hochtrabenden Stücken, als von den werthlosen, aber für den
Augenblick interessanteren Machwerken angezogen, welche die
Tagesfragen und die Politik der Gegenwart behandelten.

Eine tief eingreifende Wandelung sollte in der Verfassung
der Kirche vor sich gehen. Es handelte sich um die Einziehung
der Kirchengüter, die Aufhebung der Klöster und die Beeidigung
der Geistlichen auf die Constitution des Landes. Das Einkommen
der Priester sollte künftig vom Staat geregelt und ihnen ein bestimmter Gehalt bezahlt werden. Bei dem Widerstand eines
grossen Theils der Geistlichkeit gegen diese Massregeln kam das
Theater der Revolution zu Hülfe, indem es dem leidenschaftlich
erregten Volk das Klosterleben in einer Reihe heftiger Dramen
schilderte. Der bekannte Literaturhistoriker L a h a r p e , der sich
auch als Dichter versuchte, hatte schon im Jahr 1770 ein Drama
„Melanie" veröffentlicht, das gegen die Klostergelübde gerichtet
war, aber nicht zur Aufführung hatte gelangen können. Jetzt griff
man zu diesem Stück zurück und erzielte mit ihm einen bedeutenden Erfolg; allein bald wurde die thränenreiche Melanie von
jüngeren heftigeren Stücken verdrängt und so gross war die Vorliebe des Publicums für diese Art von Dramen, dass selbst das
conservativ gesinnte Theater de la Nation sich zur Aufführung
solcher Stücke, wie „das Opfer des Klosters" (les victimes
cloitrées) von M o n v e l und andern mehr, bequemte. Der Inhalt
derselben war mit wenigen Variationen stets dieselbe Geschichte;
liebende Mädchen wurden von hartherzigen Aeltern ins Kloster

gesteckt, duldeten dort unsäglich, fanden aber im letzten Act ihre
Rettung durch den Muth und die Ausdauer des Geliebten.
Hätte sich die allgemeine Stimme nicht schon lange gegen
die Klöster und besonders gegen die schreiende Ungerechtigkeit
erklärt, womit die Töchter bemittelter Familien von den eigenen
Aeltern oft zu einsamem traurigen Leben hinter Klostermauern
gezwungen wurden, nur um einem Lieblingssohne mehr Vermögen
zuzuwenden, so hätten diese Schauspiele keinen solchen Erfolg
finden können. So aber erhielten sie eine politische und sociale Bedeutung, welche den völligen Mangel an poetischem Werth übersehen liess. Auch hielten sie sich Anfangs trotz ihrer heftigen Angriffe noch zurück, suchten Anstand und Mässigung zu bewahren und
strebten wenigstens nach künstlerischer Form. Allein nur zu bald
sahen auch sie sich verdrängt und die Theater wurden mit Stücken
überfluthet, welche bis an die äusserste Grenze des Ungeschmacks
und der Rohheit gingen. Man könnte eine ganze Liste dieser
Machwerke aufstellen, wenn es der Mühe lohnte. Possen wie „das
Kloster von Kopenhagen“, „ein Tag im Vatican“ und andere
konnten wohl das aufgeregte Publicum jener Tage ergötzen, gehören aber in eine Geschichte der Literatur nur in so fern, als sie
helfen, den Geist ihrer Zeit und das ganze Leben der Epoche
zu begreifen. Für den Forscher der Sittengeschichte ist diese
theatralische Thätigkeit allerdings von Werth und in diesem Sinne
mögen hier noch einige weitere Stücke der gleichen Art angeführt
werden. L a u j o n , ein früherer Schützling des C o n d é 'schen
Hauses, schrieb ein „Kloster“, in dessen Ankündigung er sich als
„Sansculotte auf Lebenszeit“ bezeichnete, wahrscheinlich um sich
vor jeglichem Verdacht zu sichern, als hege er noch aristokratische
Neigungen. „Die Päpstin Johanna“, „die Dragoner und die Bene-
dictinerinnen“, „die Dragoner in Einquartierung“ sind Stücke,
deren Titel schon den Geist kund thun, in welchem sie verfasst
sind. Die Tragödie wurde damals, wie man mit Recht gesagt hat,
zur politischen Abhandlung, das Lustspiel zur niederen Satire.

das Buch zum Pamphlet. Neben den Schauspielen der erwähnten
Gattung waren auch die patriotischen Stücke in besonderer Gunst.
„Der gestürzte Despotismus" zeigte die Erstürmung der Bastille
unter unendlichem Flintengeknall und Säbelgerassel; dann kamen
„die Völker und die Könige", „Rousseau", „die Räuber der
Vendée", „die Freiwilligen", „die Emigrantin und der Jacobiner",
„der Tod Marat's". Man ging in dem Streben, jede Erinnerung an
die Vergangenheit zu vernichten, so weit, dass man selbst in den
Dichtungen der classischen Zeit, unbekümmert um Vers und Sinn,
die republikanische Anrede als „Bürger" einschob.

In den ersten Zeiten wagte man noch von Seiten der königlichen Partei, Widerstand zu leisten. Oft sogar hielten die Parteien einander die Wage, und die Logen kämpften nicht selten
mit Erfolg gegen das Parterre. Das Theater de la Nation, die
vormalige Comédie française, war es besonders, in welchem jede
Gelegenheit zu antirevolutionären Demonstrationen benutzt wurde.
Hiess es in Laharpe's „Oedipus", dass der König grösser sei
als sein Geschick, so jubelten die Zuhörer in den Logen, und ihr
Beifall wollte nicht enden, wenn sie Verse hörten, in welchen,
wie in der „Dido" von Lefranc de Pompignan, gelehrt wurde,
dass die Könige gleich den Göttern über den Gesetzen ständen.
In seiner Aufregung verlangte das Publicum bisweilen noch vom
Orchester den Vortrag aristokratischer Parteilieder, wobei es
selbst mit sang. So wurden die Strophen an die „reizende Ga-
brielle" — die Arie aus Grétry's Richard Löwenherz: „O Richard,
o mein Fürst, es verlässt dich die Welt", zu wahren Kriegs-
liedern, denen sich oft noch beissende Spottlieder gegen die Liberalen anfügten. Es war darum nicht zu verwundern, dass man von
der Gegenseite das Theater de la Nation seiner Götzendienerei
halber angriff und in andern Theatern um so heftiger gegen
den Hof Partei nahm. Die Königin wohnte eines Abends der
Vorstellung einer Operette in der komischen Oper bei, als eine
bekannte Künstlerin, Madame Dugazon, in einem Duett ihr

eine kleine Huldigung zu bieten wagte. Auf die Worte eines vertrauten Dieners — „von Herzen lieb' ich meinen Herrn" musste Madame Dugazon als Kammermädchen antworten: „O, wie lieb' ich meine Herrin!" und sie benutzte diese Gelegenheit, sich nach der königlichen Loge zu wenden und sich vor Marie Antoinette zu verbeugen. Allein man war nicht im Theater de la Nation. Ein Sturm des Unwillens brach aus; von allen Seiten rief man, es gebe keine Herrin mehr, liess die Freiheit leben und der Tumult wurde zuletzt so stark, dass die erschreckte Königin eiligst das Theater verliess.* Mit der Zeit wurden die Theater zum alltäglichen Kampfplatz; man ging nicht mehr hin, um Erheiterung oder Erhebung des Gemüthes zu suchen. Dichtungen und darstellende Künstler waren Nebensache, — das Fieber der Politik gestattete kein anderes Interesse, und der politische Kampf war Alles. Das Publicum spielte mit und fühlte sich nur wohl, wenn es lärmen und tollen konnte, und selbst blutige Köpfe waren nichts Seltenes. Schlug doch eine Zeitung in bitterem Hohn vor, die Herren Zuschauer möchten mit Flinten, Pistolen und Säbeln bewaffnet ins Theater kommen, damit die beiden Parteien ihre Ansichten recht gründlich discutiren könnten.

So stiegen die Leidenschaften auch hier immer höher; nur wenige versöhnliche Männer suchten zu vermitteln und von der Bühne herab Mässigung und Verträglichkeit zu predigen. Zu diesen Ausnahmen gehörte Louis Jacques Beffroy de Reigny, der seine Werke gewöhnlich mit dem Pseudonym „Cousin Jacques" zeichnete. Von ihm erschien im Spätherbst des Jahres 1790 ein Lustspiel mit Gesang in drei Aufzügen,

* Duval, souvenirs de la Terreur I. 340. Die Scene findet sich in einer Operette v. Grétry „les événements imprévus", welche bei den „Italienern", wie die komische Oper damals hiess, gegeben wurde. Das Duett heisst:

J'aime mon maitre tendrement,
Ah! que j'aime ma maitresse!

„Nicodemus im Mond oder die friedliche Revolution." Nicodemus,
ein derber schlichter Landmann, sieht sich darin plötzlich in den
Mond versetzt; macht dort Glück bei den Frauen, die sich um ihn
streiten, und bei dem Kaiser, der dort regiert. Der letztere lässt
sich von der neuen Zeit in Frankreich berichten, wird von Nicodemus über die Missbräuche im Mondreich aufgeklärt und führt
auch hier die bekannten Reformen ein. Das Stück fand beifällige
Aufnahme und so wagte Cousin Jacques im September 1791
einen weiteren Schritt mit seinem „Club der braven Leute." Der
Schauplatz ist ein Dorf, dessen Bewohner sich mit Politik ab-
geben und tagelang in ihren Clubs herumlungern, statt zu arbeiten. Der politische Zwiespalt trennt selbst die Familien und entfremdet die Kinder ihren Aeltern, die Brüder den Brüdern. Zum
Glück besitzt die Gemeinde in ihrem Seelsorger einen Bieder-
mann, der den Frieden wieder herzustellen versteht. Als feiner
Diplomat gibt er beiden Parteien Recht; er lobt die Clubs, in
denen sich die Bürger belehren können, aber er empfiehlt vor
Allem gegenseitige Nachsicht, spricht für den Grundherrn,
der emigrirt ist, und ermahnt seine Bauern, sie möchten nicht
vergessen, dass sie Brüder, dass sie alle Franzosen seien. Selbst
für den König wagt er ein gutes Wort, „für den besten der Väter",
und das Stück schliesst unter allgemeiner Umarmung und Ver-
söhnung.

So unschuldig dieses Stück an sich erschien, blieb es doch
nicht ohne Anfeindungen. Die weitere Aufführung wurde bald
verboten und des Verfassers Bildniss von den Eiferern verbrannt.
Er selbst entging dem Verderben nur dadurch, dass er sich längere
Zeit versteckt hielt und später das Alterthum zum Gegenstand
seiner Dichtungen wählte.*

* Cousin Jacques starb erst 1811, aber seine späteren Werke, die
nicht von äusseren Umständen getragen wurden, sind ohne alle Bedeutung.

War es schon ein Zeichen von Muth gewesen, mit dem „Club der braven Leute" sich vorzuwagen, so bewies L a y a, ein anderer Dichter jener Zeit, bei weitem grössere Kühnheit, als er wenige Tage vor der Hinrichtung des Königs, am 3. Januar 1793, im Theater de la Nation ein satyrisches Stück „der Freund der Gesetze" („l'ami des lois") aufführen liess. Die Anlage und Ausführung desselben war an sich sehr einfach; zwei hartgesottene Bösewichter, die Bürger N o m o p h a g e und D u r i c r a n e (Gesetzfresser und Hartschädel) wollen ihre politischen Anschauungen zur Herrschaft bringen, scheitern aber mit ihren Plänen trotz aller Intriguen, weil der Held des Stücks, ein ehrenhafter Charakter, seinen Einfluss gegen sie aufbietet und sie bekämpft. Das Ganze war eine Kriegserklärung gegen die Revolution, ein Zerrbild derselben mit einer Menge heftiger politischer Anspielungen, ein Versuch, die Aristophaneische Dichtung nachzuahmen. Aber N o m o p h a g e und D u r i c r a n e bezeichneten die beiden Hauptführer der Revolution, R o b e s p i e r r e und M a r a t, und darin lag die Kühnheit des Dichters, der sich in einzelnen Stellen selbst zu wirklicher Kraft erhob. „Krieg, ewiger Krieg den Anarchisten!" ruft er aus, „ob königliche Tyrannen, ob tyrannische Republikaner — beugt euch vor dem Gesetz, denn das ist euer Gebieter!"* Noch herausfordernder zeichnete er D u r i c r a n e 's Unverschämtheit, der die sociale Frage nach seiner Weise lösen will und sich zunächst gegen das Eigenthum erklärt, in welchem er die Quelle aller Leiden und aller Laster erblickt. Denn wenn es kein Eigenthum gäbe, würde es auch keine Diebe und folglich keine Strafen geben. Gäbe es kein Eigenthum mehr, so wäre kein Platz mehr für die Habsüchtigen, die Ränkeschmiede, die Stellenjäger; es könne selbst keine Ehebrecher mehr geben, da die Frau für Alle sei und Niemand gehöre. So schaffe er die Tugend ab, um das

* Guerre, guerre éternelle aux fauteurs d'anarchie!
Royalistes tyrans, tyrans républicains,
Tombez devant les lois, voilà vos souverains!

Laster zu tödten.* Dabei rühmt er sich seiner Wachsamkeit, die ihn seit vierzehn Tagen acht Verschwörungen, vier Stück in jeder Woche, habe entdecken lassen.

Noch war die königliche Partei nicht völlig unterdrückt, und der Jubel, mit welchem sie den „Freund der Gesetze" begrüsste, war so gross wie der Zorn, der die Republikaner darüber beseelte. Die Commune von Paris untersagte die Aufführung des Stückes; Laya appellirte von ihrem Beschluss an den Convent, der gerade einen Bericht der Regierung über den drohenden Krieg mit England anhörte. Es beweist die Aufregung des Publicums, dass der Convent für angemessen erachtete, seine Berathungen zu unterbrechen, um sich mit dieser Theaterfrage zu beschäftigen. Laya wurde an die Barre des Hauses berufen, um die nöthigen Erläuterungen zu geben, und die Versammlung erklärte nach heftigem Tumult, dass jenes Verbot ungerechtfertigt sei.** Allein

---

* „De la propriété coulent à longs flots
Les vices, les horreurs, Messieurs, tous les fléaux,
Sans la propriété point de voleurs, sans elle
Point de supplice donc; la suite est naturelle,
Point d'avares, les biens ne pourant s'acquérir,
D'intrigants, les emplois n'étant plus à courir,
De libertins, la femme accorte et toute bonne,
Etant à tout le monde et n'étant à personne.

. . . . — — — — —

Tout est commun; le vol n'est plus vol; c'est justice
D'abolir la vertu pour mieux tuer le vice."

** Sitzung des Convents vom 12. Jan. 1793. — Im „Moniteur" vom 20. Jan. 1793 heisst es: „Der Generalrath hatte noch letzten Dienstag den General Santerre beauftragt, die Vorstellung des „Freund der Gesetze" zu verhindern. Die Schauspieler hatten ihn benachrichtigt; sie hatten den löblichen Muth, dem Wunsch des Publicums zu widerstehen, das jenes Stück verlangte und jedes andere zurückwies. Uebrigens wussten sich die Zuschauer heiter genug zu trösten: sie sangen und tanzten die Carmagnole bis zur Stunde, in der die Vorstellungen endi-

der Gemeinderath blieb auf seinem Beschluss, und das Theater
wurde an mehreren Abenden zum Tummelplatz der Leidenschaften, ja zu einem wahren Schlachtfeld. Junge Leute der aristokratischen Partei stürmten die Bühne und lasen das Stück vor, als
die Schauspieler auf ihrer Weigerung beharrten. Erst der Tod
des Königs machte diesen Demonstrationen ein Ende und liess
das Stück verschwinden.*

Mit jenem Tage endete der Widerstand. Wie die Zeitungen,
mussten auch die Theater verstummen, und es wurde gefährlich,
ein Stück aufzuführen, in welchem überhaupt Fürsten und vornehme Herren erschienen. Am zweiten August 1793 verfügte der
Convent, dass jedes Theater, welches den öffentlichen Geist
durch schlechte Stücke zu vergiften, und den schimpflichen Aberglauben an das Königthum zu beleben suche, alsbald geschlossen
werden solle, dass deren Directoren in Verhaft zu nehmen und
in aller Strenge zu bestrafen seien.

Solche Drohung war verständlich genug und ermahnte zur
grössten Vorsicht. Die Censur der Theater war auf indirectem
Wege wieder eingeführt, und selbst Corneille und Racine erschienen den Eiferern anstössig. Verlangte doch bei einer Vorstellung
des „Cinna" ein Zuschauer, dem der Ton des Stückes missfiel,
man solle den Verfasser kurzer Hand an der nächsten Laterne auf-
knüpfen, und François de Neufchâteau, ein damals bekannter
Dichter, sah sich im Herbst 1793 verhaftet, weil er in einem
Schauspiel „Pamela", das die bekannte Richardson'sche Er-

---

gen . . . ." Unsere weitere Darstellung, welche sich auf die Memoiren
jener Tage gründet, zeigt, dass der „Moniteur" schon damals die Kunst
verstand, Unangenehmes zu mildern.

* Laya wurde bald darauf eingekerkert und verdankte seine Rettung nur dem neunten Thermidor. Sein Stück war übrigens auch in
der Provinz sehr günstig aufgenommen worden und in Marseille z. B.
war der Zudrang so gross gewesen, dass das Theater eine Zeitlang zwei
Vorstellungen am Tage gab.

zählung dramatisch behandelte, die englische Regierung gelobt
habe, überhaupt aristokratischer Gesinnungen verdächtig sei!
Das Stück war freilich schon ein Jahr vor dem Ausbruch der
Revolution gedichtet worden, erschien aber deshalb nicht weniger strafbar, war doch ein englischer Lord der Held desselben!
Aber nicht allein die Dichter, auch die Schauspieler sahen sich
oft in Gefahr, und änderten nicht selten nach ihrem Gutdünken
die Verse, welche dem Publikum missfallen konnten.* Es kam
selbst vor, dass der Schauspieler in seinem Spiel einhielt, wenn er
ein böses Wort vom aristokratischen Charakter zu sagen gehabt
hatte, an die Rampe vortrat, und die Hörer ersuchte, doch ja
zwischen ihm selbst, dem guten Patrioten, und seiner schlechten
Rolle zu unterscheiden.

Dies war die Zeit, als Sylvain Maréchal's vieraktige Prophezeiung „das letzte Gericht der Könige" zur Aufführung gelangte und Glück machte. Ein armer Greis lebt seit zwanzig
Jahren auf einer fernen vulkanischen Insel, auf der er einem
königlichen Befehl gemäss ausgesetzt worden war. Als Genossen
hat er nur einige Indianer gefunden, die er gleich Robinson zu
civilisiren sucht. Seine Lehren zu verewigen, gräbt er sie in die
Felsenwände ein, wird aber in dieser friedlichen Beschäftigung
durch eine Schaar Sansculotten gestört, welche alle Tyrannen
Europa's auf die Insel deportiren. Unter diesen zeichnet sich der
König von Spanien durch eine grosse Nase, die Kaiserin Katha-

---

* In Molière's Tartüffe war der Vers (V, 7): „nous vivons sous
un prince, ennemi de la fronde" folgendermassen geändert: ils sont
passés ces jours d'injustice et de fronde" und in Voltaire's „Brutus"
wagte man nicht, den Vers:
    „Arrêter un Romain sur de simples soupçons
    C'est agir en tyran, nous qui le punissons"
beizubehalten. Man änderte:
    „Arrêter un Romain sur de simples soupçons
    „Ne peut être permis qu'en révolution."

rina durch ihre wilden Luftsprünge aus. Letztere geräth mit dem Papst um ein Stück Schiffszwieback in Streit, und es gibt eine grosse Balgerei, bis sich der Vulkan öffnet und sie Alle verschlingt. War dieses Stück, mitten im Wirbel trüber Zeit, nur eine unflätige Possenreisserei, so bewiesen andere Erzeugnisse, wie sehr auch das moralische Gefühl sich verirren konnte. So wurde, um nur ein Beispiel von vielen anzuführen, zu Ende des Jahres 1793 „der Republikaner als Gatte" („l'époux républicain") gegeben. ein Drama, in welchem ein Jacobiner entdeckt, dass seine Frau eine Aristokratin ist. Trotzdem dass er sie liebt, zeigt er sie an und bringt sie aufs Schaffot. Das Publikum aber, das in dieser That eine patriotische Pflichterfüllung zu sehen meinte, klatschte jubelnd Beifall und rief den Dichter des armseligen Machwerks hervor!

Die Theater sanken in einem noch nie dagewesenen Grade herab, die dramatische Kunst schien ihrem völligen Untergang nahe, so dass selbst der Moniteur darüber Klage führte und „in dieser barbarischen Invasion elender Machwerke", mit denen die Bühnen seit einiger Zeit überschwemmt wurden, eine Verschwörung erblickte, welche Pitt und Coburg (der Oberfeldherr der Alliirten am Rhein) angestiftet hätten, um das französische Theater zu verderben!

Muss uns nicht Wunder nehmen, dass unter solchen Umständen, in so schwieriger Zeit überhaupt noch von Poesie die Rede war? dass es noch wirklich Dichter gab, welche an die Hoheit der Muse glaubten und von der Würde der Dichtkunst überzeugt waren? Und doch war dem so. Aber wenn auch nur Einer unter ihnen auf einen hervorragenden Platz in der Literaturgeschichte seines Landes Anspruch machen kann, — und gerade dieser Eine, André Chénier, seinen Zeitgenossen unbekannt blieb — so verdienen doch auch die Dichter neben ihm. schon ihres Ausharrens wegen, eine ehrende Erwähnung. Wir nennen auf dem Gebiet der dramatischen Dichtung neben

Marie Josef Chénier und Ducis noch besonders Legouvé und Arnault für das Drama, Colin und Fabre für das
Lustspiel.

Gabriel Marie Jean Baptiste Legouvé war am 23 Juni
1764 zu Paris geboren. Schon der Vater hatte sich als Schriftsteller bekannt gemacht und seine literarische Neigung auf den
Sohn vererbt, der Anfangs zum Advocaten bestimmt, diese Laufbahn bald aufgab, um sich ganz dem Theater zu widmen. Von
Haus aus reich, lebte er nur seiner Muse und wurde durch sein
idyllisches Trauerspiel, „der Tod Abels“, das Haupt der sentimentalen Schule, welche sich gerade in der Schreckenszeit beliebt
machte. Dass die Schäfergeschichten, die süsslich-affectirten
Idyllen schon vor der Revolution in der Gunst des Publicums
hoch gestanden hatten, wissen wir. Florian's und Gessner's,
des Zürcher Biedermanns, Dichtungen waren volksthümlich
geworden und wurden selbst noch von den Sansculotten in Ehren
gehalten. Legouvé brachte diese Richtung nun auch auf der
Bühne zur Anerkennung. Sein „Tod Abels“ war eine Erweiterung
und Bearbeitung des Gessner'schen „Abel“ und eben so fad
und unerträglich wie dieser. Die Vorrede, mit welcher Legouvé
sein Stück bei der Herausgabe begleitete, ist indessen bezeichnend
für die Zeit und für uns Deutsche besonders merkwürdig wegen der
Herablassung, mit welcher der Verfasser von unserer Literatur zu
einer Zeit spricht, in der sie ihrem classischen Höhepunkt nahe war.
Legouvé nennt daselbst Gessner's „Abel“, „eins der Meisterwerke der deutschen Literatur, das, einige Längen abgerechnet,
würdig wäre, in der unserigen einen ehrenvollen Platz einzunehmen“. In derselben Vorrede sucht er sich zu rechtfertigen,
dass er die Idylle auf das Theater bringe. Die Freiheit führe ja
die Menschen von allem Aufwand und jeglicher Corruption zur
Einfachheit und Wahrheit zurück und so glaube er auch, dass
man die Natürlichkeit der Hirtenwelt dem gespreizten Helden-
thum der bisherigen Dramen vorziehen werde.

Leider kam Legouvé trotz seines Abscheu's vor der Unnatur, welche er in der dramatischen Dichtung fand, keineswegs zur einfachen natürlichen Redeweise zurück. Auch er haschte nach den packenden Gegensätzen, in welchen der Schöngeist jener Tage die poetische Kraft suchte, und sprach, gleich den Andern, von der „schwarzen Unruhe", dem „schrecklichen Vergnügen", den „tugendhaften Thränen".

Allein trotz dieser Schwächen und trotz der Langenweile, die das Stück fast unerträglich macht, fand es lauten Beifall und verschwand erst im Jahr 1820 völlig vom Repertoire des französischen Theaters.

„Der Tod Abel's" wurde im Jahr 1792 zum ersten Mal gegeben und ihm folgte eine ganze Reihe sentimentaler Schauspiele in dieser Manier, deren Verfasser mit Recht heute vergessen sind. Während der schrecklichen Septembertage 1792, als das Blut in Strömen floss und wilde Mörderbanden die Gefängnisse erbrachen, um ihre Opfer abzuschlachten, führte das Feydeau-Theater eine idyllische Oper, „die kindliche Liebe oder das hölzerne Bein" von Demoustier vor gefülltem Hause auf. Ein zärtlicher Sohn huldigt darin seinem geliebten Vater, den er schlafend findet und dem er eine duftige Krone auf die Silberlocken drückt. Gar Mancher, der den Mord der angeblichen Vaterlandsverräther während des Tages gebilligt oder sich gleichgültig abgewandt hatte, fühlte des Abends sein Gemüth beim Anblick dieser Idyllen süss bewegt! Denn gerade während der Schreckenszeit bewährten diese und ähnliche Stücke die meiste Zugkraft.

Legouvé selbst kehrte bald zu der von ihm getadelten Gattung der früheren Trauerspiele zurück und erzielte mit einem derselben, „Epicharis und Nero", noch einen gewissen Erfolg. Das Stück fusst auf einer von Tacitus überlieferten Episode und schildert das Ende des Tyrannen. Uns erscheint es heute voll hohler Declamation und oftmals geradezu widersinnig. Die Ver-

schworenen treffen sich während eines Festes im Garten des
kaiserlichen Palastes, und ohne sich um etwaige Lauscher zu
kümmern, ergehen sie sich in den heftigsten Drohungen, was
natürlich ihre Entdeckung herbeiführt. Derlei Verstösse finden
sich öfters in dem Stück und werden durch keinerlei Kunst der
Charakteristik aufgewogen. Der fünfte Act machte bei der Vorstellung jedesmal einen besonderen Eindruck, was er jedoch nur
Shakespeare verdankte, aus dessen Richard III. Legouvé
die berühmte Scene, in welchem der Tyrann seine Opfer im Traum
vor sich aufsteigen sieht, herübernahm. Nero träumt freilich
nicht, er hat diese Erscheinungen wirklich in dem Keller seines
Palastes, wohin er sich geflüchtet hat, bevor er sich umbringt.
Der ganze Auftritt bewahrt noch viel von der packenden Kraft
des Vorbildes, obwohl er nach Kräften abgeschwächt ist. Das Verdienst Legouvé's zu erhöhen, wollen einige Kritiker in dem
Bilde Nero's einen Angriff auf Robespierre erblicken. Allein
zur Zeit der ersten Aufführung des Stückes, im Jahr 1793, waren
die Machthaber, obschon tief im Blut, dennoch von der Mehrheit
des Volks getragen und wenn Robespierre nur die leiseste Anspielung auf sich gesehen hätte, wäre der Dichter gewiss nicht
straflos ausgegangen. So aber überlebte er die Schreckenszeit,
wurde 1798 Mitglied der Akademie, machte sich darauf noch als
Lyriker durch sein Gedicht über das Verdienst der Frauen beliebt, und starb, nachdem er noch einen „Eteokles" und „Heinrich IV." verfasst hatte, den 30. August 1812 in einem Irren-
hause.*

Antoine Vincent Arnault gehört durch sein hauptsäch-
lichstes Werk ebenfalls in die Literaturgeschichte der Revolution,
obwohl seine Lebenszeit sich weit über jene Epoche hinaus er-

---

* Sein Sohn ist der heute noch lebende Akademiker E. Legouvé,
der gleich seinem Vater einen besonderen Zug des Sanften, ja Weich-
lichen in seinen Schriften bewahrt.

streckt. Zu Paris im Jahre 1766 geboren, erhielt er im Hofhalt
einer der königlichen Prinzessinnen eine Stelle als Secretär und
kaufte sich später um theures Geld ein Amt bei Monsieur, dem
Grafen von Provence. Als wenige Jahre darauf die Revolution
ausbrach und Monsieur in's Ausland flüchtete, sah sich Arnault seiner Stelle verlustig und widmete sich nun dem Theater.
Im Jahr 1791 erschien sein Schauspiel „Marius in Minturnä", in
welchem er Gelegenheit genug fand, freiheitliche Grundsätze und
Ansichten auszusprechen und sich dadurch bei dem Publicum wegen
seiner Vergangenheit zu rechtfertigen. Marius, der Führer und Held
des Volks, der von den Aristokraten Roms verfolgt wurde, musste
für jene Zeit ein doppelt dankbarer Stoff sein; allein der Dichter
war seiner Aufgabe nicht gewachsen und verdankte den grossen
Beifall, den er ärntete, bei weitem mehr der Politik als dem
poetischen Werth seiner Dichtung. Dies zeigte sich schon bei
seiner „Lucretia", die er folgen liess und welche völlig kalt liess.
Nach der Katastrophe des 10. August 1792 floh er auf einige Zeit
in's Ausland, kam aber bald zurück und schloss sich Napoleon
an, unter dem er zu hohen Aemtern aufstieg. Beim Sturz des
Kaisers war er Rath im Ministerium des öffentlichen Unterrichts
und Generalsecretär der Pariser Universität, wurde aber nach den
hundert Tagen von Ludwig XVIII. auf zwanzig Meilen von
Paris verbannt und ging auf einige Jahre nach Holland. Von seinen dramatischen Dichtungen ist höchstens noch seine letzte,
„Germanicus", zu erwähnen, bei dessen Aufführung 1816 das
Publicum sich in heftigen Demonstrationen für und gegen des
Verfassers politischen Charakter aussprach.* Er kehrte erst 1819
nach Frankreich zurück und starb im Jahre 1834.*
    Wie im Trauerspiel, so hatte der herrschende Geschmack
auch im Lustspiel die Grenzen immer enger gezogen und hatte

---

* Arnault machte sich neben seinen dramatischen Werken auch
durch eine Sammlung von Fabeln bekannt.

10*

selbst hier der Sprache eine conventionelle steife Form gegeben. Auch das Lustspiel vermied die Darstellung allzulebhafter Scenen und begnügte sich mit ihrer Erzählung. Dabei fehlt es oft an Zusammenhang; die Personen der Stücke kommen und gehen, ohne es mit der Begründung ihrer Besuche genau zu nehmen, und da sie fast immer in dem gleichen Versmass, dem Alexandriner, zu reden haben, legt sich über diese Lustspiele eine nicht selten drückende Einförmigkeit. Schon Molière hatte unter diesen Uebelständen gelitten; was er aber durch den Reichthum seines Genies und seiner Laune zu überwinden gewusst hatte, erwies sich für seine Nachfolger in hohem Grad gefährlich. Zwar ist es nicht zu verkennen, dass die französische Lustspieldichtung an mannigfaltigen Talenten überaus reich war und die Fülle der leichten gefälligen Stücke ist überraschend. Allein je weiter die Zeit vorrückt, desto starrer und einförmiger werden sie, bis sie sich zuletzt alle einander ähnlich sehen. Das Lustspiel, als Bild der Gesellschaft, bewies deutlich, dass das französische Bürgerthum im vorigen Jahrhundert lange Zeit ohne wirkliches Leben war, sonst könnte die Komödie nicht so völlig von jeder höheren Frage abgelöst, so fremd jedem politischen oder socialen Interesse gegenüberstehen. Gleichgültig und kleinlich führt sie stets dieselben nichtssagenden Verwickelungen vor, gleich den Seifenblasen der Kinder, die einen Augenblick schimmern und dann in Nichts zergehen. Es sind dieselben Situationen, die in jedem Stücke wiederkehren, dieselben Personen, Schattenspielfiguren ohne Blut und Leben, gutmüthige Onkel, leichtsinnige Neffen, ehrbare Liebhaber und liebenswürdige Wittwen neben frechen Dienern und durchtriebenen Zofen. Es sind eben die Reste der Commedia dell' Arte, jener heiteren italienischen Komödie mit den stehenden Personen eines Tartaglia, Pantalone, Arlequino. Nur selten versucht ein Dichter nach dem Vorbild des „Tartüffe" und des „Misanthrop" ein Charakterlustspiel zu geben, — und selbst in diesem Fall wagt er keinen Griff in die Tiefe der mensch-

lichen Natur, er versucht kleine Bildchen aus dem gewöhnlichsten
Leben in matten Wasserfarben zu malen und zeigt uns so einen
Eingebildeten, einen Unbeständigen, oder wenn es hoch kommt,
einen Eifersüchtigen.

Auch die Revolution änderte nicht viel an diesem Zustand.
Neben den revolutionären Possen und Satiren blieben die kleinen harmlosen Komödien in voller Geltung und das höhere Lustspiel fand keine Stätte. Unter den Dichtern der leichten unpoliti-
schen Gattung sind hauptsächlich zwei anzuführen, Collin
d'Harleville und Fabre d'Eglantine. Denn Andrieux,
der zu jener Zeit allerdings für das Theater thätig war, gehört
doch mehr in die folgende Periode.

Jean François Collin wurde im Jahre 1755 zu Maintenon
in der Nähe von Chartres geboren. Sein Vater war nur mässig
begütert und eine kleine Besitzung gewährte hauptsächlich die
Mittel zum Unterhalt der zahlreichen Familie. Collin verbrachte
hier seine Jugend in der Stille des Landlebens, für welches er
stets eine grosse Vorliebe bewahrte. Seine harmlose Natur vertrug sich schlecht mit der Thätigkeit eines Advocaten, wozu man
ihn bestimmt hatte, und so widmete er sich bald ganz dem
Theater, auf welchem seine]Lustspiele immer willkommene Aufnahme fanden. „Der Unbeständige“ sowie „der Optimist“ sind
hübsche Zeichnungen zweier Charaktere, wenn auch ohne Kunst
der Anlage und ohne spannendes Interesse. Kurz vor der Revolution, im Februar 1789, wurden „die Luftschlösser („les châ-
teaux en Espagne“) von ihm aufgeführt. Es ist dieses Lustspiel
wohl Collin's beste Arbeit. Zwei Väter haben nach der in Frankreich noch heute üblichen Sitte die Abrede getroffen, ihre Kinder
mit einander zu vermählen. Diese haben sich indessen noch nicht
gesehen und der bestimmte Bräutigam möchte seine Braut zuvor kennen lernen, ehe er in die Verbindung einwilligt. Er nimmt
sich vor, unter fremdem Namen in dem Haus seines zukünftigen
Schwiegervaters zu erscheinen. Dieser aber ist von dem Vorhaben

benachrichtigt und empfiehlt deshalb seiner Dienerschaft an, einen Fremden, der bald einsprechen und um kurze Gastfreundschaft bitten werde, aufs Zuvorkommendste zu empfangen. Nun will es der Zufall, dass ein anderer junger Mann, d'Orlange, der sich auf der Reise verirrt hat, eine Viertelstunde vor der Ankunft des Bräutigams zum Schlosse kommt und um ein Asyl bittet. Damit ist eine ergötzliche Verwechslung eingeleitet. Der vermeintliche Bräutigam, d'Orlange, wird dem wirklichen von allen Hausbewohnern vorgezogen: nur die Tochter findet sich in ihrer Erwartung getäuscht und findet den Fremden gesetzter und männlicher als ihren vermeintlichen Zukünftigen. D'Orlange, der Träger des Stückes, ist ein guter Geselle, aber leicht, selbstgefällig und flatterhaft, ein Träumer, der nur in Luftschlössern lebt und in jedem Augenblick neue Pläne entwirft. Jede Veränderung erfüllt ihn mit Entzücken, und kaum hat er den Gedanken einer neuen Thätigkeit gefasst, so sieht er auch schon eine glänzende Zukunft vor seinen träumenden Sinnen aufsteigen. Wie er sich oft plötzlich in diesen Phantasien verliert, ist mit Geschick durchgeführt. Bald sieht er sich als Feldherrn, der den Erdkreis unterjocht, bald als Minister, der die Missbräuche der Verwaltung beschränkt und nur fähigen Männern seine Gnade zuwendet. Als ihm aber zu seinem Erstaunen der Besitzer des Schlosses kurzer Hand mittheilt, dass er seiner Tochter als Bräutigam bestimmt sei, gibt er gern jene anderen Pläne auf und fragt sich schon im Geist, wie er am schnellsten das schwiegerälterliche Schloss umreissen und in neuestem Geschmack wieder errichten könne. Doch auch dieser Traum zerrinnt, denn die Tochter des Hauses mag ihn nicht, wie sie offen erklärt. So ist es gut, dass sich endlich der Irrthum aufklärt und der wahre Bräutigam, der schon sein Spiel verloren glaubte, erkannt wird. D'Orlange tröstet sich rasch; er fasst den Plan, sich in der Nähe anzukaufen und ebenfalls zu heirathen, wobei er sich im Geist schon von einer Schaar blühender Kinder umringt sieht, während wir freilich nicht zweifeln können, dass er auch dieses Luftschloss bald vergessen und seine unstäte Wanderung weiter fortsetzen wird. „Die Luftschlösser" zeigen recht deutlich alle Vorzüge und alle Schwächen Collin's. Fast in allen seinen Lustspielen, deren er zwölf geschrieben hat, ist die Exposition gut und spannend angelegt, während im weiteren Verlauf die Handlung erlahmt, die Intrigue sich abschwächt und das Stück fast auseinander fällt. Der Dialog dagegen bleibt meistens lebhaft, an guten Einfällen nicht arm, der Vers flüssig und so lassen sich seine Stückchen zum Theil heute noch mit Vergnügen lesen.* Seine Gesundheit war immer zart gewesen und er starb an einer Brustkrankheit, den 24. Februar 1806, in noch kräftigem Alter.

Grundverschieden von Collin, in seinen Werken wie in seinem Charakter, erscheint uns Fabre d'Eglantine. Gefiel jener durch die Einfachheit und Klarheit seiner Diction, so stiess dieser an durch die Rauheit und Verworrenheit seines Stils; doch glich er diesen Fehler durch die Anlage seiner Stücke wieder aus, die ungleich besser als die seines Nebenbuhlers gefügt waren. Die beiden Männer boten schon in sich selbst einen auffallenden Gegensatz. War Collin liebenswürdig und sanften Gemüths, so erwies sich Fabre schroff und ungestüm; zeigte sich jener friedliebend und dem öffentlichen Leben abgeneigt, so stürzte sich dieser mit seiner feurigen südlichen Natur kopfüber in die politische Bewegung, sobald dieselbe mit dem Beginn der Revolution allen Bürgern die Betheiligung möglich machte.

Philipp François Nazaire Fabre kam am 28. December 1755 in Carcassonne zur Welt. Sich selbst überlassen, wuchs er ohne Schulbildung heran und konnte auch später diesem Mangel trotz fleissiger Arbeit nie ganz abhelfen. Er empfand dies um so

* Aus Collin's übrigen Lustspielen wären noch etwa „der alte Hagestolz", „Herr von Crac", eine schwache Satire gegen die Aufschneidereien der Gascogner. und vielleicht noch „Malice gegen Malice" hervorzuheben.

schmerzlicher, als der Grundzug seines Wesens Eitelkeit und massloser Ehrgeiz war. In seiner Jugend errang er bei einem dichterischen Wettkampf in Toulouse den Ehrenpreis in Form einer goldenen Rose, einer Eglantine, und fügte dieses Wort seitdem seinem einfachen Namen bei, der dadurch eine volltönendere Gestalt erhielt. Bald genügte ihm seine Heimat nicht mehr, und nach weiterem Ruhm dürstend, stürzte er sich in ein unstätes Leben, in welchem er unaufhörlich die härtesten Kämpfe zu bestehen und die bittersten Enttäuschungen zu kosten hatte. Seine Lehrjahre begann er zunächst als Schauspieler, indem er mit verschiedenen Truppen das Land durchzog, ohne sich geltend machen zu können. So gab er diese Laufbahn auf und ging in seinem dreissigsten Jahre nach Paris, um dort sein Heil zu versuchen, und für die Bühne zu dichten, nachdem er auf derselben sich vergebens versucht hatte. Aber gleich sein erstes Stück fiel durch. Es war ein fünfaktiges Lustspiel, „die Schriftsteller oder der Provinzbewohner in Paris", in welchem er mit mehr Heftigkeit als Takt seinen Unmuth über die Missachtung aussprach, der er sich ausgesetzt glaubte, während doch Leute, denen er sich überlegen fühlte, hochgeehrt und tonangebend dastünden. Sein nächstes Stück, „der Eingebildete" (le présompteux) hatte kein besseres Schicksal und verdiente es auch nicht, während gleichzeitig Collin in seinem Lustspiel „die Luftschlösser" einen ähnlichen Charakter schilderte und grossen Beifall fand. Fabre wurde darüber so erbittert, dass er seinen glücklicheren Collegen von jenem Tage an mit grimmigem Hass verfolgte, und ihn in der Vorrede zu seinem „Philint" in gehässiger Weise kritisirte. Und doch fand er gerade in dem Erfolg dieses dritten Lustspiels, „Molière's Philint" eine Genugthuung, die würdiger war und mit der er sich hätte begnügen sollen. Diese Dichtung, die sich als Fortsetzung des Molière'schen „Mysanthrop" gibt, kam im Jahr 1790 zur ersten Aufführung und gilt bei Vielen nicht nur als Fabre's bestes Werk, sondern überhaupt als das beste

Lustspiel jener ganzen Zeit. Die letzten Verse des Molière'schen Stückes eröffnen den ersten Akt bei Fabre. Es war kein geringes Wagniss und zeugt von des Dichters Selbstgefühl, dass er es unternahm, sich mit dem Lieblingsdichter der Nation zu messen. Allein der Erfolg gab ihm Recht. Ist auch der Charakter Alcest's, des Menschenfeinds, psychologisch nicht so meisterhaft durchgeführt, wie bei Molière, so ist es dem Dichter doch gelungen ein verdienstliches Sitten- und Charaktergemälde zu entwerfen. Philint, der egoistische Mann der Welt, und Alcest, der aufbrausende Sonderling, der trotz seines Menschenhasses mehr Liebe zu den Menschen hat, als alle andern Personen zusammen, sind gut gezeichnet. Die Situationen freilich sind nicht neu und manchmal sehr unwahrscheinlich, der Gang des Gesprächs dagegen lebhaft und spannend.

Keines seiner späteren Stücke, und Fabre schrieb deren in rascher Folge eine ganze Reihe, kam dem „Philint" an Werth und Erfolg annähernd gleich; höchstens dass noch seine „Intrigue in Briefen" (l'intrigue épistolaire) zu erwähnen wäre, eine Art Posse, in der er Verwickelung auf Verwickelung häuft, einen tollen Plan nach dem anderen gelingen lässt und nur auf die Heiterkeit der Zuschauer abzielt. Die Kühnheiten, welche er sich erlaubte, würden heute sehr bescheiden erscheinen, in jener Zeit aber war eine solche Beweglichkeit nur in der wirklichen Volksposse gestattet, und es machte daher Aufsehen, als Fabre sie auch in das Lustspiel einzuführen versuchte.

Neben seiner poetischen Thätigkeit sah sich der heftige Mann auch in die politischen Kämpfe verwickelt, wie schon oben erwähnt wurde. Man sieht es freilich den Lustspielen nicht an, dass ihr Verfasser einer der eifrigsten Förderer des Schreckensystems war. Mit Camille Desmoulins und Danton befreundet, wurde Fabre des Letzteren Secretair im Ministerium der Justiz, Abgeordneter der Stadt Paris im Convent, und als solcher das thätigste Mitglied der Commission für die Abfassung des neuen republikanischen Kalenders. Allein bei all seiner aufreibenden Thätigkeit fehlte ihm die wahre Begeisterung, die allein den Erfolg begründet, die Wärme für die Sache, welche er vertrat. Hingerissen von der Sucht, schnell reich zu werden, scheint er sich in verfehlte Geldspeculationen eingelassen zu haben, so dass ihn seine Gegner, die ihn in den Sturz Danton's mit verwickelten, zwar nicht überführen, aber doch beschuldigen konnten, er habe Rechnungen der indischen Gesellschaft in betrügerischer Absicht gefälscht. Dieserhalb und wegen angeblicher royalistischer Gesinnungen verurtheilt, fiel sein Haupt mit dem seiner Freunde am 5. April 1794. Aber während auf dem Weg zum Schaffot Danton in verachtendem Gleichmuth auf die Menge blickte, Camille voll Verzweiflung um sich schlug, dachte Fabre nur an das Schicksal eines Lustspiels, das er unvollendet zurücklassen musste. Angesichts des Todes suchte der ehrgeizige Mann seinen literarischen Ruhm noch zu erhöhen, und so überzeugt war er von seinem seltenen Talent, dass er während der Fahrt zum Tode seine Manuscripte von dem Karren herab unter die Menge warf, mit der Bitte, das kostbare Werk der Nachwelt zu sichern. Wer aber spricht heute noch von diesen Versen; wie viele wissen überhaupt noch etwas von Fabre selbst?

Achter Abschnitt.

Die beiden Chénier.

In den heiteren zwei Jahrzehnden, welche dem Ausbruch der Revolution vorangingen, und in welchem die Pariser Gesellschaft sich mit sorglosem Gemüth den Freuden der überfeinerten Geselligkeit hingab, bildete das Haus der Madame de Chénier einen der zahlreichen glänzenden Sammelpunkte für die Schöngeister und tonangebenden Männer der Hauptstadt. Madame de Chénier war von Geburt eine Griechin* und hatte sich mit ihrem Gatten, Louis de Chénier, in Constantinopel vermählt, wo derselbe als armer Kaufmann aus dem Süden von Frankreich eingewandert war, sich aber bald aufgeschwungen hatte und wo er zuletzt das Amt eines französischen Generalconsuls bekleidete. Aus der Türkei abberufen und zum Geschäftsträger in Marokko ernannt, liess Louis de Chénier seine Familie in Frankreich zurück, um die Erziehung der Kinder zu erleichtern. Mit ihren vier Söhnen, von welchen André als der Dritte am 30. October 1762, Marie Josef als der jüngste am 11. Februar 1764 geboren war, sowie mit ihrer einzigen Tochter zog Madame de Chénier nach Paris (1773), wo sie bald die Seele eines belebten Kreises wurde. Ihre Anmuth und Lebhaftigkeit, ihre orientalisch-hellenische Natur gaben ihrem ganzen Wesen einen eigenthümlichen Zauber: mit reicher Phantasie begabt, schwungvollen Geistes, war sie dem Vergnügen und vor Allem dem Tanz mit Leidenschaft ergeben; doch liebte sie es eben so sehr, bedeutende Zeitgenossen bei sich zu empfangen und den Freunden des Hauses in ihrem

---

* Mlle. Santi-l'Homaka; ihre Schwester verheirathete sich ebenfalls nach Frankreich und wurde die Grossmutter von Adolf Thiers.

Salon auch geistige Anregung zu bieten. Zu ihren gern gesehenen
Gästen gehörten unter Anderen La voisier, der berühmte Chemiker, der Musiker Lesueur, David, die Dichter Palissot,
Vigée und besonders Lebrun, der wegen seiner schwülstigen
Oden und Rhapsodien unsterblich schien und als zweiter Pindar
gefeiert wurde. Auch Alfieri liess sich während seines Aufenthaltes in Paris bei Madame de Chénier einführen: und wir begreifen leicht, dass ein solcher Verkehr auf die empfängliche Natur der Knaben den grössten Einfluss ausüben musste. André zumal, der geistig begabter als seine Brüder und der Mutter Liebling war, bewahrte noch im späteren Leben, in seinem ganzen
Denken und Dichten, das Gepräge, welches sein jugendliches Gemüth im mütterlichen Haus erhalten hatte, jene glückliche
Mischung heiterer kräftiger Sinnlichkeit, träumerischer Weichheit
und hohen poetischen Ernstes. Von der Mutter lernte André die
schöne Sprache von Hellas, die er mit Entzücken als seine wahre
lebende Muttersprache erfasste: aus der Mutter sehnsüchtigen
Schilderungen des fernen griechischen Landes, das sie oft in
glühenden Farben malte, erwuchs in dem Herzen des Jünglings
jene unvertilgbare Vorliebe für das klassische Alterthum, dessen
Geist ihn zuletzt völlig durchdrang und umformte.

Marie Josef scheint dagegen mehr den Charakter des Vaters
gehabt zu haben, denn trotz seines dichterischen Strebens zeichnete
er sich stets durch kühlen Verstand, durch Zähigkeit in den einmal gefassten Plänen, so wie durch Gewandtheit und Geduld in
seinen Unternehmungen aus, die nur manchmal durch sein über-
grosses Selbstvertrauen und seine Eitelkeit gefährdet wurden.

Mit den Jahren trat der Unterschied in dem Charakter der
Brüder immer deutlicher zu Tage; ohne sich für eine bestimmte
Laufbahn zu entscheiden, lebten sie einige Jahre in voller Freiheit bei ihrer Mutter, und konnten sich ungestört ihren Lieblings-
beschäftigungen widmen. Gleichgesinnte Jugendfreunde schlossen
mit ihnen einen poetischen Bund, dem Lebrun als Gönner und

Haupt vorstand, trotzdem er dreissig Jahre mehr zählte als seine
jungen Freunde. Man dichtete, las einander vor, was man emsig
geschaffen hatte, und die Lobsprüche der kleinen Gemeinde erlaubten einstweilen von dem künftigen Beifall der Welt zu träumen. Aber während André es mit seiner Aufgabe ernst nahm und
sich in strenger Arbeit für die Zukunft vorbereitete, während er
die Dichter und Schriftsteller des Alterthums, die halbvergesse-
nen Meister der altfranzösischen Literatur studirte, und daneben
in die Werke der modernen Philosophen einzudringen suchte, gefiel sich Marie Josef in dem Bewusstsein seines Talentes, und
konnte sich von der Nothwendigkeit, dasselbe zu schulen und zu
formen, zunächst wenigstens nicht überzeugen. Er fand bald in
dem engen Kreis der Freunde kein Genüge mehr und fühlte sich
unwiderstehlich hingezogen, vor die Oeffentlichkeit zu treten.
So arbeitete Marie Josef seit jener Zeit für die Bühne, die seiner
Neigung am meisten entsprach, indessen André in der Stille Elegien und Liebeslieder in antiker Form dichtete und in einem
poetischen Brief an Le b r u n jedes Streben nach Ruhm als thöricht
verwarf. Sein Herz verlange nichts als Liebe und nur die Liebe
habe ihn zum Dichter gemacht.* Aehnliche Gedanken kehren in
den meisten seiner Jugendgedichte wieder, in welchen er eine
Reihe von Schönen, Lykoris, Glycere, Camilla und andere
in feurigen Worten besingt. Man könnte versucht sein, in diesen
frühesten Versen einfache Schulpoesie zu sehen, wenn wir nicht,
neben vielen dem Alterthum entnommenen Stellen, doch auch
die unverkennbare Stimme der wahren Leidenschaft vernähmen
und somit den Schluss ziehen dürften, dass André schon in jun-

---

* Epitres 1. Vers 1 u. f. f.:
„Qu'un autre soit jaloux d'illustrer sa mémoire;
J'ai besoin d'aimer . Qu'ai-je besoin de gloire?
. . . .
L'amour seul dans mon âme a créé le génie.“

gen Jahren in den Wirbel der Pariser Welt mit fortgerissen wurde. Aber er ging nicht darin unter, sondern hatte Kraft genug, immer wieder zu seinen Studien zurückzukehren.

Auf das Andringen des Vaters traten beide Brüder im Jahr 1782 in die Armee ein; A n d r é wurde in die Garnison nach Strassburg, M a r i e J o s e f nach Niort geschickt. So seltsam hatten sich die Verhältnisse damals verschoben, dass die militärische Laufbahn sich am besten mit literarischer Thätigkeit zu vertragen schien, und der Officiersstand gewisse dichterische und ästhetische Bestrebungen begünstigte. In der geschraubten Modepoesie jener Zeit klang es gar verlockend, wenn man sagen konnte, dass die Musen unter dem Zelte des Kriegsgottes eine Zuflucht gefunden hätten.* In Wirklichkeit sahen sich die jungen Leute jedoch bald in ihren Hoffnungen getäuscht. A n d r é gab schon nach sechs Monaten seine Stelle auf und kehrte, an schwerer Nierenkrankheit leidend, nach Paris zurück. Linderung für seine Schmerzen zu suchen, ging er in ein warmes Bad nach Savoyen, und verbrachte dann die Zeit im Hause seiner Mutter zu Passy, bis er kräftig genug war, um in Begleitung einiger Freunde eine Reise durch Italien, Griechenland und Kleinasien anzutreten. Mit entzückter Seele besuchte er die klassischen Stätten, welche er schon durch seine Dichter kannte, mit Jubel begrüsste er Byzanz, wo seine Wiege gestanden, und erfrischt kehrte er nach Frankreich zurück, mit doppelter Liebe zum Alterthum im Herzen, und von nicht geringerer Abneigung gegen die Geschäfte des nüchternen Alltagslebens erfüllt. Ein einfaches aber unabhängiges Leben war sein hauptsächlicher Wunsch. „Als ich noch fast ein Kind war“, sagte er später von sich, „und um mich her blickte, fand ich, dass Geld und Intriguen die einzigen Mittel sind, um zu etwas zu gelangen; so beschloss ich denn schon damals, immer fern von Geschäften, mit meinen Freunden zurückgezogen

---

* So L e b r u n in einem Gedicht an André C h é n i e r.

und unabhängig zu leben, und prüfte nicht, ob die Umstände
mir es jemals gestatten würden."

Auch diesmal trat der Vater seiner Neigung entgegen.
Louis de Chénier hatte im Jahre 1784 seine Stelle in Marokko verloren und lebte seitdem mit den Seinigen bald in Paris,
bald in Passy. Seines Sohnes Leben, das ihm ziellos dünkte, missfiel ihm und er drang so lange in denselben, bis sich dieser entschloss, es mit der diplomatischen Laufbahn zu versuchen. So
ging André im Jahre 1787 als Gesandtschaftsattaché nach London, wo er mit kurzen Unterbrechungen bis zum Jahre 1791
blieb. Aber auch diese Wahl erwies sich als nicht glücklich.
André war nicht zum Diplomaten geschaffen; als er fand, dass
man keine Arbeit von ihm verlangte, verweigerte er die Annahme
seines Gehaltes. Der trübe Himmel des Landes, die kühle Weise
der Bewohner missfielen ihm und er schreckte vor dem geschäfti-
gen Gewühl, dem nur auf Handel und Erwerb gerichteten Treiben der Themsestadt zurück. Selbst die englische Poesie musste
ihn, der seinen Geschmack an den vollendeten Formen der antiken Dichterwerke gebildet hatte, in vielen Punkten verletzen.
Bald erfasste das Heimweh den fünfundzwanzigjährigen Jüngling mit voller Stärke. Schon aus dem ersten Jahr seines Londoner Aufenthaltes stammt die rührende Klage: „Ohne Angehörige, ohne Freunde und Genossen, vergessen auf der Erde und
fern den Meinen, von den Wogen auf die ungesellige Insel verschlagen, kommt mir der süsse Name Frankreichs immer auf
die Lippen. Einsam, vor dem schwarzen Kamin, beklage ich
mein Schicksal. Ich zähle die Augenblicke, ersehne den Tod; und
kein Freund, dessen Wort mich ermuthigen, der sich zu mir
setzen, und beim Anblick meiner thränenfeuchten Züge mich
fragen könnte, was mir fehlt, und die Hand mir drückte!*

In seiner Verzweiflung erhebt er sich oft noch zu wilderem
Ausbruch; denn, von Natur heftig und reizbar, kennt er kein

* Elégies, livre I, 28.

Mass. Er verwünscht „die harte Nothwendigkeit," welche ihn
zwingt, sich einem solchen Sclavenjoch zu fügen, und müde, ein
Knecht zu sein, und die Hefe des bitteren Kelches zu leeren,
den man Leben nennt, müde von den Thoren wegen seiner Armuth verachtet zu werden, blickt er nach dem Grab, als einem
ersehnten Asyl, und lächelt einem baldigen freiwilligen Tod
entgegen. Allein mitten in der wüthenden Verzweiflung hält er
inne: das Bild seiner Eltern, seiner Freunde, seiner Jugend,
der Gedanke an seine noch unvollkommenen Dichtungen hält ihn
zurück. Denn sich selber zu täuschen, verhüllt sich der Mensch
mit trügerischem Schleier; sei er noch so elend und geknechtet,
er klammert sich doch an das Leben, und statt zu sterben, hascht
er nach jedem schwachen Vorwand, der ihm Leben und Leiden
theuer macht. Er hat geduldet und duldet noch: aber in blinder
Hoffnung schleppt er sich von Hoffnung zu Hoffnung bis in's
Grab, und der Tod, das beste Mittel gegen unsere Leiden, erscheint ihm nur als ein neues, ja als das schrecklichste Uebel
von allen.*

Wie anders war der Weg, welchen Marie J o s e f ging.
Zwei Jahre lang hatte er sich im Dienst des Königs versucht, bevor
auch er, gleich A n d r é, seine Officiersstelle aufgab. Während
dieser Zeit hatte er in seinen Mussestunden zwei Stücke für das
Theater geschrieben, die in der herkömmlichen steifen Manier,
in rauher Sprache und hartem Versbau verfasst, bei ihrer ersten
Vorstellung in Paris unbarmherzig ausgepfiffen wurden (1785).
Diese Niederlage entmuthigte ihn indessen keineswegs, und wenn
er sich auch in den nächsten Jahren nicht wieder vorwagte, so
arbeitete er doch unverdrossen, suchte sich die nöthige Technik
der Sprache und Versification anzueignen, und seine Mappe füllte
sich mit Dramen und dramatischen Entwürfen, für die er nur
auf eine günstige Zeit wartete, um sie dem Publikum vorzuführen.
Und diese Zeit kam bald.

---

* Elégies I, 29.

Der Frühling des Jahres 1789 brachte, von Allen vorausgesehen und doch Allen überraschend, die Revolution, welche sowohl von A n d r é als auch von M a r i e J o s e f mit Begeisterung begrüsst wurde. Aber während sich der erstere in London unglücklich fühlte, und sehnsüchtig verlangte, dem Gang der Ereignisse in seinem Vaterland näher zu sein, hatte sich der letztere bereits mit einigen Führern der Volkspartei verbündet und mit ihrer Hülfe die Aufführung eines seiner Trauerspiele durchgesetzt, welches ohne die Revolution kaum jemals über die Bühne hätte gehen können. Es war dies sein bekanntes Stück „Karl IX", von dessen durchgreifendem Erfolg schon früher die Rede war. Obwohl C h é n i e r darin bewies, wie bedeutende Fortschritte er in seiner Kunst gemacht hatte, obwohl die Sprache kräftig, der Dialog lebendig, oft scharf und ergreifend ist, können wir „Karl IX" doch nicht als eine in sich bedeutende Dichtung betrachten. Das Stück sollte ein geschichtliches Trauerspiel sein, ermangelt aber eines jeden historischen Gefühls. Die Darstellung der furchtbaren Begebenheit schrumpft auf das kleinste Mass zusammen, wie denn zum Beispiel die Hugenotten einzig durch Heinrich von Navarra und Coligny repräsentirt werden; statt der bewegten Massen selbst, sind es nur die herkömmlichen Reden und Gegenreden, welche von der Aufregung der Gemüther Kunde geben sollen, ja selbst die Katastrophe wird, den Traditionen der französischen Tragödie getreu, in langer Erzählung berichtet. Der vierte Akt allein erhebt sich zu höherem dramatischen Leben, wenn die Verschworenen zusammentreffen, ihre Schwerter einsegnen lassen, und unter dem feierlichen Klang der Glocken zum Mord davon eilen. Was den Erfolg des Stückes wesentlich begründete, war die Wahl des Stoffes. In jener Zeit, wo man begeistert von dem endgültigen Sturz jeglicher Despotie träumte, musste ein Schauspiel Glück machen, welches die Verbrecherthaten eines Fürsten dem schaudernden Publikum vorführte. Seine Bedeutung lag somit weniger in der Dichtung, als

in den Umständen, in der Politik jener Tage. Die Reden der in
dem Stück auftretenden Personen gefielen um so mehr, je weniger
sie der geschichtlichen Wahrheit entsprachen, und je deutlicher
sie auf die Gegenwart anspielten. In jeder Rolle sah man eine
lebende Persönlichkeit geschildert, und der Dichter hatte dies
wohl auch beabsichtigt. In Karl IX. erkannte man König Ludwig XVI., der zwischen Revolution und Gegenrevolution, wie
jener zwischen Duldung und Mord, unentschlossen hin und her
schwankte. Man dachte an Marie Antoinette, wenn Maria von Me-
dicis ihren Sohn zum Verbrechen reizte und trotzig erklärte, sie
nehme den Hass des Volkes, das man wohl retten, aber verachten
müsse, gern auf sich. Auf ähnliche Weise sah man in der Person
des Cardinals von Lothringen die Geistlichkeit, in dem Herzog
von Guise dagegen den heftigen Grafen Artois, Ludwig des sechzehnten Bruder, dargestellt, während in dem ehrlichen Kanzler
l'Hopital das Bürgerthum, specieller noch Necker, in Heinrich
von Bearn und Coligny der Herzog von Orleans und Lafayette
gefeiert wurden. Dem entsprechend waren die Redensarten, in
welchen sie sich ergingen. Wenn Karl IX. von Menschlichkeit
spricht, und schaudernd an das Blut denkt, mit dem sein Thron
gekittet sei, so sagt der Cardinal kurzer Hand, der König könne,
was er wolle, und Guise deutet warnend auf die Neuerungssucht
hin, welche einem Haufen Rebellen die Kühnheit gebe, gegen den
König aufzutreten. Auf der andern Seite spricht Coligny davon,
dass er den Hof verachte, aber dem Vaterland diene; und wer
unter den Zuhörern konnte sich der Erinnerung an die Zerstörung
der Bastille entziehen, wenn er bei der Schilderung des entsitt-
lichten Hofes die prophetischen Worte hörte, dass einst diese
von Thränen und Blut befeuchteten Mauern, diese Gräber der
Lebenden, diese schaudervollen Kerker unter dem Schlag des
Volks in Staub sinken würden?
    Chénier hatte erreicht, was er so eifrig gewünscht hatte;
er war mit einem Male der volksthümliche Dichter der Revolution

geworden, und er stand auf der Höhe seines Ruhmes, obwohl
' sein Talent sich noch nicht in voller Kraft entwickelt hatte.*
Mit seinen folgenden Dichtungen, „Heinrich VIII." und „Calas",
die er bald darauf mit Talma's Beistand aufführen liess, erzielte er begreiflicher Weise nicht den nämlichen Erfolg. wie
mit „Karl IX.", und sein Ansehen begann bald wieder zu
sinken.

Die Wege der beiden Brüder schieden sich in jener Zeit
immer mehr. André war im Jahr 1790 nach Paris zurückge-
kommen, hatte sich auch in der Gesellschaft der „Freunde der
Constitution" — aus der sich später der Jacobinerclub aus-
schied — aufnehmen lassen, allein er scheute vor dem öffentlichen Leben zurück, und in seiner Hymne auf die Nationalversammlung (le jeu de Paume 1790), die trotz mancher frostigen
Schulausdrücke sein grosses Talent bekundet, sieht er mit ängst-
lichem Blick in die Zukunft. „O mein Volk!" ruft er schon zu
jener Zeit, „fürchte deine gierigen Höflinge! Du hörst auf hunderte
von beredten Henkern, die sich deine Freunde nennen, und das
Feuer der Mordlust in dir entzünden .... Sie füllen die Becher,
die sie uns reichen, mit Blut!" In demselben Jahr veröffentlichte
er in den Memoiren seiner Gesellschaft eine grössere Arbeit
(„avis aux Français sur ses véritables ennemis"), worin er sich
noch entschiedener ausspricht. André zeigte sich in dieser be-
merkenswerthen Schrift als ein Mann von klarem Verstand, und
sicherem politischen Blick, wie man es nach seinen leidenschaftlichen Gedichten kaum erwarten könnte, obwohl er sich stellen-

---

* Gegen „Karl IX" agitirt zu haben, galt mit der Zeit für ein
Verbrechen. Als Marquis Favras, eins der ersten Opfer der Revolution, wegen royalistischer Verschwörung angeklagt war, wurde er unter
Anderem im Verhör befragt, ob er nicht daran gearbeitet habe, das Stück
Chénier's bei seiner dritten Vorstellung zu Fall zu bringen? Favras
antwortete, dass er diese Tragödie, die er für sehr schlecht halte, nie gesehen habe.

11*

weise auch hier von seiner Heftigkeit hinreissen liess. Offen erklärt er sich für einen Freund der Freiheit, der jegliche Despotie,
auch die der Sansculotten, verabscheue. Er beklagt, dass die
Politik zum Spielzeug und Zeitvertreib so vieler unerfahrenen und
leidenschaftlichen Männer geworden sei, sowie dass diese sich
darin gefielen, durch dumpfe Gerüchte die öffentliche Meinung
zu beunruhigen und sie in einer dumpfen erstarrenden Anarchie
zu ermüden. Dies sei die Veranlassung, warum man sich gegenseitig anklage, überall Verschwörungen argwöhne und in Gefahr
sei, sich zu einem jener Kämpfe in der Finsterniss hinreissen
zu lassen, in der man Freund und Feind nicht mehr unterscheide.
Auch er sieht nicht in den Armeen des Auslandes den gefährlichsten Gegner der Freiheit, er findet ihn in dem Innern des
Landes. Die Menschheit, meint er, sei im Begriff ein grosses
Experiment an den Köpfen der Franzosen zu versuchen, und er
fordert alle guten Bürger auf, einen Bund der Abwehr zu schliessen, und, so zu sagen, ein Tugendcomplott zu bilden, um die Gefahr des Vaterlands rechtzeitig zu beschwören.*

André's Schrift machte bedeutendes Aufsehen, so dass
sie als Broschüre neu aufgelegt und selbst in mehrere fremde
Sprachen übersetzt wurde. Von jener Zeit an galt er den Jacobinern für verdächtig, doch achtete er dessen nicht, da er nicht
weiter an den politischen Kämpfen Theil zu nehmen dachte,
nachdem er in jenem Artikel seinem Herzen Luft gemacht hatte
und eine patriotische Pflicht erfüllt zu haben glaubte. Gerne zog

---

* „J'ai de plus goûté", sagt er an einer andern Stelle dieses Auf-
satzes, „quelque joie à mériter l'estime des gens de bien en m'offrant à
la haine et aux injures de cet amas de brouillons corrupteurs que j'ai
démasqués. J'ai cru servir la liberté en la vengeant de leurs louanges.

„Si, comme je l'espère encore, ils succombent sous le poids de la
raison, il sera honorable d'avoir, ne fût-ce qu'un peu, contribué à leur
chûte. S'ils triomphent, ce sont gens par qui il vaut mieux être
pendu que régardé comme ami."

er sich in die Stille zurück, und verbrachte die meiste Zeit in
Passy in glücklicher Musse, mit Studien und dichterischen Arbeiten beschäftigt. Es klingt wie eine sinnige Idylle, wenn er von
seinem stillen Leben in einer seiner Elegien berichtet (I, 19):
„Nur ein König lebt glücklich auf Erden; gesegnet sei dein
Wille, urtiefe Weisheit, die du mich in meinem Asyl zu meinem
Herrn und König gemacht hast"…. „Dort trete ich hinaus,
dichte, lese, weine, arbeite und denke; dort in ungetrübter Ruhe,
sinne ich schweigend nach, was ich eines Tages zu sein gedenke,
und auf meinen Beifall beschränkt säe ich aus, was ich einst
ernten will." An einer andern Stelle (Eleg. I, 4) träumt er vom
Glück der Zukunft, wie er inmitten von Wald und Flur, an dem einsamen Ufer eines Flusses, in bescheidner Hütte wohnen, und fern
von dem Getümmel der Welt, fern von der stolzen Langeweile,
welche jede Grösse umgibt, ein armes aber zufriedenes Leben
führen wolle. Er malt es sich aus, wie schön es sein müsse, an
der Seite einer geliebten Frau, mit Kindern und Freunden zu
leben, mit einem Buch in der Hand umher zu streifen, und des
Friedens zu geniessen, der von keinem bösen Gewissen, keiner
Furcht, keinen Begierden gestört wird. „Arm und unbekannt,
und glücklich darüber, dass dem so war, lebte ich zurückgezogen
dem Studium und der Freundschaft", sagte er später mit sehn-
süchtiger Erinnerung an diese nur zu bald verflogene friedliche Zeit.

Denn wer konnte sich auf die Dauer dem Strudel entziehen,
der Alles umher erfasste: wer konnte nur an Frieden und Ruhe
denken, wenn rings der wildeste Kampf tobte? Auch André
sah sich zuletzt fast gegen seinen Willen fortgerissen, und als er
einmal in dem Strom sich befand, war sein Geschick unabweislich
bestimmt und erfüllte sich mit trauriger Sicherheit. Erst in der
letzten Hälfte des Jahres 1791 konnte er sich entschliessen,
mehr hervorzutreten und dem Journal de Paris sowie dem Moniteur eine Anzahl politischer Aufsätze zu geben, in welchen er

die Grundsätze der gemässigten Partei verfocht. Sein Eifer führte ihn dabei immer weiter, so dass er nach kurzer Zeit im Vordertreffen stand und die Aufmerksamkeit der Gegner neuerdings auf sich zog. Ein an sich unbedeutender Vorfall liess ihn zuletzt jede Vorsicht vergessen. Eine Anzahl Schweizer Soldaten hatte sich im Jahr 1790 in Nancy empört, ihre Officiere getödtet und sich der Kasse bemächtigt. Sie waren darüber zu mehrjähriger Galeerenstrafe verurtheilt worden, sahen sich aber im Frühjahr 1792 durch ein Decret der gesetzgebenden Versammlung begnadigt, die sogar auf den Antrag des berüchtigten Collot d'Herbois einen festlichen Empfang für sie anordnete. André veröffentlichte gegen diesen Beschluss mehrere heftige Artikel, in welchen er besonders gegen die Jacobiner auftrat. Mochte er sich von dem Zorn zu sehr hinreissen lassen, mochte er unklug handeln, so bewies doch jedes Wort, das er sagte, wie wahr und ehrlich er es meinte. Es war das Gefühl der verletzten Gerechtigkeit, das ihn aus seinen Träumen und Liebeständeleien aufrüttelte, und ihm die Waffen in die Hand zwang. An dem Tag, da die begnadigten Soldaten wirklich gleich einer Heldenschaar in Paris empfangen wurden, fand der empörte Publicist auch seine dichterische Kraft wieder, um in dem Journal de Paris eine satyrische Hymne auf die Schweizer vom Regiment Châteauvieux — „jene Lieblinge Robespierre's, jene Soldaten des grossen Collot d'Herbois", zu veröffentlichen.

Sein Angriff machte um so mehr Aufsehen, als Marie Josef Chénier nebst dem berühmten Maler David für den festlichen Empfang sich bemühten, und der Eine ein Gedicht zum Willkomm gefertigt, der Andre die Anordnung der malerischen Gruppirung des Zugs übernommen hatte.

Gelang es auch der Familie, die beiden Brüder, welche eine Zeitlang gereizte Briefe in den Zeitungen wechselten, mit einander zu versöhnen, so vergassen doch die Gewaltigen des Sicherheitsausschusses die Beleidigung nicht, und gedachten, die

scharfe Satire seiner Zeit mit dem Beil zu beantworten. André
wusste dies wohl, aber er berauschte sich förmlich in dem Gefühl der Gefahr, wie ein Biograph treffend von ihm sagt. „Es ist
gut, es ist ehrenswerth, es ist süss“, schreibt er einmal wie
triumphirend, „sich durch Verkündigung der strengen Wahrheit
dem Hass der frechen Despoten auszusetzen, welche die Freiheit
— gerade im Namen der Freiheit — unterdrücken!“

Seine Partei unterlag in den Augusttagen 1792; die Monarchie fiel in Trümmer und Ludwig Capet fand seine Wohnung in den finsteren Gemächern des Temple. Jede royalistische
Kundgebung war fürderhin verboten, jeder Widersacher mit dem
Tode bedroht. Auch André's Name stand auf den Proscriptions-
listen und nach dem Tod des Königs, zu dessen Vertheidigung
er sich erboten hatte, konnte er sich nur dadurch retten, dass
er Paris auf eine Zeitlang verliess. Sein Bruder Marie Josef
miethete in dem verödeten Versailles eine Wohnung für ihn,
um ihn dem Blick seiner Feinde zu entziehen. So kehrte André zu seinen friedlichen Beschäftigungen zurück, und suchte
die Aussenwelt mit ihren Bedrängnissen so viel als möglich
zu vergessen. Mancherlei poetische Arbeiten beschäftigten ihn
und neben kleineren Gedichten dachte er ernstlich an die Aus-
arbeitung mehrerer ausführlichen Dichtungen, deren Plan er
schon lange entworfen hatte. Unter seinen Werken finden wir
eine unvollendete epische Erzählung von der keuschen Susanne,
und Bruchstücke zweier ästhetisch - philosophischen Lehrge-
dichte, „de l'Invention“, worin er seine Ansichten über die
poetische Composition vortrug, und „Hermes“ eine grössere
Arbeit in drei Gesängen, in denen zunächst die Entstehung
der Erde und ihrer Bewohner, sodann der Mensch in seinem
Irrthum und seinem Streben nach Wahrheit und Vollkommen-
heit geschildert werden sollte. Von seiner Arbeit sich zu er-
holen, wanderte André oft nach Lucienne, das auf einem von
Ulmen gekrönten Abhang am Ufer der Seine nicht weit von Ver-

sailles gelegen, ein Zufluchtsort für zwei junge Frauen geworden
war, welche mit ihren Kindern hier in einem Landhaus, fern von
dem Sturm der Hauptstadt, in möglichster Stille zu leben gedachten.* Die jüngere Schwester, welche sich in der Sorge um
ihren abwesenden Gatten und ihre drei kränklichen Kinder ver-
zehrte, ahnte wohl kaum, welches Gefühl sie in dem jungen
phantasievollen Manne wach rief, der fast täglich nach Lucienne
kam, den Freundinnen seine Gedichte vorlas, ihr Urtheil erbat,
und an allen Vorgängen ihres Lebens Theil nahm. Das Buch seiner
Lieder, welches Fanny überschrieben ist, enthält nur wenige Dichtungen, diese aber stehen alle hoch über seinen früheren Liebes-
schwärmereien. Zum ersten Male beugte sich André vor der
Hoheit edler Weiblichkeit, und mit den reinen Empfindungen,
die er nur seinen Liedern anzuvertrauen, nicht aber offen zu gestehen wagte, fand er auch die Reinheit und Natürlichkeit der
Kunst. In der rührenden Klage um das früh verstorbene Kind
der Geliebten findet sich keine Reminiscenz aus den Dichtern
des Alterthums, keine Anrufung einer griechischen Gottheit.
kein Aufwand gelehrten Apparats. „In das Grab, in die Wohnung,
zu der wir alle hinabsteigen werden, und in welche die Mutter
schon sehnsüchtigen Auges blickt", ruft er dem Kind ein letztes
Lebewohl nach, indem er versucht, sich dessen liebreizende
Gestalt noch einmal zu vergegenwärtigen. In einem andern Gedicht klagt er, dass sein Herz durch ein einziges Wort von ihr
tief verwundet worden sei, und dass er im Stillen weine, während er seine Lippen zum Lächeln zwingen müsse. So irrt er,
wie er an einer dritten Stelle sagt, umher gleich dem jungen
Hirsch, der vom tödtlichen Blei getroffen durch die schwei-

---

* Die beiden jungen Frauen waren die Gräfin Hocquart und
Mme Laurent Lecoulteux, Letztere, des Dichters „Fanny", verlor ihre drei
Kinder und starb selbst frühzeitig. Gräfin Hocquart sprach auch in
späteren Jahren nie ohne Rührung von dem Dichter.

gende Oede dahin eilt, am Rand einer klaren Quelle zusammen-
bricht und die letzte Stunde erwartet.*

Doch nicht immer konnte sich A n d r é der Gedanken an die
Politik entschlagen; Paris war zu nahe und bei den Nachrichten
von dem fortwährend steigenden Terrorismus machte sich sein
empörtes Gemüth oft in bitteren Worten Luft. „Zu kriechen ist
der Menschen gemeinsamer Ehrgeiz, ist ihr Vergnügen, ist ihnen
unentbehrlich. Zu sehen, ermüdet ihre Augen; zu urtheilen, ist
ihnen beschwerlich, — mag der Zufall entscheiden! Nur wer die
Macht hat, gilt für gerecht; nicht die Tugend, nur der Erfolg
verleiht Ehre und Ruhm, und das Schwert, das vom Blut der Be-
siegten geröthet ist, ist rein!" So ruft er und fährt noch heftiger
fort: „Feige Herde der Sterblichen! Was kümmert den Weisen
euer Tadel, euer Lob, euer Urtheil, eure Dolche, eure sich über-
stürzenden Leidenschaften? Müssen wir doch Alle sterben! Zu
theuer erkauft erscheinen die wenigen Stunden seines Lebens, die
er sich um den Preis seiner Ehre sichern könnte!" **

In der Aufregung und dem Kampf so vieler widerstreiten-
den Gefühle, der idyllischen Schwärmerei und des politischen
Hasses verlebte er unbemerkt einige Monate, bis er sich wieder
sicher glaubte und nach Paris zurückkehrte, ohne jedoch an der
Politik thätigen Antheil zu nehmen. Trotzdem konnte er dem
drohenden Schicksal nicht entgehen. Als er zufällig bei einem
Freund in Passy einen Besuch abstattete, erschien daselbst unver-
muthet ein Polizei - Commissär, um eine Haussuchung vorzu-
nehmen. A n d r é erschien verdächtig, wurde ohne Weiteres verhaftet und in das Gefängniss, erst des Luxembourg, dann von
Saint-Lazare abgeführt. Fast gleichzeitig war einer seiner älteren
Brüder, Sauveur C h é n i e r, als Gefangener in die Conciergerie
gebracht worden.

---

* Fanny, V.
** Hymnes et odes V.

Man hat M a r i e J o s e f später heftige Vorwürfe gemacht,
dass er für seine Brüder nichts gethan habe, obgleich er in der
Partei der Terroristen so einflussreich gewesen wäre. Allein diese
Beschuldigung erweist sich als unbegründet, da es sich heraus-
stellt, dass M a r i e J o s e f selbst sehr bedroht war. Obwohl exal-
tirten Sinnes, hatte er schon 1792 durch ein Wort in seinem
Trauerspiel „Cajus Gracchus“ das Uebelwollen der Jacobiner erregt. „Gesetze — aber kein Blut!“ ruft dort Gracchus mahnend
aus,* und es war darüber zu einer lärmenden Scene im Theater
gekommen, als ein Conventsmitglied aus seiner Loge herab diese
Worte als verrätherisch bezeichnete, da man wohl Blut, aber keine
Gesetze brauche. In dem Process des Königs hatte C h é n i e r
allerdings, von R o b e s p i e r r e eingeschüchtert, gleich vielen
Andern für den Tod gestimmt; aber entgegen dem Dictator, der
seine Abstimmung mit den finstern Worten einleitete, dass er
in so klaren Fällen die langen Reden nicht liebe, entgegen dem
Eifer C a m i l l e D e s m o u l i n's, der an seines Collegen M a n u e l
Ausspruch erinnerte, ein König weniger sei noch kein Mensch
weniger, hatte er sich im Princip gegen jede Todesstrafe ausgesprochen und erklärt, dass ihn nur die klaren Bestimmungen des
Gesetzes bewegen könnten, für den Tod zu stimmen. Wenige
Tage nachher liess er eine neue Dichtung „Fénélon“ aufführen,
die hauptsächlich gegen die religiöse Intoleranz gerichtet war,
und obwohl sie von freiheitlichen Aussprüchen strotzte, schon aus
dem Grunde unliebsam erschien, weil ein Priester der Held des
Stückes war, und die Lehren der Menschlichkeit darin verkündete.
Als dann im März 1793 ein Gesetz über die Broschüren berathen
wurde, hatte C h é n i e r einen Zusatz beantragt, wonach Jeder, der
zum Mord eines Mitbürgers auffordere, mit dem Tod bestraft
werden solle und darüber mit M a r a t eine Lanze gebrochen. Er
hatte noch mehr gewagt, indem er sich weigerte, als Blutcom-

---

* Zweite Scene des zweiten Aufzugs.

missär in das südliche Frankreich zu gehen; ja als es sich später
darum handelte, die Leiche des ermordeten M a r a t an M i r a-
b e a u 's Stelle im Pantheon beizusetzen und M a r i e J o s e f absichtlich mit der Berichterstattung über diesen Vorschlag beauftragt
worden war, hatte dieser in seiner Rede nur von M i r a b e a u und
seinem Genie gesprochen, dessen letzte politische Wendung be-
dauert, des zu feiernden M a r a t aber mit keinem Worte gedacht,
sondern ihn nur in dem Entwurf des Decretes am Schluss genannt.
Diese indirecte Verurtheilung hatte den Berg so sehr erbittert, dass
er ein neues Trauerspiel des Dichters, „Timoleon", vor der Aufführung durch den Sicherheitsausschuss verbieten und alle Ab-
schriften deren man habhaft werden konnte, verbrennen liess.
Gerade in jenen Tagen wurden seine Brüder verhaftet, und er
hatte keine Macht mehr, sie zu befreien. Wich man doch auch
ihm aus, als einem Verurtheilten, dessen Gruss compromittiren
könnte, und jeden Abend wechselte er die Wohnung, weil er
während der Nacht verhaftet zu werden fürchtete. Das Einzige,
was er für seine Brüder erreichen konnte, war die Begünstigung,
dass man die Acten derselben bei Seite legte. Vergessen zu werden
war damals die sicherste Gewähr des Lebens.

In dem Gefängniss von Saint-Lazare herrschte ein eigenthümliches Leben. A n d r é fand dort die feine Gesellschaft wieder,
die er in früheren glücklicheren Tagen gekannt hatte. Da waren
die M o n t a l e m b e r t, M o n t m o r e n c y, N o a i l l e s, R o h a n,
Broglie, V e r g e n n e s die Vertreter der höchsten Aristokratie; da
fanden sich seine Freunde T r u d a i n e, mit denen er die Reise in
das Morgenland gemacht hatte, und mit denen er sich nun in den
alten Erinnerungen ergehen konnte; da waren feine Damen,
welche die Illusion eines freien geselligen Verkehrs im Kerker
aufrecht erhielten. Alfred de V i g n y hat in seinem „Stello" ein
rührendes Bild von dem Leben dieser Gefangenen und besonders
von A n d r é 's letzten Lebenstagen gezeichnet. Die Liebe, die ihm
darin zugeschrieben wird, beseelte ihn wirklich, nur war der Ge-

genstand seiner Phantasie nicht die von V i g n y genannte Marquise, sondern eine junge Mitgefangene, Mademoiselle Aimée de Coigny war es, die ihn durch ihre Jugend, ihre Anmuth, ihre Lebenslust und ihre Angst zu tiefstem Mitgefühl hinriss. Hätte A n d r é keine andere Dichtung aufzuweisen, als seine Strophen „die junge Gefangene", er hätte vollen Anspruch auf Dichterruhm, denn es ist dies eins der schönsten Gedichte der französischen Literatur, innig, einfach und ungekünstelt, harmonisch und in echter wahrer Stimmung. Die junge Gefangene klagt, dass die Sichel doch das Korn verschone, so lange es heranreife, dass die Traube sich ungefährdet während des Sommers der warmen Sonne erfreuen dürfe und sie, — die jung und schön wie jene, — nein, auch sie wolle noch nicht sterben. „Mögen vertrocknete Egoisten den Tod begrüssen", so klingt ihr verzweifelter Ruf, „für mich, die Gefangene, hat das Leben noch Reiz; und wenn es bittere Tage gibt, so kommen auch andere, die unendlich süss sind. Noch verlässt mich die Hoffnung nicht; auch die Nachtigall entrinnt zuweilen dem Netz des Vogelstellers und jubelt dann lauter und fröhlicher!" . . . . „Ich will noch nicht sterben!" wiederholt die Arme, indem sie sich ängstlich an das Leben anklammert, und der Dichter kleidet ihre unschuldigen Klagen in seine zartesten Weisen.

Wir haben indessen schon gesehen, dass A n d r é sich fast gleichzeitig neben den Regungen des zartesten Gefühls einem unbändigen Hass hingeben konnte und diese Doppelnatur behielt er auch im Angesicht des Todes. Die letzten Strophen, die er in Saint-Lazare gedichtet, sind allgemein bekannt. Wie der Abend eines schönen Tages sich noch einmal im letzten Strahl der Sonne verklärt, wie ein sanfter Windhauch ihn noch einmal belebt, so lässt auch er noch einmal am Fuss des Schaffots seine Leier ertönen. Vielleicht trifft auch ihn bald die Reihe; vielleicht hat sich sein Auge zum ewigen Schlaf geschlossen, bevor nur der Zeiger der Uhr seinen Kreislauf vollendet. Bevor er nur sein Lied ge-

endigt, ruft vielleicht der Todesbote seinen Namen durch die langen finsteren Gänge. — — Der Dichter bricht hier ab und eine
Lücke bietet sich in dem Gedanken. Dann fährt er in finsterer
Verzweiflung fort und klagt über seinen unvermeidlichen Untergang und die Gleichgültigkeit der Menschen. „Machen wir uns
vertraut mit dem Gedanken, vergessen zu werden!, Alles ist ja
Vernichtung!" Selbst die Freunde hätten vielleicht mehr thun
können und in dem wilden Ruf, den er an sie richtet: „Ihr habt
ein Recht zu leben, lebt und seid zufrieden!" liegt etwas wie ein
Vorwurf über ihre Schwäche. Doch nur einen Augenblick gibt er
diesem Gedanken nach. Dann mildert er sich; vielleicht trifft ihn
jetzt die Vergeltung, dass er selbst in glücklicheren Tagen theilnahmlos auf die Thränen der Unglücklichen geblickt hat, und er
setzt weicher hinzu: „Lebt, ihr Freunde, lebt in Frieden!"

Doch nicht an sich allein denkt der Dichter; auch die Zukunft seines Landes macht ihm Sorgen. Was wird künftig noch
dem Leben seinen Werth geben, wenn die bleiche Furcht zum Gott
der Welt, wenn Verzweiflung und die Tyrannei des Schwertes zu
herrschenden Mächten geworden sind? O, dass er noch leben
dürfte! dass die Göttin der Gerechtigkeit und Wahrheit ihn retten
wollte, um für sie zu kämpfen! „Aber sterben zu müssen, ohne
den Köcher zu leeren! ohne jene gesetzschmierenden Henker zu
durchbohren, zu zertreten, in ihrem Schlamm einzustampfen! jene
schamlosen Tyrannen des geknechteten, gemordeten Frankreich!"*
.... „doch halt! unterdrücke deine Klagen! dulde, o Herz, das
von Hass geschwellt, nach Gerechtigkeit schmachtet; und du,
o Tugend, weine, wenn ich sterbe!"

---

* St. Lazare IV, 79:
    Mourir sans vider mon carquois!
    Sans percer, sans fouler, sans pétrir dans la fange
    Les bourreaux barbouilleurs de lois!..
Es liegt eine ausserordentliche Kraft und Bewegung in diesen
Worten, weshalb wir sie hier mittheilen wollen.

Ein Leidensgeführte des Dichters, der Maler S u v é e, der ebenfalls in Saint-Lazare eingeschlossen war, verewigte A n d r é's Züge noch in den letzten Tagen. Mit etwas breitem Gesicht, dunkelbraunem leicht gelocktem Haar, hoher kahler Stirne, graublauen kleinen aber feurigen Augen, war A u d r é nach dem Zeugniss seiner Zeitgenossen zwar unschön, allein sein Gesicht hatte etwas ungemein Gewinnendes, geistig Belebtes, sobald er sich angeregt fühlte.

Der Sturz R o b e s p i e r r e's war nahe und eine Frist von wenigen Tagen hätte den Gefangenen gerettet. Leider beschleunigte der Vater seines Sohnes Schicksal. In tödtlicher Angst um ihn, und auf die Gerechtigkeit seiner Sache bauend, reichte er ein Gesuch um Freilassung bei der Kammer des Revolutionstribunals ein, welche über die Rechtmässigkeit der Verhaftungen zu entscheiden hatte und eilte, als er hier keine Antwort erhielt, zu B a r r è r e. Dieser gab eine ausweichende Antwort und an demselben Tag erfolgte der Befehl an den öffentlichen Ankläger, C h é n i e r's Process zu beschleunigen. Ein solcher Wink war so gut wie ein Todesurtheil. F o u q u i e r - T i n v i l l e, der berüchtigte Ankläger, war in seiner Arbeit so eilig, dass er A n d r é Anfangs mit seinem Bruder S a u v e u r verwechselte, und dem Einen die Handlungen des Andern zur Last legte. Am Abend des 6. Thermidor wurde A n d r é aus Saint-Lazare in die Conciergerie gebracht und den folgenden Morgen vor Gericht gestellt, wobei ihm sein Gedicht gegen die Schweizer Soldaten vom Regiment Châteauvieux zum Hauptverbrechen gemacht wurde. Da A n d r é es verschmähte, sich zu vertheidigen, wurde er kurzer Hand zum Tode verurtheilt und starb noch an demselben Tage, den 25. Juli 1794, im zweiunddreissigsten Jahre seines Lebens. Auf der schweren Fahrt zum Tod begleiteten ihn noch viele andere Verurtheilte, darunter M o n t a l e m b e r t, M o n t m o r e n c y, Baron T r e n k und R o u c h e r, der sich in früheren Jahren durch sein beschreibendes Gedicht „die Monate" bekannt gemacht hatte. Der Letztere sass an

Chénier's Seite und sie beklagten jeder des Andern Schicksal.
Roucher bedauerte seinen jungen Freund, dass er, der so reich
an Geist, so früh schon sterben müsse, worauf André ablehnend
antwortete, dann aber an die Stirne schlug und in die bekannten
Worte ausbrach: „Pourtant j'avais quelque chose là!" Man erzählt ferner, dass die beiden Dichter sich noch einmal in die
Poesie versenkt, und um sich selbst zu vergessen, die schöne An-
fangsscene von Racine's Andromache im Wechselgespräch vorgetragen hätten, bis der Karren am Fuss des Schaffots gehalten
habe.

Am nächsten Tag, dem 8. Thermidor, starben André's
Freunde, die Brüder Trudaine und am 9. fiel Robespierre
selbst.

Der Vater erfuhr seines Sohnes Tod erst durch die öffentlichen Blätter. Die Nachricht war für den greisen Mann so furchtbar, dass er selbst einige Monate später, von Kummer verzehrt.
in das Grab sank.

André hatte von seinen Dichtungen fast nichts veröffentlicht. Seine Papiere kamen in die Hand seines Bruders Marie
Josef, der sie bis zu seinem Tode bewahrte, aber nur Einzelnes
drucken liess. Erst im Jahre 1819 erfolgte die erste Herausgabe
der sämmtlichen Gedichte, die zu keiner günstigeren Zeit hätte
unternommen werden können. Die neue Dichterschule, die sich
damals mächtig erhob, begrüsste in ihm einen der Ihrigen, und
verklärte die Erinnerung an den Sohn eines vergangenen Jahrhunderts mit dem unverwelklichen Ruhm, den er sich während
seines Lebens so sehnlichst gewünscht hatte.

Anders gestalteten sich die Schicksale Marie Josefs. Durch
den Sturz des Schreckenssystems sah sich dieser gerettet und
nahm noch einige Jahre lang thätigen Antheil an der Politik. Er
begrüsste Bonaparte's aufsteigendes Gestirn mit Begeisterung
und soll selbst dem Staatsstreich des achtzehnten Brumaire nicht
fremd gewesen sein, allein er zog sich von dem General zurück.

sobald dieser offener mit seinen Absichten hervortrat. Dafür wurde
er im Jahre 1802 mit neunzehn Collegen aus dem Tribunat,
jenem letzten Scheinbild einer parlamentarischen Versammlung,
ausgestossen, und die gehässigen Angriffe und Verleumdungen,
denen er schon vorher ausgesetzt gewesen war, wurden nun immer
häufiger. Allerdings hatte Chénier sie durch sein allzugrosses
Selbstgefühl, sein barsches Wesen, seinen schneidenden Witz zum
Theil verschuldet; allein der Kampf, in dem er sich nach allen
Seiten hin zu wehren hatte, galt doch mehr dem Haupt der ratio-
nalistischen und revolutionären Literatur, als welcher er angesehen wurde. Die Reaction gegen den Geist des achtzehnten Jahrhunderts zeigte sich schon mächtig und gewann unter dem Beistand der ehrgeizigen Partei des Consuls überraschend schnell an
Boden. Am bittersten waren die Vorwürfe, die ihn wegen der
endlichen Aufführung seines „Timoleon" trafen. Der Zufall hatte
eine Abschrift des Stückes in dem Besitz einer Schauspielerin erhalten und Chénier hatte sich beeilt, dasselbe aufs Neue dem
Theater anzubieten, sobald die Zeiten es gestatteten. Timoleon, der
patriotische Held von Korinth, lässt darin seinen ehrgeizigen Bruder
der nach der Krone strebt, tödten, um die Freiheit seines Vaterlandes zu retten und dieser Umstand genügte, um die Erinnerung an
André's Hinrichtung wachzurufen. Die Aufführung des „Timoleon" war vielleicht ein arger Fehler von Seiten Chénier's, eine
Taktlosigkeit, die in der übertriebenen Ansicht von dem Werth
seines Stückes begründet war. Allein er verdiente jedenfalls die
furchtbaren Anklagen nicht, die man gegen ihn schleuderte. Obschon „Timoleon" lange vor der Hinrichtung André's gedichtet
war, wollte man darin jetzt eine nachträgliche Rechtfertigung des
Verfassers sehen, dass er aus Patriotismus ,nichts für seinen bedrohten Bruder gethan habe; ja man ging so weit, ihm geradezu
die Schuld an dessen Tode zuzuschreiben. Von diesen boshaften
Angriffen gereizt und aufs höchste erbittert antwortete Chénier
endlich mit seinen Satiren, in welchen er sich seinen Gegnern an

geistiger Kraft bei Weitem überlegen erwies und eine ganz neue, unerwartete Seite seines Talentes zeigte. Seine Feinde waren es, die ihm die Gattung der Poesie aufdrangen, in welcher er sich am meisten auszeichnen konnte. Schon 1795 hatte er auf ihre Angriffe mit seinem satirischen Gedicht „die Verleumdung" geantwortet, 1798 erschien sein „Gespräch Ludwigs XVIII. mit Pius VI.", * das gegen Legitimisten und Ultramontane gerichtet war, und später nicht, mehr abgedruckt werden durfte. Fast noch schärfer erhob er sich in der Satire „die Neuen Heiligen", (1802) gegen die frömmelnde Richtung der Zeit, besonders auf dem Gebiet der Literatur. Es war die Zeit, in der Châteaubriand mit seinem „Geist des Christenthums" zu höchstem Ansehen aufstieg und die Rückkehr der Bourbonen vorbereiten wollte;** der reissende Absatz jedoch, den Chénier's Satiren fanden, bewies, dass der skeptische Geist in Frankreich noch nicht erstorben war und die „Neuen Heiligen" erlebten im Verlauf weniger Wochen mehrere Auflagen.

Ein einziges Mal liess sich Chénier verleiten, in seiner Opposition nachzugeben, wofür er schwer zu büssen hatte. In den bedrängten Verhältnissen, in welchen er lebte, fand ihn Fouché im Jahr 1804, als es galt, die Stimmung des Volks für die Errichtung des Kaiserreichs zu erwärmen. Der schlaue Minister stellte dem Dichter einen Sitz im Senat in Aussicht, wenn er der Bühne ein neues machtvolles Stück, etwa einen „Cyrus" bieten wolle. Chénier hatte sich seit zehn Jahren, — seit „Timoleon" — von dem Theater fern gehalten, ging aber mit Eifer auf den ihm vorgelegten Plan ein und zeichnete in seinem „Cyrus" einen glücklichen Emporkömmling, der vom Volk als Erretter begrüsst und mit der Krone geschmückt wird. So weit konnte Napoleon zufrieden sein, allein, was er hauptsächlich erwartete,

* „La conférence de Pie VI."

** Atala erschien 1801; le génie du christianisme im Jahre 1802.

derbe Schmeicheleien, Huldigungen und Anspielungen, die
auch der einfachste Verstand begreifen könnte, fehlten völlig.
Statt dessen erlaubte sich der Dichter Rathschläge und war-
nende Lehren, welche an die höchste Adresse gerichtet schienen.*
Napoleon empfand dies als eine Beleidigung, und das Stück
fiel unter dem Murren der Höflinge wie der ebenfalls erzürnten
Republikaner.

Chénier fühlte, dass er eine Scharte auszuwetzen hatte,
und versuchte dies mit einer neuen Tragödie „Tiber", welche in
Bezug auf Composition und Charakteristik jedenfalls sein bestes
dramatisches Werk war. Allein diesmal gestattete Napoleon
nicht einmal die Aufführung. Er hatte sich das Stück von Talma
vorlesen lassen, und Verse, wie den, dass jeder unumschränkte
Herrscher, um nicht zu stürzen, alle Talente seiner Zeit entweder
demoralisiren oder verderben müsse,** nahm er als offenen Angriff gegen sich auf. Aber einmal wieder auf den Kampfplatz zurückgekehrt, kannte Marie Josef keine Vorsicht mehr, so wenig
wie seiner Zeit André sich zu mässigen gewusst hatte. In
dieser ungestümen Weise glichen sich die beiden sonst so

---

* In der zweiten Scene des vierten Actes hiess es:
Un héros dans ces lieux nous fut promis à tous;
Leur joug (das der früheren Könige) avilissait ce peuple généreux.
Il fallait un héros qui vint régner pour eux
Et qui punissant leur puissance flétrie
Rajeunit les destinées de l'antique Assyrie
Diese Verse sprechen deutlich genug. Aber Napoleon musste schon
sehr empfindlich sein, wenn ihm die folgenden Zeilen missfielen:
Qu'en s'appuyant sur le peuple il lui serve d'appui
Qu'il règne par la loi, qu'elle règne sur lui!

oder: En bornant le pouvoir vous le rendrez durable. (acte V, sc. 4.)

** Tibère, acte III, 2me scène:
Mais tout prince absolu, s'il ne veut s'affaiblir,
Doit punir les talents qu'il ne peut avilir. (Worte Tiber's.)

verschiedenen Brüder. Hatte sich André darin gefallen, die
Jacobiner zu reizen, so wagte Marie Josef, dem Kaiser entgegenzutreten. In einer längeren „Epistel an Voltaire". einem
Meisterwerk in seiner Gattung, unternahm Chénier nicht allein
die Vertheidigung Voltaire's, gegen den damals die ganze
Meute schmeichelnder und höfischer Kritiker losgelassen wurde,
er lobte auch Friedrich den Grossen, weil er das Blut seiner
Krieger geschont habe, und pries Tacitus, dessen Name allein
die Tyrannen erblassen mache. Nun war bekannt, dass Napoleon
das Leben seiner Soldaten nicht hoch anschlug, sowie dass er
die Schriften des römischen Historikers gründlich hasste, und so
genügten diese Anspielungen, den allmächtigen Kaiser in Wuth
zu bringen. Auf seinen Befehl wurde Chénier seines letzten
Amtes entsetzt,* und dadurch mit seiner Mutter, die bei ihm
wohnte. dem Elend preisgegeben. In seiner Gesundheit zerrüttet,
ohne Kraft zu anhaltender Arbeit, wandte er sich nun brieflich
an Napoleon, und versprach künftighin zu schweigen. Darauf
hin erhielt er eine Pension von achttausend Franken, mit der er
noch einige Jahre, stets leidend, aber stets mit dichterischen
Arbeiten beschäftigt, verlebte. Diese letzteren wurden, sammt
„Tiber" erst nach seinem Tode veröffentlicht. In der letzten Zeit
noch entwarf er im Auftrag der Akademie, deren Mitglied er
war, einen Abriss der französischen Literaturgeschichte seiner
Epoche, in welcher er seine Zeitgenossen, obwohl sie zum grossen
Theil seine Gegner gewesen waren, mit anerkennenswerther Unparteilichkeit besprach und sich nur gegen Châteaubriand und
seine Richtung nachdrücklich erklärte. Er starb am 10. Januar
1811, von Krankheit erschöpft und vor der Zeit gealtert, im
sieben und vierzigsten Jahre seines Lebens. vielleicht gerade
recht, um nicht bei der bald darauf erfolgenden Wiederkehr der
Bourbonen geächtet und in das Elend der Verbannung gestossen
zu werden.

---

* Er war inspecteur des écoles gewesen.

12*

Fragen wir zum Schluss nach der dichterischen Bedeutung
der beiden Brüder, und nach der Stellung, welche sie in der
Literatur ihres Landes einnehmen, so sehen wir alsbald, dass wir
es mit zwei scharf ausgeprägten Charakteren zu thun haben, die
sich auf das Bestimmteste von ihren Zeitgenossen unterscheiden
und ihre eigene Individualität besitzen.

Dies gilt besonders von André Chénier, welcher, als
einer der bedeutendsten Lyriker Frankreichs, alle Saiten des
menschlichen Gemüths anzuschlagen verstand. Ebenso rührend
in dem Ausdruck der tiefsten Herzensregungen als kräftig in dem
Zorn geisselnder Strafgedichte, erscheint er uns zugleich als
Dichter der Liebe, der sinnigen Träumerei, und als der schlach-
tenfrohe Sänger einer kampflustigen Partei, welche entschlossen
ist, zu siegen oder zu sterben. Es ist wunderbar, wie André
in dem Zeitalter der conventionellsten und trockensten Lyrik,
unter dem directen Einfluss eines Lebrun-Pindar, seine Natürlichkeit und Wahrheit behaupten konnte. Aber freilich, ihn schützte
eine höhere Macht, denn die attische Muse hatte ihm freundlich
in die Wiege zugelächelt, und er blieb sein Leben lang ein Sohn
des griechischen Alterthums, nicht allein in seiner ästhetischen
Vorliebe für dessen reine harmonische Schöpfungen auf dem
Gebiet der Kunst und Poesie, nicht allein in seinen Gesängen
und Schriften, sondern auch in seinem Leben, seinen Ueberzeugun-
gen, seiner Philosophie. War er doch auch darin ein ächter Heide,
dass er von Herzen lieben und mit ganzer Seele hassen konnte;
ein Heide, der den alten Dienst der olympischen Götter, wenn
auch in seiner dichterisch-philosophischen Weise, willig aner-
kannt haben würde, dem aber das Christenthum mit seinen Bestrebungen und Forderungen völlig fremd war. Wenn es ihm
vergönnt gewesen wäre, um dreiundzwanzig Jahrhunderte zurück
in das Land seiner mütterlichen Ahnen, in das Strassengewühl
Athens sich versetzt zu sehen, er wäre ein vertrauter Freund des
leichtgesinnten Alcibiades und ein begeisterter Schüler des weisen

Sokrates geworden; während er, in die moderne Zeit verschlagen, sich überall fremd fühlte und den Ansprüchen und Lehren des ihn umgebenden Lebens gegenüber sich oft abwehrend verhielt. Auch in der Stunde des Todes verläugnete er diesen Geist nicht, denn keine Zeile seiner letzten Gedichte lässt vermuthen, dass er an eine Fortdauer der Seele geglaubt habe, und stoischen Sinnes stieg er zur Unterwelt hinab. Gerade diese Abneigung gegen jede religiöse Schwärmerei unterschied ihn wesentlich von den romantischen Dichtern der zwanziger Jahre, einem Lamartine und Anderen, mit deren Werken die seinigen gleichzeitig bekannt wurden.

Aus dem Umstand dass André seine Gedichte nicht selbst veröffentlichte, ersehen wir, wie wenig ihm seine Leistungen genügten. Spricht er doch selbst einmal von seinen „unvollkommenen Dichtungen", die ihm am Herzen lägen. Wie ernst er es mit seinen Werken nahm, zeigt die mühsame Arbeit, der er sich unterzog, die ängstliche Gewissenhaftigkeit, mit der er jeden Vers feilte, und die ihn oft seine Gedanken in Prosa habe niederschreiben lassen, bevor er sie in Poesie verwandelt habe. Es gilt dies besonders von seinen Uebersetzungen und Nachahmungen der Alten, die in der Form oft sehr gelungen und gefälligen Inhalts, doch dem Dichter in seiner Entwickelung hätten gefährlich werden können, ja ihn hin und wieder schon manierirt gemacht hatten. Zum Glück schöpfte er seine Kenntniss des Alterthums und sein mythologisches Wissen an der echten Quelle, und überkam es nicht erst durch das entstellende Medium früherer Gelehrten und Dichter. So gelang es ihm immer wieder, auch in dieser fremdartigen Welt die Stimme der reinen Natur hören zu lassen. Zu den schönsten Gedichten dieser Gattung gehört die Elegie „der junge Kranke", welche uns einen Jüngling zeigt der, an Liebesgram siechend, sein Leid nicht gestehen will. Vergebens befragt ihn seine alte untröstliche Mutter; er schweigt hartnäckig, bis seine Fieberphantasien das Geheimniss seines Herzens verrathen. Da eilt

die Alte zu dem Mädchen, und kommt Hand in Hand mit
ihr zurück. „Du leidest", sagt die erröthende Braut, „und man
sagt, ich könne dir die Gesundheit wieder geben. Lebe und für-
der seien unsere beiden Familien zu einer einzigen verschmolzen,
auf dass mein Vater einen Sohn, deine Mutter eine Tochter habe."
In seiner rührenden Einfachheit ist das Gedicht eine wahre Perle
der Poesie, ähnlich der zweiten kürzeren Elegie auf den Tod einer
jungen Tarentinerin, die zur Hochzeit mit dem harrenden Geliebten über das Meer fuhr, einsam an den Bord des Schiffes gelehnt
betend zu den Sternen aufblickte, dabei aber von dem Wind er-
fasst und in die wogende See hinabgeschleudert wurde. André's
poetische Erzählungen, seine Elegien und Idyllen sind fast alle
in diesem Geist verfasst. Wie er strebte, dieser letzteren Gattung
einen höheren Gehalt zu geben, als sie gewöhnlich besassen, zeigt
besonders seine Idylle „die Freiheit", in welcher er einen freien
Hirten einem finsterbrütenden Schäfer gegenüberstellt, der eines
strengen Herren Sclave ist. Trotz des verfehlten Rahmens, in
welchem das Bild der jeden menschlichen Werth vernichtenden
Sclaverei geboten wird, hat dieses Gedicht doch wahrhaft über-
wältigende, hinreissende Stellen, welche an sich genügen würden,
die poetische Schöpferkraft des Dichters zu beweisen. Und doch
scheint er kaum zu ahnen, dass er um so grösser wird, je mehr er
sich von seinen Vorbildern lossagt und seine eigenen Wege geht.
Nein, trotz seiner Sehnsucht nach der classischen Zeit, trotz seiner
Bewunderung für die Welt des Alterthums, ist er doch kein
Hellene, kein Geistesgenosse des Archilochos oder des Theokrit;
er erwacht aus seinem Traum, sieht sich Franzose, ein Kind
seiner Zeit, und indem er nun die Leidenschaften, die Gefühle,
die Ideen seines eigenen grossen Jahrhundertes durch die Kunst
seiner Dichtung verschönt, wird er zum grossen nationalen Dichter seines Volkes. Jetzt erst hat er seine wahre, ihm völlig ange-
messene Weise gefunden; selbst seine Verskunst wird feiner, sein
Rhythmus freier, und so sehen wir in ihm den Vorläufer und

Verkünder einer Dichterschule, die sich erst ein Menschenalter
nach ihm erheben sollte.

Einseitiger und von Natur kälter, als sein Bruder, fühlte
sich Marie J os ef weniger zur lyrischen Poesie geeignet, und
die wenigen Versuche, die wir auf diesem Gebiet von ihm besitzen, sind in der That sehr schwach. Seine Eigenthümlichkeit
wies ihn zur Bühne, wo er für seinen Ehrgeiz Befriedigung er-
hoffte. Obwohl auch hier, wie wir gesehen haben, Anfangs unglücklich, wusste er doch sein Ziel zu erreichen, und erlangte bei seinem unbestreitbaren Talent mit der Zeit eine bedeutende Herrschaft über die Sprache, einen gewissen beredten Schwung, den
man für wirkliche Poesie aufnahm. Allein seine Begabung reichte
nicht aus, die absterbende Tragödie neu zu beleben; war auch der
Geist der tragischen Dichtung längst geschwunden, so war doch
die alte Form noch zu mächtig, als dass ein Mann, wie er, sie
hätte umwandeln und verjüngen können. Darum haben alle seine
Trauerspiele und Dramen etwas Gezwungenes und Unnatürliches,
so dass sie heute wohl noch ein literar-historisches, aber kein
ästhetisches, rein menschliches Interesse zu erwecken vermögen.
Chénier konnte darum erst dann Gediegeneres leisten, als
er sich von dem Zwang der Ueberlieferung befreit sah. Diesen
Vortheil fand er bei seinen „poetischen Reden" und „Satiren", in
welchen er seinem Geist und seiner scharfen Laune ungehemmten
Lauf lassen konnte. In ihnen findet sich, was in seinen Tragödien
vermisst wird, Beobachtungsgabe und Talent der Charakterzeich-
nung, findet sich Kürze und schlagende Fassung der Gedanken,
so dass manche seiner Verse fast sprichwörtlich geworden sind.*
Die beiden Brüder haben das gemeinschaftliche Schicksal
gehabt, dass die Revolution ihren Dichterruhm begründete, aber

---

* Eins seiner bekanntesten Worte aus der „calomnie" („discours en
vers, 1") sei hier erwähnt. Er sagt dort von den Verleumdern:
„Ils dinent du mensonge et soupent du scandale."

ihre Existenz brach; denn auch Marie Josef's Leben wurde durch
sie verödet. Weiter aber geht die Aehnlichkeit ihres Looses nicht;
in ihrer Verschiedenheit bilden sie gleichsam ein Doppelgesicht,
einen Januskopf. André schaut vertrauensvoll in die Zukunft,
wo sich neue Bahnen für den Dichtergeist eröffnen; Marie Josef
blickt ernst auf die Vergangenheit zurück, als deren letzter Vertreter er in einer Zeit tiefen literarischen Verfalls erscheint. Als
er starb, nahm Châteaubriand, der Apostel der Romantik und
Chénier's Widerpart, seinen Platz in der Akademie ein.

Neunter Abschnitt.

Shakespeare in Frankreich.

Die geistige Bewegung des achtzehnten Jahrhunderts hatte wie bekannt, ihren Ursprung in England gehabt und war von dort aus nach Frankreich verpflanzt worden. Der Einfluss der englischen Ideen war auf allen Gebieten unverkennbar; die staatlichen Einrichtungen des Inselreiches galten lange Zeit als ein unerreichbares Ideal; seine Denker und Gelehrten, seine Dichter und Schriftsteller wurden diesseits wie jenseits des Canals geschätzt und studirt. Nur das französische Theater hielt sich von diesem Einfluss frei; stolz und spröde verweigerte es lange Zeit jede Nachgiebigkeit gegen die freiere Weise der englischen Bühne; stand es doch zu sehr unter dem Einfluss des Hofes und der höfischen eleganten Welt, um nicht mit Geringschätzung die volksthümlichen Dichtungen der Nachbarn von sich abzuwehren.

Und doch hatte das französische Publicum ein dunkles Gefühl, dass die Tragödie trotz ihres classischen Ruhms einer Reform dringend bedürftig sei. Kaum war dieselbe von Corneille und Racine auf die Höhe ihrer Kunst geführt worden, als sich schon eine Bewegung gegen sie einleitete, welche Anfangs langsam und ohne bemerkbaren Erfolg, um so stetiger wuchs und um so mächtiger wurde, je deutlicher sich der Verfall der classischen Tragödie offenbarte. Schon Saint Evremond (1613 1703), der lange in England gewesen war, und das englische Theater kannte, hatte eine scharfe Kritik der französischen Tragödie versucht; seinem Beispiel folgend erhob sich Lamotte-Houdard um das Jahr 1720 gegen das Gesetz der drei Einheiten, gegen die Unsitte

der ermüdenden Erzählungen und gegen die Anwendung des
Alexandriners, welchen er durch die Prosa ersetzt wissen wollte.
Allein die einfache Kritik erwies sich als ohnmächtig gegen
einen Bau, der so fest gegründet schien und von dem Ruhm so
grosser Dichter verklärt wurde. Keiner der Gegner hatte die
poetische Kraft, um in eigenen hinreissenden Dichtungen den
neuen Weg zu zeigen, den sie einzuschlagen riethen. Anders unser
Lessing, der gleich gross in seinen Dichtungen wie in seiner
Kritik für das deutsche Theater bahnbrechend auftreten konnte.
So blieben alle Versuche, das englische Drama in Frankreich zur
Anerkennung zu bringen, fruchtlos, bis endlich Voltaire auch
hier, wie auf so vielen Gebieten des geistigen Lebens, den kräftigen Anstoss gab und mit Bewunderung auf Shakespeare hinwies.

Für uns Deutsche, die wir dem grossen englischen Dichter
einen so wohlthätigen Einfluss auf unsere Literatur verdanken,
ist es von doppeltem Interesse zu beobachten, wie er auch in andern Ländern aufgenommen wurde. * Dass Shakespeare ausser-
halb England nirgends so tiefgreifende Wirkung ausübte, wie in
Deutschland, ist bekannt, aber er war doch mächtig genug, sich
selbst in Frankreich geltend zu machen, wo er eine völlig fremde
Welt, einen entgegengesetzten Geschmack zu überwinden hatte,
ja wo selbst der Genius der Sprache ihm zu widerstreben schien.
Dennoch genügte es, seine Werke in Frankreich nur ein wenig bekannt zu machen, um alsbald die Gemüther zu erregen, die Dichter stutzig zu machen und die Kritiker in ketzerische Zweifel über
die bis dahin für heilig erachteten Gesetze der französischen Tragödie zu stürzen. Bald sah man ebenso viel begeisterte Anhänger,
wie erbitterte Gegner des englischen Dichters und aus dem Streit,
der sich anscheinend um seine Werthschätzung drehte, im Grund

---

* Vergl. Albert Lacroix, histoire de l'influence de Shakespeare
sur le théâtre français jusqua nous jours. Brüssel 1856. Eine preisge-
krönte erschöpfende Arbeit über diese Frage.

aber dem Gesetz der tragischen drei Einheiten galt, erwuchs die
Bewegung, welche nach fast hundert Jahren die classische Tragödie zu Fall brachte und der Romantik zum Sieg verhalf.

Shakespeare hatte in seinem Vaterland selbst ein eigenthümliches Loos gehabt. Auch dort war er von Vielen verkannt
worden; schon Milton hatte ihn nur als ein Kind regelloser
Phantasie, als einen süssen Sänger wilder Naturlaute beurtheilt,
und nach der Restauration der Stuarts war er in völlige Missachtung, ja fast in Vergessenheit gerathen.* Die Theater brachten
zwar fortwährend einzelne seiner Stücke zur Aufführung, allein
man achtete ihrer nicht und erst Garrick war es vorbehalten,
die dichterische Grösse Shakespeare's dem eigenen Lande
wieder zum Bewusstsein zu bringen. Aber obwohl in der ersten
Hälfte des Jahrhunderts kein Künstler fähig war, einen Shakespeare'schen Charakter zu begreifen und entsprechend darzustellen, war die Kraft der verachteten Dramen doch so gross, dass
Voltaire, welcher der Aufführung einiger derselben beiwohnte,
sich lebhaft von ihnen ergriffen fühlte. Kaum war er aus England
zurückgekehrt, als er auch ein Trauerspiel „Brutus" darstellen
liess (1730), das in seiner ganzen Anlage den Einfluss Shakespeare's deutlich verräth. In der Einleitung, die er seinem Stück
im Druck vorausschickte, erzählt er von dem Entzücken, das er
empfunden habe, als er in der Darstellung des Shakespeare-
schen „Julius Cäsar" Brutus mit dem blutigen Dolch habe auf
die Bühne eilen sehen, und die flammenden Worte gehört habe,
die jener zum Volk spricht.**

---

* Gervinus, Shakespeare Band I, S. 15 f. f.
** In demselben Sinne schrieb Voltaire an Desfontaines, 4. November 1735: „Wenn Sie diese Shakespeare'sche Scene so hätten
spielen sehen, wie ich sie gesehen habe und so wie ich sie ungefähr übersetzt habe, so würden Ihnen unsere Liebeserklärungen und unsere Vertrauten darnach sehr armselig vorkommen („de pauvres choses"). Noch
in der Einleitung zu seiner Uebersetzung des „Cäsar" (1760) gibt Vol-

Es scheint klar, dass Voltaire in seinem jugendlichen Eifer und dem Streben nach Ruhm es sich zur Aufgabe gesteckt hatte, die Grenzen der französischen Tragödie zu erweitern, ihr grösseren Spielraum anzuweisen und durch diese Reform sich noch über die classischen Tragiker emporzuschwingen. Nicht, dass er die Ungebundenheit der englischen Bühne gebilligt hätte und sie in Frankreich hätte einbürgern wollen; aber er war zu feinen Geistes, um die grossartige Schönheit Shakespeare's nicht theilweise zu würdigen und für seine Dichtungen zu benutzen. Um nicht anzustossen, musste er mit seinen Neuerungen freilich sehr behutsam vorgehen In seinem „Brutus" sparte er die übliche, meist ermüdende Exposition, welche oft den ganzen ersten Aufzug in Anspruch nahm und versetzte den Zuschauer alsbald inmitten der grossen Begebenheiten; er belebte den Dialog zu rascherem Gang und wagte es sogar, auf der Scene eine Sitzung des römischen Senats zu zeigen, in welcher freilich die Masse der Senatoren sich völlig still verhalten musste. Zwei Jahre später gab er einen „Julius Cäsar", in welchem er einen weiteren Schritt vorwärts that, und das Volk auf der Bühne erscheinen, ja es sogar reden und sich bewegen liess. Noch deutlicher zeigt sich der Einfluss Shakespeare's in „Zaire" (1732), einem der duftigsten Stücke Voltaire's, zu welchem er die Charaktere und Motive aus „Othello" entlehnt hatte. Dass er dabei den englischen Dichter für einen ungeschliffenen Diamanten erklärte, den man durch sorgfältige Bearbeitung kostbarer machen könne, und dass die französische Kritik in „Zaire" eine wirkliche Veredlung Othello's

---

taire zu, dass „diese so bizarren und ungeschlachten" Stücke doch grosses Interesse erregten, dass er bei der Aufführung „Cäsar's" von der ersten Scene an bewegt gewesen sei, und dass er nachher keinen Verschworenen habe auftreten sehen, der ihn nicht interessirt habe. „Trotz so vieler lächerlichen Ungereimtheiten fühlte ich doch, wie mich das Stück fesselte" (malgré tant de disparates ridicules je sentis que la pièce m'attachait).

erblickte, kann nicht Wunder nehmen, wenn man an die Grund-
verschiedenheit der beiden Bühnen denkt.* Zaire ist indessen
keine Bearbeitung des S h a k e s p e a r e 'schen Trauerspiels, es ist
trotz aller Nachahmung eine selbständige Dichtung. Die glühende
Leidenschaft Othellos's, welche das englische Drama durchzittert,
ist in „Zaire" gemildert, in glatten eleganten Versen abgeschliffen,
die bezaubernde Natürlichkeit Desdemona's ist bei V o l t a i r e 's
Heldin zur civilisirten höfischen Feinheit geworden; in die Tragödie der Eifersucht mischt sich hier noch ein Kampf zwischen
Liebe und Christenthum, und statt des Schurken Jago ist es der
christliche Ritter Nerestan, Zairen's plötzlich wiedergefundener
Bruder, welcher Orosman's Misstrauen erregt und ihren Tod herbeiführt. Trotz dieser Abschwächung bleibt Zaire doch ein Werk
hoher poetischer Schönheit, das sich durch sein grösseres dramatisches Leben auszeichnet und hätte V o l t a i r e, auf diesem Weg
fortschreitend, das französische Theater bereichert, er hätte vielleicht auch hier den Beginn einer neuen grossen Epoche bezeichnet,
während er jetzt nur als der allerdings bedeutende Vertreter einer
absterbenden Schule dasteht.

Wenn auch Zaire sich einer günstigen Aufnahme zu erfreuen hatte, fanden die kecken Neuerungen des Dichters doch
viele Tadler und seine „Adelaide du Guesclin" wurde haupt-

---

* Othello (IV, 1.) sagt von Desdemona: „Eine wunderwürdige
Tonkünstlerin! — O, sie würde die Wildheit eines Bären zahm singen!"
In Erinnerung davon heisst es bei V o l t a i r e :

„. . . . . . . est-ce là cette voix
Dont les sons enchanteurs m'ont séduit tant de fois?
Cette voix qui trahit un feu si légitime?
Cette voix infidèle, et l'organe du crime?"

Und La H a r p e brach darüber in die bewundernden Worte aus:
„quels vers à côté du grossier langage de S h a k e s p e a r e !" — Anders
freilich S e d a i n e, der Shakespeare-Enthusiast: „Celui qui n'a pris que
Zaire dans Othello, a laissé le meilleur."

— 190 —

sächlich aus diesem Grunde ausgepfiffen. Allein Voltaire stand zu hoch, als dass er sich von solcher Kritik hätte anfechten lassen dürfen. Er, der überall reformirend und revolutionirend wirkte, er musste auch im Theater vorangehen, obwohl er hier mehr Widerstand fand, als auf dem Gebiet der Kirche und des Staates! Bald aber, als er sich hierbei weniger von dem allgemeinen Zug der Zeit getragen fühlte, wurde er stutzig, begann zu zögern und hielt zuletzt ein. Noch wagte er in seiner „Semiramis" (1747) nach dem Vorbild Hamlets einen Geist auf die Bühne zu bringen, noch machte er den Versuch, in „Orestes" ohne Vertraute auszukommen und vertheidigte in der Vorrede zu „Nanine" (1749) die Berechtigung des Rührstückes (der comédie larmoyante, wie man diese Gattung nannte), weil in dem Schauspiel wie in dem Leben sich Ernst und Scherz mit einander mischen dürften.

Aber damit war er auch an die äusserste Grenze seiner Propaganda für Shakespeare gelangt. Als Mitglied der Akademie im Jahre 1746 aufgenommen, hatte er auf die hohe Gesellschaft Rücksicht zu nehmen, und wenn er auch in der feierlichen Rede bei seiner Aufnahme in dieselbe des englischen Dichters mit kühlem Lob gedachte, griff er ihn um so schärfer in der Einleitung zur „Semiramis" an. Wohl musste er in seinem eigenen Interesse zugeben, dass die Erscheinung des Geistes in Hamlet von grösster Wirkung sei, aber ausser dieser Episode fand kein Theil der grossen dramatischen Dichtung Gnade vor seinen Augen, und er wusste durch seine Erzählung des Inhaltes das Stück so zu verzerren, dass es wie eine Caricatur erschien. Shakespeare habe das Grösste und Erhabenste mit dem Niedrigsten und Abscheulichsten verschmolzen, was man nur ersinnen könne, meint er, und nennt Hamlet ein rohes barbarisches Stück, das aus der Einbildungskraft eines trunkenen Wilden entsprungen sei!

Verschiedene Ursachen wirkten zusammen, um Voltaire zu dieser veränderten Stellung Shakespeare gegenüber zu bewegen. Er hatte allerdings in seinen Reformversuchen laute

Opposition gefunden; allein wir wissen aus anderen Beispielen
sehr wohl, dass er nicht der Mann war, sich durch fremden
Widerstand einschüchtern zu lassen, sofern er nur von der Güte
seiner Sache überzeugt war. Aber eben diese unerschütterliche
Ueberzeugung fehlte ihm von Anfang an, und seine Zweifel stiegen
um so höher, je mehr die Agitation für Shakespeare um sich
griff. Er selbst hatte die Bewegung zu Gunsten der Bühnenreform
begonnen, hatte auf mancherlei Vorzüge des englischen Dramas
hingewiesen, allein seine Erziehung, seine ganze geistige Richtung machten ihn unfähig, Shakespeare's eigenthümlichste
Schönheit zu würdigen. Nun sah er mit einem Male rings um
sich her ein Heer von Bewunderern des englischen Dichters und
musste erleben, dass in der Einleitung zur ersten französischen
Uebersetzung Shakespeare's von Delaplaco der Schwan von
Avon als der grösste dramatische Dichter aller Zeiten gepriesen
wurde*. So weit war er nie gegangen; er hatte wohl als Haupt
der jungen Partei erscheinen und die Grenze bestimmen wollen,
bis wie weit die Neuerungen gehen dürften, aber nun sah er sich
überholt, vielleicht in seinem Ruhme bedroht, seine vater-
ländische glänzende Bühne den Feinden preisgegeben. Zudem
sah sich Voltaire immer mehr in den geistigen Kampf des
Jahrhunderts verwickelt und dachte bei der Abfassung seiner
späteren Stücke weniger an deren poetische Wirkung, als an die
Darstellung einer philosophischen Idee, an den Sieg der Aufklärung, wobei ihn die allzugrosse Beweglichkeit des Theaters
nur stören konnte. Er hatte Grosses geleistet, denn er hatte die
historisch-nationale Tragödie in Frankreich eingeführt, allein
weiter zu gehen wagte er nicht, und im Bewusstsein seines anders
gearteten, für die grosse dramatische Poesie weniger geeigneten

---

* Théâtre anglais. 8 Bände in 8°, von welchen mehr als die Hälfte
die Dichtungen Shakespeare's freilich mit bedeutenden Kürzungen
und Ungenauigkeiten enthalten. Paris, 1745—48.

Geistes scheute er vor der letzten Consequenz seiner Jugend-
bestrebungen zurück. Dass auch verletzte Eigenliebe mit in das
Spiel kam, zeigen uns seine Privatbriefe; er mochte nicht dulden,
dass man in Frankreich noch andere Götter habe neben ihm,
aber wir würden ungerecht sein, wollten wir darin den alleinigen
Grund seiner Feindschaft gegen Shakespeare sehen, der er
sich in seinem Alter mit steigender Heftigkeit hingab. Der Gedanke musste sich ihm aufdrängen, dass die tragische Bühne, wie
sie nun einmal in Frankreich dastand, in sich fertig war; dass
es sie zerstören hiess, wenn man sie umwandeln wollte, und dass
man dem Geiste einer Nation keine Gewalt anthun durfte. Unter
den gegebenen Verhältnissen konnte eine Umwälzung, wie die
eine Partei sie erstrebte, nur allmälig Statt haben; die nationale
Tragödie musste in ihrer bisherigen Form zuvor völlig zerstört
werden, und doch sah Voltaire in den Nachahmern des grossen
Briten durchaus keine schöpferischen Talente, welche ihn mit
Vertrauen auf eine weitere gedeihliche Entwickelung hätten erfüllen können.

Immerhin war diese Unzufriedenheit, dieses Drängen nach
Neuerungen ein Zeichen schwerer Krankheit. Das Gefühl der Erschlaffung, des dichterischen Unvermögens auf dem Gebiete des
Dramas war allgemein. Nachdem ein gutes Tausend von Tragödien nach demselben Muster und in derselben Manier gefertigt
worden war, zeigte sich die Maschine als abgenutzt und jeglicher
Geist war entflohen. Aengstlich forschend sah man sich um einen
Retter um und haschte nach jedem Mittel, das Abhilfe schaffen
oder neue Kraft gewähren könnte, nicht ahnend, dass man durch
ein unsicheres Tasten und Versuchen den Zerfall nur beschleunigte.

Voltaire's Bemühungen gegen diese Bewegung erwiesen
sich indessen nicht minder erfolglos; Shakespeare zu bewundern, wurde zur Mode in Paris.* Vergebens veröffentlichte der

---

* Voltaire an d'Argental, 24. Juli 1776: „toute la jeunesse
Paris est pour Letourneur .... il n'y a plus rien de grand et de dé-

Patriarch von Ferney eine Uebersetzung des „Julius Cäsar" und verglich dieses Drama eingehend mit „Cinna", wobei er natürlich zu Gunsten Corneille's entschied; vergebens veröffentlichte er unter fremdem Namen heftige Broschüren gegen die Invasion der Engländer und hetzte er an den einflussreichsten Kritikern des Tages; — die Fluth stieg fortwährend, Diderot trat offen für Shakespeare ein; Sedaine, ein bekannter Dichter jener Zeit, schwur bei nichts Höherem, als bei Shakespeare; historische Dramen, wie de Belloy's „Belagerung von Calais", wurden als Meisterwerke gefeiert. Garrick selbst, der in England den grössten Dichter des Landes eben erst wieder schätzen gelehrt hatte, fand bei einem Besuch in Frankreich den ehrenvollsten Empfang. Grimm, der in seinem Urtheil sehr ruhig und vorsichtig war, erklärte ihn für den grössten Künstler, den er je gesehen, für den Einzigen, der alle seine Erwartungen erfüllt habe. Er berichtet, dass Garrick in seinem gewöhnlichen Anzuge, in einem Salon, die Dolchscene aus Macbeth vorgetragen habe, und schildert den Eindruck, den der Künstler auf die Versammlung gemacht habe, in begeisterten Worten.* Nicht lange nachher wagte es ein bis dahin unbekannter Poet, Ducis, eine Bearbeitung Hamlets, unter demselben Titel und mit denselben Namen der Personen, aufführen zu lassen. Dieser Mann, der damit den Ruhm eines genialen Dichters erwarb und heute so gut wie vergessen ist, war am 23. August 1733 zu Versailles geboren, wo seine Eltern einen bescheidenen Kramladen führten. In jungen Jahren Secretär im Dienste verschiedener grossen Herren, fand er zuletzt eine ähnliche Stelle im Kriegsministerium, die er aber auch bald aufgab. Unabhängigen Sinnes und ohne anderen Ehrgeiz als den, auf der Bühne dichterischen

---

cent à Paris que les Gilles de Londres". — Shakespeare hiess zuletzt nur noch schlechtweg Gilles bei Voltaire.

* Grimm, gazette littéraire. Jahr 1765.

Ruhm zu erwerben, lebte er in einfacher Zurückgezogenheit nur
seiner Arbeit und seinen Studien. Sein erstes Stück, „Amélise",
wurde freilich 1768 unbarmherzig ausgepfiffen, allein schon im
Jahre darauf erzielte er mit seinem „Hamlet" einen ungewöhn-
lichen Erfolg. Wenn wir heute freilich seine Bearbeitung prüfen,
entsetzen wir uns; Ducis änderte nicht, wie bei uns Schröder,
mit verhältnissmässig vorsichtiger Hand; er verbesserte und ver-
einfachte das Shakespeare'sche Drama in einer Weise, dass es
uns wie eine bittere Satire, wie eine wahre Parodie erscheint.

Hamlet ist bei Ducis bereits seit kurzem König von Däne-
mark, aber der erste Prinz von Geblüt, Claudius, hat eine Verschwörung gegen ihn angezettelt, um ihn vom Throne zu stossen.
Im Einverständniss mit Gertrude, Hamlets Mutter, hat er bereits
den letzten König bei Seite geschafft — freilich nicht, o pfui,
durch einen giftigen Saft in's Ohr — sondern durch einen an-
ständigen Gifttrunk. Aber nach verübter That wird Frau Gertrude von Gewissensbissen heimgesucht, wie sie ihrer Vertrauten
gesteht, und will von Claudius nichts mehr wissen. Darob be-
schwert sich Claudius bei seinem Vertrauten Polonius, der noch
dazu beunruhigende Mittheilungen über die Stimmung des Volkes
zu machen hat. Wir sehen dann Hamlet, wie er das Gespenst
seines Vaters verfolgt, und da der Zuschauer das Letztere nicht
sehen darf — trotz Voltaire war ein Gespenst immer noch
nicht ganz bühnengerecht — muss Hamlet selbst berichten,
was ihm der Geist gesagt. Um sich völlige Gewissheit über die
grause Mordthat zu verschaffen, lässt der junge König die Urne
mit der Asche seines Vaters aus dem Grabmale in den Palast
bringen, und im Angesichte dieses stummen Zeugen muss Nor-
cest, Hamlets Vertrauter, die Unthat erzählen, als sei sie am
englischen Hofe vorgefallen. Die Königin sieht sich erkannt und
tödtet sich selbst, Hamlet ersticht den Frevler Claudius, —
bleibt aber selbst am Leben. „Das Mass meines Unglücks ist
voll", sagt er gefasst, „aber meine Tugend bleibt mir; ich bin

Mensch und König, zum Dulden bestimmt; und ich werde zu
leben wissen, denn das ist ja schwerer als sterben".

Ob dieser Dichtung wurde Ducis von vielen Seiten hoch
gerühmt, höchstens bedauerte man, dass er sein englisches Vorbild zu getreu nachgeahmt und sein Genie dadurch zu sehr
beengt habe! Voltaire freilich urtheilte anders, aber nicht,
weil er fand, dass Shakespeare entstellt sei, sondern weil
ihn die Hochschätzung des „Gothen" ärgerte.* Sein Zorn erreichte den Höhepunkt, als 1776 der erste Band einer neuen
Uebersetzung Shakespeare's erschien, in deren Einleitung der
Dichter als der Gott und Schöpfer der erhabenen dramatischen
Poesie verherrlicht wurde.** Von Ferney aus wandte er sich in
einem officiellen feierlichen Schreiben an die Akademie, das in
der Festsitzung des Ludwigstages, am 25. August 1776, von
d'Alembert verlesen wurde und eine förmliche Kriegserklärung
gegen Shakespeare enthielt. Wie es neuerdings Mode sei,
alles Englische nachzuahmen, wie man sich bemühe, das englische Roastbeef in Frankreich beliebt zu machen, so wolle man
nun auch den Shakespeare-Cultus verpflanzen. Er halte es deshalb für seine Pflicht, diesen Dichter genauer kennen zu
lehren, und gibt alsdann zu diesem Behufe eine Blumenlese der
unfläthigsten und schmutzigsten Stellen aus Shakespeare's
Stücken, vermag aber nichts weiter, weder zu seinem Tadel noch
zu seinem Lobe, beizufügen, höchstens dass er „Gilles" mit einem
witzigen Gaukler vergleicht, der durch die Verrenkung seiner
Gliedmassen in Erstaunen versetze.

Solche Kritik war eines Voltaire nicht würdig und erreichte keineswegs ihren Zweck; seine gereizten Ausfälle gegen

---

* Er schrieb darüber an d'Argental: „vous avez vu sans doute
Hamlet; les ombres vont devenir à la mode; j'ai ouvert modestement la
carrière, on va y courir à bride abattue."

** „le dieu créateur de l'art sublime du théâtre" u. s. w. Die Uebersetzung von Letourneur erschien in zwanzig Bänden von 1776—1782

13*

Shakespeare bewirkten im Gegentheil, dass das Publicum
noch eifriger als zuvor den Schrecklichen kennen lernen wollte.
Selbst die Herren von der Akademie waren von dem Geiste der
Ketzerei ergriffen; sie lauschten zwar ehrerbietig dem Send-
schreiben ihres Collegen und Meisters, wählten aber, als dieser
bald darauf die Augen schloss, an seine Stelle den abscheu-
lichen Ducis, den Verschöuerer des noch abscheulicheren Shakespeare! (1779.)

In der Ehre, welche Ducis widerfuhr, musste dieser eine
Ermuthigung sehen, in seinen Veredelungsversuchen fortzufahren,
und so bearbeitete er noch eine ganze Reihe Shakespeare-
scher Dramen. Zunächst erschien 1782 „Romeo und Julia". Was
Ducis darin zusammengebraut hat, ist unglaublich. Die rührenden Stellen der englischen Dichtung, wie die Balkonscene, hatte
er zwar als unpassend weggelassen, dafür aber aus Dante die
Episode mit Ugolino eingeschoben. Statt Ugolino ist es der alte
Montagu, der im Gefängnisse alle seine Kinder bis auf Romeo
hat aufzehren müssen. Die Rührung noch zu erhöhen, entlieh
Ducis auch einzelne Züge aus Macbeth. Montagu, der sein Unglück haarklein berichtet, wird von einem schaudernden Freunde
gefragt, wie er sich gerächt habe — und der Alte parodirt das
berühmte Wort Macduffs. „Oh, er hatte keine Kinder!" ruft er
zähneknirschend aus, vielleicht um anzudeuten, dass er dieselben
sonst ebenfalls seinem Feinde vorgesetzt hätte. Das Publicum
fand diesen Zug erhaben; es wusste freilich nicht, woher er genommen war. Im Ganzen genommen ist diese Bearbeitung von
„Romeo und Julia" noch schimpflicher als diejenige des „Hamlet", da jeglicher zarte Hauch, jede Poesie des wunderbaren
Dramas unter der unverständigen Hand des Verbesserers verloren ging. 1783 folgte „König Lear", aus dem der Narr verschwinden musste, und in welchem Edgar, der Sohn des Grafen
von Kent, zu Gunsten des bedrängten Lear eine Verschwörung
anzettelt, ihn rettet und dessen Tochter Helmonde (Cordelia)

schliesslich als Gattin heimführt.* 1784 erschien „Macbeth“,
1791 „Johann ohne Land“. Alle diese Stücke mussten, dem
Gesetze der Einheit zufolge, so zusammengeschnitten und ver-
dreht werden, dass ihre Ereignisse sich in den Zeitraum von
vier und zwanzig Stunden zusammendrängten. Man denke sich
einen Macbeth als siegreichen General, als Mörder, als erwählten
König und als Tyrannen, sein Aufsteigen und seinen Sturz —
Alles binnen vier und zwanzig Stunden!** „Othello“ endlich,
welcher 1792, in erregter Zeit über die Bühne ging, war mit ent-
sprechenden Redensarten ausgestattet. Othello — kein Schwarzer,
nur ein Mulatte — spricht mit Verachtung von den Aristokraten, welche nichts haben würden, wenn sie keine Ahnen
hätten, während er, ein Sohn der Wüste und der Natur, sich
frei und kräftig fühle. Dass Hedelmone (Desdemona) nicht mit
dem Kissen erwürgt, nur mit dem Dolch getödtet werden durfte,
braucht kaum erwähnt zu werden, erregte doch die einfache Erwähnung des Taschentuches in der Aufführung des wirklichen
Shakespeare'schen Othello 1829 noch einen furchtbaren Tumult im Theater.

Für uns sind nur diese Shakespeare-Bearbeitungen von
Interesse, da sie als ein Gradmesser des herrschenden Un-
geschmackes dienen können. Was Ducis sonst noch dichtete,
sein „Oedipus bei Admet“, den er aus zwei antiken Sagen zu-
sammenschweisste, um ihn später wieder zu einem einfachen
„Oedipus in Kolonos“ zu mildern, so wie sein „Abufar“ sind
so wenig wie seine höchst prosaischen Gedichte hier ausführlich

---

* Das Rührende mit dem Schrecklichen zu verbinden, wird auch die
scenische Anordnung benutzt. So wird z. B. Lear auf einer Bahre schlafend
auf die Bühne gebracht und dieselbe so gestellt, dass die Strahlen der auf-
gehenden Sonne den Greis mit ihrem Glanze verklären. (Act IV, Sc. 2.)

** Die Hexen sind aus „Macbeth“ gestrichen; dafür tödtete Lady
Macbeth im Wahnsinn den eigenen Sohn und Macbeth gesteht am Schluss
reuig sein Verbrechen!

zu besprechen. „Abufar", eine Originaldichtung, die 1795 erschien, ist überreich an Lehren der Tugend, an melancholischen
Seufzern und pathetischer Naturschilderung, behandelt aber
dabei in der Liebe eines jungen Arabers zu seiner vermeintlichen Schwester einen genugsam unmoralischen Gegenstand.

Ducis selbst war seines Charakters wegen allgemein ge-
achtet und beliebt. Seine Unabhängigkeit zu bewahren, schlug
er mehrere Stellen aus, die man ihm zur Zeit der Republik wie
des Kaiserthums anbot, und er hatte jederzeit den Muth seiner
Ueberzeugung. Während der Schreckenszeit rieth man ihm,
seinen Blick von der Gegenwart abzuwenden und sich in poetischer Thätigkeit, in der Schilderung des Alterthums, zu ver-
tiefen; allein er meinte, er habe zu viele Atreus in Holz-
schuhen gesehen, um noch selbst einen auf die Bühne zu bringen.* Sein republikanischer Sinn blieb später stark genug, um
die Berufung in den kaiserlichen Senat, welche ihm Napoleon
zugedacht hatte, abzulehnen. Er selbst liebte es, sich als gutmüthig, aber heftig und unbändigen Charakters hinzustellen. So
schlimm kann dies nun gerade nicht gewesen sein; ein Mann,
der bis in sein hohes Alter sich selbst von jedem Thun und
Denken Rechenschaft ablegte und genaue Tagebücher führte, war
wohl nicht so heftig; ein Greis, der am Abend eines wohl an-
gewandten Tages sich sein Lob von dem längst verstorbenen
Vater erbittet, indem er ihn in Gedanken fragt, ob er zufrieden
sei, war wohl nicht so unbändig, wie er uns gern glauben
machen möchte. Dabei zeigte er allerdings eine gewisse kräftige
Originalität, einen Charakter, der sich der Allerweltsform nicht
fügen wollte und durch den er sich von seinen Zeitgenossen
deutlich unterschied.

Ueber Ducis' poetische Bedeutung entspann sich eine erbitterte Fehde. Das grosse Publicum war wohl für ihn, aber

---

* Labitte, études littéraires 2, 43.

ein Theil der Kritik fand ihn zu kühn! Laharpe, der in seinen
Vorträgen über die Literatur kaum den Namen Shakespeare's
erwähnte, meinte doch, es sei gut, dass Ducis keinen Menschen-
verstand habe, da er sonst Alle übertreffen würde. Rückhaltlosere
Anerkennung zollte ihm Marie Joseph Chénier, obwohl auch
er in Shakespeare ein Gemisch von Erhabenheit und Possier-
lichkeit fand,* und den Hamlet'schen Monolog früher sogar zur
Caricatur umgestaltet hatte, indem er ihn seinem König Karl IX.
vor der Bluthochzeit in den Mund legte: „Tugendhaft bleiben
oder ein Verbrecher werden, — es ist jetzt an der Zeit zu wählen".
In seinem „Abriss der französischen Literatur" ** erklärte er Ducis für eines der grössten Talente, dessen Frankreich sich zur
Zeit zu erfreuen habe. Wenn er auch oft ausländische Dichtungen bearbeite, so wisse er doch den entliehenen Schönheiten andere, nicht minder bedeutende Schönheiten hinzuzufügen. Auf solche Weise nachahmen, heisse aber erfinden. Niemand wisse, wie Ducis, zu erschüttern und zu rühren.
Der eifrigste Bewunderer des Dichters war indessen sein
Freund Thomas (1732—1785), der Verfasser von Episteln,
Oden und Lobreden, der von Voltaire einst in einem Anfalle
bissiger Laune als Gali-Thomas bezeichnet wurde. „Sie sind
der Missionär des Theaters, und dichten die Tragödien wie der
Pater Bridaine seine Predigten hielt: bald mit Donnerstimme
redend, bald schreiend, bald weinend, erschrecken Sie die Zuschauer, wie man die Kinder mit furchtbaren Märchen er-
schreckt;" ... „Sie mischen in Ihrer Beredtsamkeit zur Grösse

---

* M. J. Chénier, principe des arts: „sublime par élans il fut
bouffon par accès."

** Derselbe, tableau de la littérature française depuis 1789. Kapitel
X, S. 193. Selbst in der Ausgabe der Ducis'schen Werke von 1818 heisst es
noch in der Einleitung (v. L. S. Auger), der Dichter habe die ungeheuerlichen
Werke des englischen Dramatikers auf ein richtiges Mass zurückgebracht
und sie mit kräftigen Gedanken und erhabenen Gefühlen bereichert!!

noch die Ungebundenheit, und finden, ohne es zu wollen, im
Pathos oft wahre Erhabenheit. Wahrlich, so macht man die
guten Predigten und die guten Theaterstücke."*

In der That, Voltaire hatte Recht; solche Kritik ist
ein Galimathias, dem gegenüber die schneidensten Urtheile berechtigt erscheinen. Und diese fehlten denn auch nicht, zumal
als die politische Reaction auch die literarische Umwandelung
mit sich brachte und das achtzehnte Jahrhundert mit allen
seinen Erzeugnissen und Bestrebungen angefeindet wurde. Am
schärfsten ging Geoffroy, der berühmte Kritiker des Journal
des Débats, den Ducis'schen Stücken zu Leibe. Allerdings
wollte der unerbittliche Verehrer der classischen Zeit Ludwigs XIV. von Shakespeare nichts wissen, aber er erkannte
doch wenigstens, wie sehr Ducis sein Vorbild misshandelt
hatte. Er nennt Shakespeare einen Tragiker, der in früheren
Zeiten für die Londoner Canaille gut genug gewesen wäre, der
aber dem Pariser Publicum nicht gefallen könne. Was aber
etwa noch anziehend, originell und neu bei ihm wäre, das sei
bei Ducis kalt, trivial und geschmacklos geworden. (I nivôse
des Jahres 13.) Ein andermal wirft Geoffroy dem Letzteren vor,
er habe sich kopfüber in die Extravaganzen und Ungeheuerlich-
keiten Shakespeare's gestürzt und wolle das französische
Volk mit den schaudererweckenden und ekelerregenden Possen
jenes barbarischen Dichters ergötzen. (5me jour complémentaire
de l'an 8.) Niemals, sagte er in demselben Artikel, habe ein

---

* Thomas an Ducis, datirt Forcalquier in der Provence 11. October 1782: „Vous, mon cher ami, vous êtes le missionnaire du théâtre;
vous faites la tragédie comme le P. Bridaine faisait ses sermons parlant
d'une voix de tonnerre, criant, pleurant, éffrayant l'auditoire, comme on
effraie des enfants par des contes terribles, les enlevant tous à eux-mê-
mes avant qu'ils aient eu le temps de se défendre, mêlant dans l'éloquence
le désordre à la grandeur, et trouvant, sans y penser, le sublime dans le
pathétique. Voilà, voilà les bons sermons et les bonnes pièces."

Charlatan auf dem Theater so viel Hülfsmittel zusammengebracht,
um so wenig Effect zu erzielen, als wie dies in „König Lear"
der Fall sei. Donner, Blitz und Hagel, Wälder und Höhlen,
eine Verschwörung, eine Schlacht, in welcher der Besiegte am
Schlusse siegreich sei, eine junge Dame, die unter dem Schutze
eines Jünglings mit einem Greise unter der Erde hause, ein
König, der Anfangs nur dumm sei, zuletzt aber verrückt werde;
— das Alles in gehörigen Bombast und unsinniges Geschwätz
gehüllt, mit den nöthigen Beschwörungen des Himmels, des
Blitzes, der Winde, der Felsen, der ganzen Natur, selbst der
Thränen und der heilsamen Arzeneipflanzen ausgestattet — so
erscheine „König Lear" in der Bearbeitung, wie ihn das französische Theater biete. „Es sind wirklich einige Perlen in dem
Shakespeare'schen Misthaufen verborgen, aber Ducis ist
nicht so glücklich gewesen, sie zu finden", sagte er ein anderes
Mal. (Kritik des Macbeth, nivôse des Jahres 13.)

In dem Auf- und Abwogen dieses Kampfes, in solchem
Streit über die wichtigsten ästhetischen Grundsätze der dramatischen Poesie fällt uns vor Allem die Unklarheit und Unsicherheit auf, mit der man allenthalben vorging. Keine bestimmte Ansicht über das, was nöthig wäre; keine fest gegründete Ueberzeugung, kein Bewusstsein dessen, was die ewige
Schönheit der Dichtung begründet; überall nur ein Tasten und
Versuchen, ein muthiges Vorgehen aufs Gerathewohl und doch
gleichzeitig eine ängstliche Schüchternheit in Bezug auf jegliche
Neuerung! Ducis greift kühnen Sinnes nach den Shakespeare'schen Dramen und zwängt sie vorsichtiger Weise in die
alte steife Form der classischen Tragödie; auf der anderen Seite
dichtet M. J. Chénier im Sinne Voltaire's, regelrecht und
kothurnfest, erschüttert aber mit seinem „Karl IX." mehr als
alle Anderen das überlieferte System theatralischer Composition.
Selbst Voltaire zeigt sich schwankend und bildet zuletzt sein
Urtheil unter dem Einflusse persönlichen Interesses.

Aus diesem Gewirre hob sich ein einziger Mann hervor,
der sich eine entschiedene Ansicht über den einzuschlagenden
Weg und das endliche Ziel gebildet hatte und der den Muth
hatte, seine Ideen auszusprechen, so paradox sie auch erscheinen
mochten. Es war dies Sebastian Mercier, von dem wir schon
früher zu sprechen Gelegenheit hatten.* In seinem dort erwähnten Buche „Das Jahr 2440" handelte er nicht allein von Politik,
er fand auch Gelegenheit, seine Ideen über sonstige Verhältnisse und Einrichtungen vorzutragen, so über die Stellung der
Frauen, die ihm zu frei erschien, über den Unterricht der Jugend,
in dem er die alten Sprachen durch das Studium der lebenden
ersetzt haben wollte. Diese Abneigung gegen jede classische
Literatur sprach er noch energischer in seinem Werke über die
dramatische Kunst aus, das er 1773 veröffentlichte.** Das
Theater hat nach ihm die Aufgabe, das Volk zu erziehen, zu
erheben und aufzuklären; aber er findet, dass die französische
Bühne diesen wichtigen Anforderungen in keiner Weise ent-
spricht. Die classische Tragödie sei ohne Seele, ohne Leben,
ohne Einfachheit, ohne Moral und in einer Sprache abgefasst,
welche der Mehrheit des Volkes völlig unverständlich bleibe.
Alle jene überlieferten Methoden, jene Gesetze und poetischen
Regeln hätten nur dazu gedient, die besten Dichter zu verderben;
Racine und Boileau sind für Mercier die Pestkranken der
französischen Literatur, von denen besonders der erstere das
Theater völlig zu Grunde gerichtet habe. Er verlangt und er-
hofft für die Zukunft einen Dichterhelden, welcher der Sänger
der Tugend, der Richter des Lasters sei, einen Dichter, welcher die Liebe zur ganzen Welt im Herzen trage, und der stark
genug sei, die ganze Bühne, wie sie jetzt bestehe, umzustürzen,
denn sie gleiche einem schönen Baume, der aus Griechenland

* Kap. II. „die Gesellschaft" S. 36.
** S. Mercier, du théâtre ou nouvel essai sur l'art dramatique.

verpflanzt, unter unserem rauhen Klima verkommen sei. Er verlangt ein Theater, das gross und vielseitig, nichts von sich
fernhalte, was ihm das Leben darbiete, das sich aber nicht in
gekünstelten Versen spreizen, sondern in Prosa, in der wahren
natürlichen Sprache des Herzens reden solle. Er verlangt Dramen
und Lustspiele, welche gleich dem Schauspiele des wirklichen
Lebens, Thränen und heiteres Gelächter in sich vereinten, und
in der Voraussicht des Spottes, der ihn wegen seiner Ansichten treffen werde, tröstet er sich mit der Hoffnung, dass die
Zukunft ihm Recht geben werde, wie auch das Samenkorn mit
Füssen getreten werden könne, wenn es einmal im Boden liege,
und trotzdem zum stattlichen Baume erwachse.

Klingen diese Worte nicht, als seien sie fünfzig Jahre
später in der Blüthezeit der Romantik gesprochen worden?
Mercier war in der That ein begeisterter Anhänger Shakespeare's und wurde dadurch zum Vorläufer des romantischen
Theaters, wie André Chenier in der Lyrik die kommende Entwickelung verkündete. So weit greifen oft die Anfänge einer
geistigen Bewegung in der Zeit zurück!

Dass Mercier als echtes Kind seiner Zeit trotz seiner
conservativen Ideen keinen Respect vor der überlieferten
Autorität hatte, war schon durch seine Schrift über das
Theater klar geworden. Aber mit nicht minderer Kühnheit
griff er auch die Kunst an. In einem seiner Feuilletons beschwerte er sich über die unanständige Nacktheit der Statuen,
welche doch bestimmt seien, die Stadt zu schmücken. Er fragt,
warum man statt der üppigen Leda, des verlockenden Ganymed,
der musculösen Castor und Pollux nicht Bildsäulen der ernsten
Pallas oder keuscher Genien aufstelle. Jene Werke seien den
Arbeiten der frivolen Kaiserzeit, diese der grossen Epoche griechischer Kunst nachgebildet. Nachdem er so seinem Herzen
Luft gemacht, schliesst er mit einem heftigen Ausfalle gegen
die Malerei, besonders die classische Malerei Italiens. Während

sich im gewöhnlichen Leben nirgends mehr eine Mönchskutte blicken lasse, wimmelten alle Bilder von ihnen. Die grossen Meister Italiens hätten leider in ihren Werken die Wuthausbrüche einer früheren Schreckenszeit verewigt; wohin er auch sehe, überall finde er Blut- und Gräuelscenen dargestellt, finde er eine verbrauchte Mythologie, eine lächerliche Wahl des Gegenstandes und die grösste Armuth in der Erfindung. Wenn man die italienischen Galerien beraubt und die Kunstbeute nach Paris geschleppt habe, so sei dies, meint Mercier, vielleicht nur geschehen, um die eigenen blutigen Excesse zu beschönigen. Er gesteht, dass es ihm Angesichts dieser Gemälde unheimlich zu Muthe werde, da sie ihn zu lebhaft an die Zeit Robespierre's gemahnen. Man möge sie verstecken, denn ihre Wirkung sei geradezu unsittlich; seien doch die Henker und Bösewichte in diesen Gemälden immer am besten gemalt, ihre Gesichtszüge interessanter und anziehender als die der braven Leute. In seiner üblen Laune vergisst Mercier hinzuzufügen, dass es heute besser um die Menschheit stehen würde, wenn sie von Niemandem als von der Kunst und ihren Jüngern zur Mordlust und Blutgier erzogen worden wäre.

Mercier liebte die Widersprüche und hielt nicht viel auf Consequenz. Es kennzeichnet ihn, dass er die Revolution bald als heilig pries, bald als Höllenwerk verdammte, dass er den Convent hochhielt und für den ersten Consul schwärmte, welcher die wahre Republik begründen werde. Obschon er in einer besonderen Schrift heftig gegen die Lotterie aufgetreten war, scheute er sich nicht, einige Jahre später eine Stelle in der Lotterie-Administration anzunehmen. „Ich bin wie Chlodwig, der Sigamber", sagte er einmal offenherzig, „denn ich fühle mich versucht, zu verbrennen, was ich angebetet, und anzubeten, was ich verbrannt habe." Charakter braucht man bei einem solchen Manne freilich nicht zu suchen.

Zehnter Abschnitt.

Bernardin de Saint-Pierre.

Die Erzählung von „Paul und Virginie" ist aller Welt bekannt. In die Sprachen vieler Völker übertragen, findet die rührende Geschichte von der Liebe und dem traurigen Tod des jungen Paares überall theilnehmende Herzen, welche die Freude und den Schmerz jener einfachen Menschen in ihrer ganzen Grösse ¡empfinden. „Paul und Virginie" ist nur ein kleines Buch; aber trotz mannigfacher Mängel gehört es zu den Schriften, welche den Namen ihres Verfassers für immer der Vergessenheit entreissen. Denn es bietet ein Gemälde von bezauberndem Glanz und doch eigenthümlicher Weichheit der Farben; es ist ein Gedicht, dessen Harmonien, den sanften Tönen einer Harfe vergleichbar, das Gemüth zur Milde stimmen; ein Gedicht, das von einem sehnsüchtigen Hauch durchzogen ist, wie ihn der würzige Abendwind nach einem heissen Sommertag nur immer in schwärmerischen Herzen zu erwecken vermag.

Wäre uns jede Kunde über das Leben Bernardin de Saint-Pierre's verloren, wäre uns selbst das Zeitalter, in dem er gelebt, nicht sicher angegeben, so würden wir ohne Zweifel aus dem Charakter seiner Schriften schliessen, dass er in einer Periode tiefen Völkerfriedens aufgetreten sei. Und doch gehört er nicht bloss der Zeit, sondern auch seinem Wesen nach unstreitig in den Bereich unserer Darstellung, in die Literaturgeschichte der Revolution, welcher er in mancher Beziehung näher steht, als man im ersten Augenblick glauben möchte. Sah doch die Schäferpoesie ihre Popularität während der Schreckenszeit stetig wachsen, weil man Einfachheit und Natürlichkeit in ihr zu finden wähnte, und man, unbeirrt von

dem täglich vergossenen Blut, von einer neuen idealen Welt
träumte, die man begründen wolle. So war die Poesie der Idyllen
in ihrem Ungeschmack und ihrer Unnatur nicht allein ein Beweis für die Hinfälligkeit der alten Zeit, sondern auch ein
Anzeichen der allgemeinen Unruhe, mit der man um die Herstellung besserer Verhältnisse besorgt war.

Henri Bernardin de Saint-Pierre war am 19. Januar 1737 zu Hâvre geboren, wo sein Vater in bescheidenen
Vermögensumständen wohnte, seinen Kindern aber frühzeitig
das stolze Bewusstsein einflösste, dass sie von dem alten Helden Eustache de Saint-Pierre abstammten, welcher der
Sage nach im Jahre 1347 die Stadt Calais so tapfer gegen die
Engländer vertheidigt hatte. Beweise konnte der Vater, der
eigentlich nur Bernardin hiess, für seine Behauptung nicht
vorbringen, er besass aber dafür einen um so stärkeren Glauben daran, was nicht ohne Einfluss auf die späteren Schicksale
seines Sohnes war, der sich gern von seiner adeligen Herkunft
überzeugen liess.

Das geschäftige Treiben einer Hafenstadt, wie Hâvre,
musste die Phantasie des Knaben lebhaft erregen. Ohnehin lag
in der ganzen Familie ein Zug der Unruhe, eine Vorliebe für
Abenteuer und Wagnisse, welche nicht allein Henri, sondern
auch dessen beide Brüder in die Welt hinaustrieb. Der eine
dieser letzteren wurde Soldat und endigte nach vielerlei aufre-
genden Erlebnissen in Wahnsinn; der andere ging auf die See,
wurde mit der Zeit Schiffscapitän und machte grosse Reisen.
Auch Henri schien von der Natur durchaus nicht zu einer ruhigen Thätigkeit bestimmt zu sein und seine schriftstellerische
Laufbahn begann erst spät. In der ersten Hälfte seines Lebens,
seiner Sturm- und Drangperiode, durchschweifte er unstät die
Welt, um Glück und Ruhm zu suchen, fand aber nur bittere
Enttäuschung; dann aber offenbarte sich plötzlich sein Talent
als Erzähler, seine Meisterschaft über die Sprache, und indem

er in stiller Zurückgezogenheit seine Werke verfasste, fand er endlich den Ruhm, dem er so lange vergeblich nachgestrebt und auf den er schon fast verzichtet hatte.

Erwähnen wir nur übersichtlich die Erlebnisse seiner Jugend, denn sie gehören einer Zeit an, die wenig Beziehung zu den letzten Bewegungen des Jahrhunderts hatte. In seiner Kindheit begeisterte er sich an der Geschichte Robinson's und noch später war es sein sehnlicher Wunsch, er möge selbst einmal in der Lage sein, auf einer einsamen glücklichen Insel eine Colonie zu begründen, und dieselbe nach seinen Ideen, höchst vernünftig und höchst idyllisch, einzurichten. Allein eine Seereise nach Amerika, auf der er in jungen Jahren seinen Onkel, einen Schiffscapitän, begleiten durfte, verleidete ihm für geraume Zeit den Geschmack am Meer, und er gerieth dafür bei seinem unruhigen und doch träumerischen Wesen auf andere Gedanken, die noch abenteuerlicher waren. Einmal nahm er sich vor, Einsiedler zu werden, und liess sich dann in einer von Jesuiten geleiteten Schulanstalt dafür gewinnen, als Missionär nach China zu gehen; allein sein Vater entschied anders und sandte ihn nach Paris, damit er sich dort zum Ingenieur ausbilde. Als solcher wurde er 1760 zur Armee geschickt, welche damals in Hessen stand, konnte sich aber mit seinen Oberen nicht vertragen und zog vor, nach Malta zu gehen, das von den Türken mit Belagerung bedroht war. Es gelang indessen, den Frieden mit der Pforte aufrecht zu erhalten, und da Bernardin ohne königliche Bestallung war, konnte er sich nicht lange in Malta halten und kehrte in grosser Dürftigkeit nach Frankreich zurück. Sein Vater, der sich zum zweitenmal verheirathet hatte, verweigerte ihm jede weitere Unterstützung, und so entschloss er sich, sein Heil in Russland zu versuchen, das damals bei den französischen Philosophen in besonderer Gunst stand. Kaiserin Kathari'na schien mit ihren menschenfreundlichen Ideen eine neue glückliche Zeit der Humanität über Europa heraufzuführen, und auch Bernardin de Saint-Pierre hoffte zuversichtlich, dass die Czarin ihm zur Ausführung seiner hochfliegenden Pläne behülflich sein würde. Sein alter Traum von der Begründung einer Mustercolonie und einer darin durchgeführten gerechteren Ordnung der menschlichen Gesellschaft lebte wieder in ihm auf, und arm an Geld, aber an Hoffnungen um so reicher, trat er seine Reise nach dem Norden an. Sich mehr Ansehen zu geben, trat er kurzer Hand als Chevalier de Saint-Pierre auf, was ihn jedoch nicht vor Noth und Verlegenheit bewahrte. Schon in Brüssel fand sich seine Kasse erschöpft, und mühsam schlug er sich durch Belgien und Holland bis nach Lübeck, wo er mit einem Schiffe weiter ging. Hätte er nicht unterwegs gutherzige Menschen gefunden, welche ihm die nöthigen Mittel vorgeschossen hätten, würde er sein Ziel niemals erreicht haben. In Russland, wo er eine Anstellung im Geniecorps fand, eine Zeitlang in Moskau, meistens aber in Petersburg lebte, einmal auch einen General nach Finnland zu begleiten hatte, gefiel es ihm indessen durchaus nicht. Die Wirklichkeit entsprach zu wenig seinen Erwartungen. In seinem anfänglichen Enthusiasmus wagte er es zwar, der Kaiserin eine Denkschrift einzureichen, in welcher er sich erbot, eine Republik an den Ufern des Aralsees zu gründen, welche Auswanderer aller Nationen aufnehmen und die Civilisation in jenen Gegenden verbreiten würde. * Allein Katharina bekam diese Schrift so wenig zu sehen, wie jene andere, in welcher sich Bernardin zum Sprecher der Polen aufwarf, deren Leiden er trotz aller Kürze in ergreifender Weise schilderte. Dass er aber an einen Erfolg glauben konnte, wenn er, der Franzose, von der fremden russischen Herrscherin Schutz

---

* Projet d'une compagnie pour la découverte d'un passage aux Indes par la Russie, présenté à S. M. l'impératrice Cathérine II. Abgedruckt in Bernardin de Saint-Pierre's Werken. Theil I., S. 349, édition Martin.

für das polnische Landvolk gegen den dortigen Adel verlangte, zeigt wieder auf's Neue, wie leicht er sich von seiner Phantasie hinreissen liess. * In seinen Erwartungen getäuscht, von Unwillen gegen die heuchlerische Despotie in Russland erfüllt und von seiner inneren Unruhe gespornt, glaubte er sich plötzlich berufen, für die Freiheit und Unabhängigkeit Polens thätig aufzutreten und sich in der Vertheidigung dieses Landes gegen den gefährlichen russischen Nachbar unsterblichen Ruhm zu erwerben. Rasch entschlossen verliess er Russland und trat in polnische Dienste. Aber die Enttäuschung kam hier so schnell, wie sie in Russland gekommen war, und ein Liebesverhältniss mit einer polnischen Prinzessin nöthigte ihn zuletzt, auch von Warschau zu scheiden. Gleich einem fahrenden Ritter irrte er nun in der Welt umher, kam nach Wien, von da nach Dresden und Berlin, in welch' letzterer Stadt er sich längere Zeit aufhielt, in der Hoffnung, eine Officiersstelle in Friedrich's Heer zu erlangen. Doch auch diese Aussicht erwies sich als trügerisch, und völlig verarmt und verschuldet kehrte er endlich in sein Vaterland zurück.** Dort fand er seine ganze Fa-

---

* Le vieux paysan polonais. Ges. Werke IV, 237.

** Wir haben von Bernardin de Saint-Pierre noch eine Reihe kleiner Aufsätze über die Länder, die er durchreist hatte. Obwohl dieselben nichts Bedeutendes enthalten und keinen scharfen Blick verrathen, ist es doch nicht ohne Interesse, einige seiner Urtheile über Deutschland und die deutschen Sitten zu lesen. „Ein Pariser Bourgeois", sagt er, „wohnt, isst und fährt besser, als der Kronprinz von Preussen und die Mehrzahl der nordischen Monarchen. Dennoch haben unsere Sitten und unsere feine Lebensweise (aisance) den Rhein überschritten und die Sachsen vereinen französische Anmuth mit deutschem Ueberfluss (joignent à la profusion allemande la délicatesse française). Ihre Frauen sind affektirt, die Männer lassen sich die Haare brennen und pudern, und sind höflich und gefällig wie die Pariser."

Ueber die Damen des preussischen Hofes berichtet Bernardin de Saint-Pierre nichts Gutes. Sie hätten zu viel von den ausgelassenen fran-

milie zerstreut, seinen Vater todt, seine Schwester im Kloster und sich selbst so verlassen, als er nur je in der Fremde gewesen war. Längere Zeit lebte er zurückgezogen in einem Dorfe bei Paris, wo er die Notizen über seine Reisen zu ordnen versuchte. Aber selbst das Manuscript, das er hier fertigte, wurde ihm verloren! Endlich erhielt er durch einen Gönner, den Baron Breteuil, eine Ernennung als Ingenieur für die französische

zösischen Sitten angenommen. „Die andern Frauen aber sind sparsam, naiv und gute Haushälterinnen. Ihre grösste Freude ist es, sich einander zum Kaffee einzuladen, die Einen bringen eingemachte Früchte, die Andern Kuchen mit, den sie selbst gebacken haben; doch geht es in diesen Gesellschaften, von welchen die Männer ausgeschlossen sind, nicht gerade sehr lebhaft zu."

In mehreren Briefen an seinen Freund Duval in Petersburg schildert er in ergötzlicher Weise die Leiden seiner Postfahrt in Russland. So schreibt er aus Riga 1764: „Ich bin hier in einem herzlich schlechten Wirthshaus, wo ich täglich einen Dukaten zu zahlen habe, ohne dass ich Wein trinke. Kein Schiff nach Königsberg oder Danzig, die Wege nach Warschau unfahrbar, zum Glück habe ich einen Fuhrmann aus Königsberg gefunden, der morgen dorthin abgeht. Ich habe mit ihm für zwölf Rubel abgeschlossen, was sehr wohlfeil ist, wie man mir sagt....... Ich danke Ihnen noch für Ihre Anweisung, Butter zu machen. Ich hatte Milch in eine Flasche gefüllt, dieselbe gut verschlossen und, mit Stroh umhüllt, in den Wagenkasten legen lassen. Als ich aber sehen wollte, ob es Butter gegeben hätte, fand ich in der Flasche weder Butter, noch Rahm, noch Milch; die physikalische Erklärung dieses Vorganges entdeckte ich in dem Postknecht, der mit mir unzufrieden war und die Flasche desshalb boshafter und verrätherischer Weise entkorkt hatte."

„Es ist eine wahre Räuberbande — alle diese Schurken! Diese 560 Werst kosten mich an zwanzig Rubel, denn man wechselt mehr als vierzig Mal. Nur um meinen Wagen zu schmieren, forderten sie mir bis zu fünfzehn Sous. Wollte ich nicht zahlen, so spannten sie die Pferde aus; griff ich nach meinen Pistolen, so flohen sie und liessen mich allein. Ass ich zwei Eier — dreissig Sous! Gott soll mich bewahren, dass ich je wieder auf der Post mit einem Hofprivilegium fahre!"

Colonie auf Isle-de-France (heute die Insel Mauritius), mit dem
Titel eines Capitäns und hundert Louisd'or Gehalt. In der
schwierigen Lage, in welcher er sich befand, nahm er diese
Stelle mit Freuden an, um so mehr, als Baron Breteuil ihm
die verlockende Aussicht eröffnete, dass er berufen sei, an der
Küste von Madagaskar eine Colonie zu begründen, deren Verfassung und Gesetze er ganz nach seinen Ideen ordnen dürfe.
So schiffte sich Bernardin de Saint-Pierre im Jahre 1768
ein, und wenn auch der schöne Traum der madagassischen Mustercolonie bald zerrann und statt dessen eine elende Speculation auf Sclavenhandel sehen liess, vor dem er zurückscheute,
so war doch seine Anstellung auf Isle-de-France keine Täuschung.
Er verbrachte daselbst drei Jahre, konnte sich freilich auch
hier nicht heimisch machen und war froh, als er im Jahre 1771
wieder nach Frankreich zurückkehren durfte.

Abermals waren seine Plane gescheitert, seine Aussichten
trüber als je. Was er auch bis jetzt begonnen hatte, nichts
war ihm gelungen, theils weil er sich unpraktisch erwiesen,
theils weil er die nöthige Gunst des Schicksals nicht gefunden
hatte. Allein er stand jetzt an dem Wendepunkt seines Lebens. Die Periode seiner unstäten Wanderungen schloss und
seine schriftstellerische Thätigkeit begann, zunächst freilich
unter wenig günstigen Auspicien, da er die eigenthümliche Richtung seines Talentes noch nicht erkannt hatte. Nach Paris zurückgekehrt, beschrieb er seine Reise nach Isle-de-France in der Form
von Briefen an seinen Freund Duval, einen Juwelier aus Genf,
der sich in Petersburg niedergelassen und ihm seiner Zeit häufig
aus der Noth geholfen hatte. Trocken, mit kurzen Notizen, wie
sie Tag für Tag während der Fahrt niedergeschrieben worden
waren, ohne Begeisterung und selbst ohne jede Absicht, durch
gefällige Schilderungen zu fesseln, lässt diese Reisebeschreibung
nicht ahnen, wie poetisch und lebendig dereinst Bernardin de
Saint-Pierre dieselben Gegenden beschreiben, wie sehr ihm

14*

das Gemälde der tropischen Natur gelingen würde. Allein er strebte zunächst nur nach dem Ruhm eines Gelehrten und blieb deshalb absichtlich trocken. Sein Buch machte darum wenig von sich reden und verdiente es auch nicht besser. Um so wichtiger war es für ihn, dass er um jene Zeit mit d'Alembert und Jean Jacques Rousseau bekannt wurde, mit letzterem sich sogar eng befreundete. Noch in seinen späteren Schriften gedenkt er dankbar der Spaziergänge, welche sie beide zusammen gemacht, der Fülle von Gedanken, welche sie ausgetauscht hätten. Es ist schwer, im Einzelnen nachzuweisen, wie Rousseau bestimmend und umändernd auf seinen Freund eingewirkt hat; aber wir irren wohl kaum, wenn wir annehmen, dass Rousseau es gewesen, welcher dem seiner Kraft zwar bewussten, aber noch unsicher umhertastenden Mann die rechte Bahn angewiesen habe. Bernardin de Saint-Pierre hatte in seinem Wesen etwas Eigenthümliches, etwas Verwandtes, das den Verfasser des „Contrat social" und der „neuen Heloise" anziehen musste. In seinen Ansichten bestärkt, aber mit freierem Blick und mit erweiterter Gedankenwelt, fasste Bernardin damals den Plan, in einem grossen Schäferroman das Hirtenvolk Arkadiens zu schildern, wie es in ungekünstelten Verhältnissen, den Forderungen der Natur gemäss, lebte, um auf diese Weise das Glück eines friedlichen einfachen Lebens vor Augen zu führen. Rousseau billigte diese Idee, rieth aber, zur schärferen Charakteristik dem Bild des arkadischen harmlosen Völkchens die Schilderung eines corrumpirten, in sich zerfallenden Gemeinwesens gegenüber zu stellen; und so entstand der Plan zu „Arkadien". Ein egyptischer Fürstensohn kommt mit seinem weisen Lehrer in die arkadischen Berge und erzählt dort, wie er, beseelt von dem Wunsch, der Menschheit zu nützen, in die fernen westlichen Länder, nach Gallien gezogen sei, und dort nur raube Völkerschaften im Zustand der Barbarei getroffen habe, und in seinem Bemühen, sie zu belehren, oftmals von grausem Tod bedroht ge-

wesen sei. So weit reicht das erste Buch, welches „Gallien" überschrieben und beinahe vollendet ist. In den folgenden Büchern
die nur angelegt sind, sollte Arkadien mit den milden Sitten
seiner Bevölkerung, seinen heiteren Festen, seiner schönen Natur
geschildert und dabei die erwachende Liebe des jungen Aegyp-
ters zu der Tochter seines Gastfreundes erzählt werden, um alsdann in dem letzten Theil des Werks die Liebenden nach Aegypten zu führen, und die zerrütteten Zustände jenes überfeinerten
Landes zu malen. Allein Bernardin liess die Arbeit bald fallen,
als er sich vergebens bemüht hatte, von der Regierung unter
irgend welchem Vorwand nach dem Land der Pharaonen geschickt
zu werden.

Eine tiefe Melancholie bemächtigte sich seiner, als er sich
in seinen Hoffnungen abermals getäuscht sah. Zudem fühlte er
sich in den schöngeistigen Kreisen, in welche er eingeführt war,
wenig beachtet, glaubte sich von den Gelehrten verfolgt, die seine
wissenschaftlichen Ansichten nicht gelten lassen wollten und
wurde zuletzt so menschenscheu, dass er sich von allen Bekannten. Rousseau ausgenommen, zurückzog. Zuletzt traute er
keinem Menschen mehr etwas Gutes zu, und wurde darüber so
krank, dass er manchmal für seinen Verstand fürchtete.* Jean
Jacques wusste ihn allmählig zu heilen, indem er ihn auf die
Grösse und Schönheit der Natur verwies, und ihn zu einem neuen
Werk anspornte. Bernardin de Saint-Pierre folgte diesem
Rath und die anziehende Arbeit, der er sich nun widmete, rettete
ihn. In seiner ärmlichen Wohnung in der Vorstadt Saint-Marceau
schrieb er im Winter 1783 auf 1784 den ersten Band seiner
„Naturstudien" („Etudes de la Nature"), für die er keine Mühe
scheute und deren Manuscript er immer wieder von Neuem vor-
nahm, um daran zu feilen und zu bessern. Er hatte das richtige
Feld für seine Thätigkeit gefunden; die drei Bände seiner „Natur-

---

* Vorrede der „Arcadia".

studien", welche er mit der Zeit veröffentlichte, erregten allgemeine Begeisterung und machten seinen Namen mit einem Male in ganz Frankreich bekannt. Aehnlich wie Châteaubriand später in seinem „Geist des Christenthums", wollte Bernardin de Saint-Pierre in seinen „Studien" eine Aesthetik der Religion, oder besser gesagt, des religiösen Gefühls geben. In einer Reihe lebensvoller Bilder sucht er die Grösse und vollendete Schönheit der Schöpfung, die selbst in dem Kleinsten sich zeigende zweckmässige Einrichtung aller Dinge darzuthun, um den Grundgedanken seines Werkes recht klar zum Bewusstsein seiner Leser zu bringen, dass nämlich Gott die ganze Natur durchdringt und belebt. Aber Bernardin war kein Philosoph, nicht einmal ein Naturforscher, so sehr er sich auch bemühte, die Natur kennen zu lernen; er blieb Dilettant auf beiden Gebieten und seine naturwissenschaftlichen Theorien konnten niemals Anklang finden. Man erwarte keine strenge Logik, kein sicher durchgeführtes System in den „Studien"; sie enthalten nur eine Folge von Aufsätzen, die fast alle Gebiete des menschlichen Wissens berühren, von Psychologie und Literatur wie von Erziehung der Kinder reden, und neben den anmuthigsten Schilderungen oft die bizarrsten Ideen entwickeln. Hatte Descartes seine Philosophie auf dem Satz „ich denke, folglich bin ich" aufgebaut, so begründet Bernardin de Saint-Pierre seine Lehre auf der Grundidee: „ich fühle, folglich bin ich." Ohne sich des Widerspruchs in seinem Streben klar zu werden, will er das Gefühl als philosophische Wissenschaft behandeln, und die Empfindung anstatt der Vernunft als Herrscherin über die Menschheit einsetzen. Ihm ist die Unwissenheit die Mutter des Vergnügens, er preist ihren Werth sogar in einem besonderen Abschnitt.* Er findet, dass die Gottheit ihre tiefste Kraft, das Gefühl, nur der Unwissenheit, nicht aber dem Verstand verleihe, wie auch die Nacht eine höhere

* Band III, Studie 12.

Idee von der Unendlichkeit gebe, als der Tag. Denn während des
Tags sehe man nur eine Sonne, während der Nacht aber deren
Tausende!* Mit solchen geistreichen Wendungen glaubte er seine
Beweise zu führen und erzielte in der That damit grossen Beifall. Aber er geht noch weiter und sagt einmal sogar, der Mensch
müsse der Vernunft entsagen, um seinen Busen von göttlichen
Gefühlen schwellen zu lassen (l'homme renonce à la raison hu-
maine, pour exciter des émotions divines"). Und doch erklärt er
an einer andern Stelle, dass ein Wurm ein besseres Loos habe,
als ein Königskind. Denn dieses komme nackt, hülflos, weinend
zur Welt, der Wurm aber finde seine Nahrung gleich in der
süssen Frucht geboten, in der er entstehe, er brauche während
seines ganzen Lebens weder zu sorgen, noch zu arbeiten, noch gar
eines Fremden Hülfe zu beanspruchen.**

Solche Paradoxen, verbunden mit der Gefühlsschwärmerei,
die sich auf jeder Seite offenbarte, und durch den Zauber einer
harmonischen Sprache noch gestützt wurde, mussten in den vornehmen Kreisen lebhaften Anklang finden, zumal er den Muth
hatte, mit seinem unerschütterlichen Gottesglauben der herrschenden skeptischen Richtung entgegenzutreten, der man wohl
selber huldigen wollte, deren Ausbreitung in den unteren Klassen
man aber ungern sah. Seit jener Zeit sah sich Bernardin de
Saint-Pierre geehrt und beliebt, der König setzte ihm eine
Pension aus und die feine Welt beeilte sich, ihn einzuladen und
ihm zu huldigen; allein gegen diese Ehren verhielt er sich ablehnend und verharrte in seinem misanthropischen Wesen.

Den Gipfelpunkt seines Ruhmes erreichte er mit seiner Erzählung „Paul und Virginie", die er im Jahre 1787 gleichsam
als eine Folge seiner „Studien" veröffentlichte.*** Und gerade

* Ebendaselbst.
** Ebendaselbst.
*** In manchen Ausgaben bilden „Paul und Virginie" nebst der
„indischen Hütte" geradezu einen Band der „Studien".

dieses Werk, das er schon früher verfasst hatte, war im Salon der
Madame Necker, wo er es vorgelesen, unter den Zeichen so
allgemeiner Missbilligung und Langenweile aufgenommen worden, dass Bernardin de Saint-Pierre nur mit Mühe von der
Vernichtung des Manuskripts hatte zurückgehalten werden können. So bot ihm der Erfolg, den er nun mit ihm erreichte, doppelte
Genugthuung.

Selbst die Revolution schmälerte seine Popularität nur
wenig. Er begrüsste den Beginn der Bewegung und schrieb noch
in dem Jahre 1789 seine „Wünsche eines Einsiedlers" („les
voeux d'un solitäire"), in welchen er zwar als wohlmeinender
Mann, keineswegs aber als tiefdenkender Politiker erschien.
Neben einfachen und verständigen Gedanken finden sich in dieser
Schrift die sonderbarsten Vorschläge, an deren Ernst man kaum
glauben kann, die aber wirklich ernst gemeint waren. Nachdem
er schon in seinen „Studien" empfohlen hatte, eine der Seine-
Inseln bei Paris zu einem „Elysium", einer Art Walhalla, umzu-
wandeln, meinte er nun, man solle am Ufer des Meeres ein Asyl
für unglückliche Familien des Auslands gründen; solle einer
jeden einen kleinen Landbesitz anweisen, wo sie wohnen, ihr
nationales Kostüm und ihre gewohnte Lebensweise beibehalten
könnten. Der Engländer, so schlägt er vor, wohne auf einer gras-
reichen Fluss-Insel und zimmere schnellsegelnde Bote oder er-
ziehe geschwinde Rosse; der Jude gedenke unter einer Trauerweide der Klagelieder um Jerusalem, auf einem Boot befinde sich
die Wohnung des Holländers. Dort sei das Zelt des Lappländers,
hier die Hütte des Negers; der erstere halte seine Rennthiere im
Tannengehölz nahe bei einem Eiskeller, während der letztere in
einem Gewächshaus Feigenbäume ziehe, auf welchen die Koche-
nille heimisch sei. Jede Nation der Erde könne auf diese Weise
vertreten sein; Handel, Industrie und Wissenschaft würden durch
dieses Asyl gefördert werden. In der Mitte desselben aber erhebe
sich ein Tempel, der jeden Tag einem andern Glauben diene, wo

jeden Tag in anderer Sprache gebetet werde. Dann werde das
Reich der gegenseitigen Duldung und Liebe sich erheben, und
während die Französin mit der einen Hand das Haupt des Deutschen mit Blumen bekränze, schenke sie mit der anderen den
Wein in die Schale des Türken!

In demselben humanen Sinn, wie „Paul und Virginie" und
die „Wünsche eines Einsiedlers", ist auch die „Indische Hütte"
geschrieben, welche er 1791 erscheinen liess. Sein Glaube an den
Fortschritt der Menschheit war unerschütterlich und selbst die
blutigen Vorgänge der Revolution konnten ihm denselben nicht
rauben. Dies beweist unter Anderem auch sein „Amazonenstrom",
ein Buch, das nicht vollendet ist, in welchem er aber unter der
Form einer Erzählung auf seine alten Ideen einer Musterkolonie
zurückkam.

Im Jahre 1792 hatte sich Bernardin de Saint-Pierre
mit Fräulein Didot vermählt, die ihm etwas Vermögen mit-
brachte, und Ludwig XVI. hatte ihn um dieselbe Zeit zum Inten-
danten der königlichen Gärten ernannt, welche Stelle jedoch nach
dem Sturz der Monarchie aufgehoben wurde. Den Sturm der
Schreckenszeit überlebte er in der Stille seiner kleinen Land-
wohnung in Essonne, und sein Glück wollte, dass er unbemerkt blieb.
Als nach Robespierre's Tod die „Ecole Normale" begründet
wurde, ernannte man ihn zum Professor an derselben, allein Bernardin verschmähte es, Vorträge zu halten. Später räumte die
Regierung ihm, wie Ducis, eine Wohnung im Louvre ein, und beide
Männer wurden bald Freunde, so verschiedenartig ihr Charakter
auch in vieler Beziehung war. Als Mitglied der Akademie aufgenommen und von Napoleon geschätzt, der ihm eines Tages die
sonderbare Zumuthung stellte, er möge doch jedes halbe Jahr eine
Erzählung wie „Paul und Virginie" schreiben, zog sich Bernardin de Saint-Pierre doch immer mehr in die Einsamkeit zurück. In einem Briefe an seinen Freund Duval hatte er einst als
höchste Lebensfreude „einen Garten, guten Wein und eine

Schäferin" gewünscht, und diesem Grundsatz getreu, heirathete
er in seinem drei und sechzigsten Jahr, nach dem Tod seiner ersten Frau, von der er zwei Kinder, einen Paul und eine Virginie hatte, zum zweitenmal, und führte sich ein junges hübsches
Weibchen in sein Haus. Mit ihr lebte er noch über dreizehn Jahre,
meistens auf dem Land, zu Eragny, mit einem Werk über „die
Harmonie der Natur" („les harmonies de la nature") beschäftigt,
das er nicht vollendete, und das erst nach seinem Tod veröffentlicht wurde. Er starb am 21. Januar 1814 in Folge eines Schlag-
anfalls.

Ueberblicken wir Bernardin de Saint-Pierre's Leben in
seinem ganzen Verlaufe, so zeigt es sich, wie sehr er ein Sohn
seiner Zeit gewesen ist. Wie die glänzende, witzsprühende
Gesellschaft des achtzehnten Jahrhunderts leichtsinnig an dem
Ueberlieferten rüttelte, weil dasselbe langweilig erschien, und
deshalb nach Neuerungen strebte, welche Unterhaltung verspra-
chen; wie die ganze Zeit sich gleichzeitig durch ihr Streben nach
Aufklärung, durch das Interesse für den Fortschritt der Menschheit auszeichnete, so war auch Bernardin, „der Chevalier von
Saint-Pierre", aufgeregten Geistes, abenteuerlustig und neuerungs-
froh, galant in seiner Jugend und von dem Geiste der Humanität
und Toleranz durchdrungen. Doch wie seine Zeitgenossen nicht
in die Tiefe der Ideen einzudringen vermochten, so war auch er
oberflächlich und leicht befriedigt, indem er ohne Voraussicht
und ohne Ausdauer, mehr dem Scheine als dem Wesen einer
Sache nachstrebte.

Zu einem solchen Charakter stimmte die Mode der Sentimentalität vortrefflich; ja wir finden die Empfindsamkeit bei Bernardin de Saint-Pierre bis zur weibischen Affectation gestei-
gert. Tadelt er sich doch selber wegen seiner allzugrossen Nachgiebigkeit gegen physisches wie moralisches Leiden. Ein einziger Dorn schmerze ihn mehr, als der Duft von hundert Rosen
ihn erfreuen könne, und die beste Gesellschaft sei ihm verleidet,

wenn er einen einzigen widerwärtigen Menschen darin finde. Denn
während die Anderen den Jargon der Welt redeten, lasse er sein
Herz sprechen und zeige seine Gefühle.* Aber die trübe Melancholie, der er sich oft hingibt, ist für ihn kein Schmerz, kein
wahrhaftes Leiden der Seele; sie ist ihm wie eine angenehme Empfindung, die ihm schön steht, die ein Schmuck ist für ein ge-
fühlvolles Gemüth, und die er geradezu eine Wollust der Seele
nennt. Mit solchen Ideen wurde er besonders der Liebling der
Damen, welche für ihn schwärmten wie die deutschen Frauen für
Jean Paul und seinen Pudel, und er vergalt es ihnen, indem er
dankbar bei jeder Gelegenheit ihr Lob sang. So ehrt er sie in dem
Vorwort zu „Paul und Virginie" durch einen begeisterten Di-
thyrambus; ihnen hauptsächlich gebühre der Ruhm, die Völker
zur Gesittung geführt zu haben. Denn die Empfindsamkeit der
Frau fessele den Ehrgeiz des Mannes, und es sei ihr Verdienst,
wenn die Erziehung der Kinder weniger barbarisch geleitet würde,
wenn Sclaverei und Tortur, wenn Kreuz, Rad und Holzstoss endlich verschwunden wären. Die Frau lehre zuerst die Völker, die
Opfer der Despoten zu beweinen, und wisse zuletzt sogar die Gewissen der Tyrannen zu rühren. Nur die Frauen hätten der französischen Sprache ihre Schönheit, Grazie und durchsichtige Klarheit gegeben, und sie seien es auch, fügt er dankbar hinzu,
welche den einsamen Schriftstellern Schutz gewährten. Vor ihrem
züchtigen Blick, ihrer süssen Stimme scheue der kecke Sophist
zurück und verwirre sich; ihnen gegenüber begreife der Atheist,
dass es noch einen Gott gebe. Ihre Thränen machen die Fackeln
des Aberglaubens erlöschen und ihr göttliches Lächeln vernichte
die kalten Beweise des Materialismus.

Ein so eifriger Prediger der Religiosität er ist, so verkündigt er doch mehr den reinen Deismus und die einfache Moral,
welche die Natur dem Menschen in's Herz gelegt habe, als eine

---

* Arcadie. préambule.

überlieferte Lehre. In seiner Schwärmerei befangen, meinte er
jeden Ungläubigen durch seine süssen Bilder, seine reizenden
Naturschilderungen bekehren zu können, und es begegnet ihm,
dass er nach einer poetischen Darstellung von Ariadne's Kummer begeistert ausruft, selbst ein Atheist, der nichts als die
Materie kenne, müsse sich doch wohl von solcher Scene rühren
lassen!

Alle diese Phantasien sind indessen so gut wie vergessen,
und mit ihnen seine platte Idylle von dem „Stein Abraham's"·
sein „Amazonenstrom" und selbst seine „Harmonien der Natur", die nach Sainte-Beuve's Urtheil beim Lesen wahren
Widerwillen erregen. Seinen Ruhm zu verewigen, sind nur seine
zwei Erzählungen, „Paul und Virginie" und die „Indische
Hütte" geblieben. Dennoch war es wichtig, ihn auch in seinen
übrigen Werken kennen zu lernen, da sie allein eine genaue
Kenntniss und richtige Beurtheilung seines Wesens möglich
machen.

„Paul und Virginie" ist zu bekannt, als dass es nöthig
wäre, den Inhalt der Erzählung ausführlich anzugeben. Es ist
die Geschichte zweier Kinder, die fern von jedem fälschenden
Einfluss der Welt in der tropischen Natur eines entlegenen
Thales auf Isle de France aufgewachsen sind und sich lieben.
Aber Virginie ist die Tochter einer gebildeten Dame aus vor-
nehmem Stand, Paul der Sohn einer Bäuerin, und wenn auch
die beiden schwergeprüften Frauen diesen Unterschied vergessen,
um sich zu einer einzigen Familie zusammenzuschliessen, so
kommt doch der Augenblick, wo sich die Welt mit ihren Ansprüchen geltend macht und eine stolze reiche Tante in Frankreich darauf besteht, dass Virginie auf einige Zeit in ihrer
Nähe sei. Die Liebenden müssen sich trennen. Sie geloben,
einander treu zu bleiben und halten ihren Schwur; aber das
Schiff, welches die lang Ersehnte wieder in die stille Heimat

und in die Arme des harrenden Paul bringen soll, scheitert
im Angesicht der Insel. Vergeblich wirft sich der verzweifelnde
Jüngling in die tobende Brandung, Virginie ist verloren und
des andern Tages spülen die Wogen ihren leblosen Körper an
den Strand.

Dies ist der ganze Inhalt der Erzählung; aber gerade in
dieser Einfachheit beruht ihre Schönheit. Kein kindliches Gemüth wird ohne tiefe Rührung „Paul und Virginie" lesen, wo
auf jeder Seite selbst ein fast kindliches Gemüth sich offenbart.
Liebenswürdig, edel und in meisterhafter Sprache geschrieben,
verdient das Buch seinen Ruhm, der sich weit über die französischen Grenzen hinaus verbreitet hat. Alexander von Hum-
boldt erzählt in der Schilderung seiner Reisen in Süd-Amerika,
wie er oft während der stillen Nächte an die rührenden Scenen
in „Paul und Virginie" gedacht und dabei bewundert habe, wie
genau und wahr die tropische Natur darin geschildert sei. Dennoch darf uns das nicht abhalten, zu sagen, wie wenig natürlich Bernardin de Saint-Pierre manchmal war, und wie er
das Natürliche nicht selten in der Künstelei suchte. Noch fehle
es der neuen Welt an einem Theokrit und so wolle er der
Idyllendichter der Tropen werden, sagt er in der Vorrede. Aber
zum Glück führte ihn sein Talent höher, als er selbst dachte,
indem er die hirnlose Welt der bisherigen Idylle aufgab, die
Lüge der geschminkten Schäfergruppen verbannte und in der
Wahrheit der von ihm geschilderten Natur eine feste Grundlage für seine Erzählung fand. Noch gelang es ihm freilich
nicht, seinen Personen die gleiche Wahrheit und Frische des
Lebens wie seinen Landschaftsbildern zu geben. Trotz der Verehrung, die er für die Frauen hegte, kannte er sie nicht, und
selbst die zarte, duftige Zeichnung Virginiens ist in manchen
Punkten manierirt. Kinder, welche in der freien Natur, ohne
anderen Unterricht aufwachsen, als den ihnen die Natur selbst
ertheilt, sind nicht von des Gedankens Blässe angekränkelt;

handeln frischer und denken natürlicher. Virginie wäre vor der
Wuth der Wellen zu retten, wenn sie ihr Gewand ablegen
wollte, aber lieber stirbt sie vor den Augen ihres Geliebten,
indem sie die eine Hand auf das Herz drückt, mit der andern
ihre Kleider fester um sich schlägt. Solche jungfräuliche Zie-
rerei kann nicht in dem Herzen eines Naturkindes herrschen,
selbst nachdem es zwei Jahre in einer Pariser Pension ge-
schmachtet hat. Aber gleich der Tragödie scheute auch die
Idylle jedes Wort, jede Regung der wirklichen Natur, welche in
ihrem Ausdruck vielleicht nicht ganz salonfähig gewesen wäre.

Auch der Stil erscheint manchmal etwas zu farbenreich
und unruhig. Es ist dabei interessant zu sehen, wie sich Bernardin's Phantasie allmälig steigerte. In seiner Reisebeschreibung
hat er kein Wort des Lobes für Isle-de-France; keine Blume
auf der Wiese, nur rauhes Gras und Steine; kein Strauch, der
mit unserem Weissdorn zu vergleichen wäre; selbst die Bäume
sind grosse nackte Stämme mit einer Blätterkrone von trübem
Grün; kein Vogelsang, nur Gekreisch von Papageien und Affen!
So erschien dem nervösen Mann die Insel, als er sich in einer
unangenehmen Stellung daselbst missfiel; zehn Jahre später, als
er seine persönlichen Erfahrungen vergessen hatte, erinnerte er
sich freudig der tropischen Schönheit jenes Landes, und in
seinen Naturstudien (I, 5.) schildert er mit sichtbarer Liebe
dieselbe Gegend, in welche er später seine Geschichte von Paul
und Virginie verlegt; ja diese erste Zeichnung des schönen
Thales ist in ihrer Mässigung vielleicht vollendeter als das
farbenglühende Gemälde derselben Landschaft im letzteren
Buche.

In ähnlichem Geiste, wie „Paul und Virginie", ist die „Indische Hütte" verfasst; nur ist der Ton etwas stärker, der philosophische Inhalt etwas bestimmter, wie es eben die Zeit (1791)
mit sich brachte. Ein englischer Gelehrter, so heisst es daselbst,
wird von der Londoner Akademie nach Indien geschickt, um die

Wahrheit zu erforschen oder wenigstens den Weg zu erfragen, den man einschlagen müsse, um zu ihr zu gelangen. Kaum ist der Gelehrte in Indien angekommen, als er sich auch in seinem Eifer alsbald an die Braminen wendet, in seinen Erwartungen aber völlig getäuscht wird. Denn er findet nichts als eine selbstsüchtige hartherzige Kaste, eine Hierarchie, welche einzig ihre Herrschaft im Auge hat und um das Wohl des Volkes sich nicht kümmert.

Entmuthigt verlässt sie der Engländer, und verzweifelt schon, je die Wahrheit zu finden, als er in einsamem Wald, vom Orkan überrascht, bei einem Paria ein gastliches Obdach findet. Dieser, der von Allen verstossene und gemiedene Mensch, zeigt sich als der wahre Weise. Deutlicher noch als in „Paul und Virginie", wird das Menschengeschlecht hier auf die Natur hingewiesen, die allein den Menschen glücklich und zufrieden machen könne, während die Civilisation ihn verderbe. Ein Paria ist weniger unglücklich, als ein mächtiger Kaiser; aber freilich, der Paria, der uns von Bernardin de Saint-Pierre gezeigt wird, ist ein höchst civilisirter Naturmensch, in dessen Zufluchtsort alles gar hübsch und zierlich geordnet ist. Die „Indische Hütte" ist eben auch nur eine höhere Idylle, die aber von dem Geiste der Revolution belebt ist. Denn obschon sich Bernardin später gegen den Verdacht verwahrte, als habe er eine Satire gegen die Akademien und gegen die Kirche schreiben wollen, so stand er doch offenbar unter dem Einfluss der Tagesereignisse. Die Akademien galten als ein Ueberrest höfischer Steifheit, und die Macht der Kirche sowie der kirchlichen Würdenträger war, wie wir gesehen haben, ein Hauptthema auf der Bühne. Aus seinen Unterredungen mit dem Paria nimmt der englische Gelehrte schliesslich drei Grundwahrheiten mit nach Hause; einmal, dass man die Wahrheit mit einfachem Herzen suchen müsse; dann, dass man sie nur in der Natur finden könne, und endlich, dass man die Wahrheit, welche man gefunden habe, nur den guten Menschen mittheilen

solle. Dieser dritte Satz ist charakteristisch; Bernardin's Ideal
ist nicht die Aufopferung; er kennt keine begeisterte Hingabe
für die einmal als recht erkannte Wahrheit. Wollen die Menschen
sie nicht kennen, so ist es ihr eigener Schade; und wenn wir
diesen Gedanken annehmen, müssen wir auch sagen, dass Huss
seiner Zeit Unrecht hatte, zu reden, dass Luther besser gethan
hätte, sich eine schöne Pfründe zu sichern, als mit Rom anzu-
binden, dass die Männer endlich, welche für die Freiheit der
Völker sich geopfert haben, alle mehr oder weniger Thoren waren.
Ein indischer Paria, den die Menschen verstossen, darf allerdings
so denken, allein ein englischer Gelehrter, ein Mann der Wissenschaft und des Fortschrittes, darf solche Sätze nicht als den Ur-
quell aller Weisheit gelten lassen.

Gleichwie die Pflanze wächst und sich ihrem Wesen gemäss
gestaltet, gleichwie jedes Volk seine naturgemässe, folgerichtige
Entwickelung hat, so entfaltet sich auch die Literatur eines jeden
Landes nach bestimmten Gesetzen, unter deren Einfluss sie steht.
Dass es nicht die Laune des Zufalls ist, welche ihren Gang bestimmt, zeigt uns Bernardin de Saint-Pierre recht deutlich.
Er bildet das Bindeglied, das über ein Jahrhundert hinaus zwei
völlig getrennte Schulen mit einander verknüpft. Denn er stützt
sich einerseits in seinem Charakter, der Wahl seiner Gegenstände, seiner Sprache auf Fénélon, und reicht doch auf der anderen Seite den Romantikern des neunzehnten Jahrhunderts die
Hand, einem Châteaubriand, der Atala erzählt, und einem
Lamartine, welcher Graziella dichtet. In dem nüchternen achtzehnten Jahrhundert bewahrte Bernardin de Saint-Pierre die
Tradition der Empfindsamkeit, um dieselbe in erhöhter Weise
fortzupflanzen. Fénélon ist in allen seinen Beschreibungen
gemässigt, einfach und von ruhiger Schönheit; Bernardin
geht weiter, er wird üppig, liebt die vollen abgerundeten Sätze
um ihrer selbst willen, und freut sich der glänzenden Technik seines Stils. Seine Nachfolger werden ihn darin noch über-

bieten, und wie die römischen Kritiker in ihren besten Rednern eine rhodische und eine asiatische, d. h. eine massvolle und eine mit orientalischer Phantasie belebte Redekunst unterschieden, so können Saint-Pierre und noch mehr seine Nachfolger in der wunderbaren Meisterschaft ihres Stils, in ihrem Bilderreichthum, in der Musik und Harmonie ihrer Sprache dennoch einen gewissen „asiatischen" Charakter nicht verleugnen.

Eilfter Abschnitt.

Die lyrische Poesie. Revolutionäre und patriotische Lieder. Die Dichtung im Gefängniss.

Alltäglich forderte die Guillotine in Paris wie in den andern Städten Frankreichs ihre Opfer; zweimalhundertttausend Bürger schmachteten in den Gefängnissen, eines ähnlichen Loses harrend, und nicht geringer war die Zahl der Landeskinder, die sich in die Fremde geflüchtet hatten. Der Schrecken herrschte über Frankreich, die Arbeit ruhte, der Verkehr stockte und an vielen Orten zeigte sich die Hungersnoth in ihrer furchtbarsten Gestalt. Rings an den Grenzen drohten feindliche Heere mit Einbruch und eine Million Männer war unter die Waffen gerufen, um sie abzuwehren.

Die Zustände jener Tage mit der jüngsten Geschichte Frankreichs zu vergleichen, liegt nahe, und es drängt sich die Frage auf, in welcher Stimmung das Volk damals seinen Feinden entgegen getreten sei. Nichts aber gibt ein beredteres Zeugniss von der Stimmung und dem Schwung eines Volkes, als seine Lieder, als die Gesänge, welche im rechten Augenblick, wie von innerer Kraft getrieben, gleichsam von selbst entstehen, überall ertönen und zum Allgemeingut werden. Schon dies unterscheidet die Zeit der ersten Revolution von der letzten französischen Bewegung. Während jene ihre nationalen begeisternden Gesänge schuf, blieb diese stumm und wusste kaum die alten Weisen anders als in theatralischem Gepräng nachzustammeln.

Gleich einer schweren schwarzen Wolke, so scheint es uns, musste sich während der Schreckenszeit Trauer und Wehe über das schöne Land ausbreiten und jede Regung heiterer Lust ersticken. Welche Angst, welche Sorge drückte auf die Herzen vieler Tausende, wie viel Gemüther mussten bekümmert dem folgenden Tag, der nächsten Stunde entgegensehen, die ihnen geliebte Angehörige nicht allein in dem offenen Kampf auf dem Schlachtfelde, sondern auch durch den Tod auf dem Schaffot für immer entreissen und ein unendliches Mass des Elends über sie verhängen konnte. Wir können noch begreifen, dass man in die Theater strömte, vielleicht, dass man sich zerstreuen, sein Elend vergessen wollte; wir können selbst begreifen, warum man Bernardin de Saint-Pierre's idyllisch-affectirte Erzählungen verschlang, die damals erschienen und den Geist auf kurze Zeit in andere glücklichere Länder hinübertrugen; schwerer verständlich aber ist die merkwürdige Erscheinung, dass dem Volk selbst in den Zeiten des härtesten Druckes die Stimmung und Lust verblieb, zu singen und zu dichten.

Und dennoch war dem so. Der Jammer, der so viele Herzen erfüllte, durfte sich nicht zeigen, denn wer betrübt erschien, war verdächtig. Das Volk aber, das von den Bluttbaten weniger betroffen wurde, als die höheren Stände, ja das sich frei und als Herr fühlte, — das Volk sang mehr als je.

Unter den berauschenden Klängen der Marseillaise zogen dort die Schaaren der noch ungeübten Soldaten in den Krieg: in den Strassen sang die tobende Masse ihr drohendes „ça ira!": überall erklang der „Carillon national", nach dessen Melodie man mit Vorliebe tanzte. Man sang im Lager, bei allen Festen und Versammlungen, selbst im Gefängniss und auf dem Weg zum Tode; die Girondisten umschlangen sich und sangen einige Strophen der Marseillaise, als man sie zum Schaffot fuhr, und rings um das Blutgerüst herum heulte gar oft noch ein trunkener wilder Pöbel die schreckensvolle Carmagnole!

Das Volk sang! Freilich war es keine künstlich herangezogene Treibhauslyrik, wie die Jahre vor der Revolution sie ge-

15*

kannt hatten; es war die Revolutionspoesie eines stürmisch aufgeregten Volkes, dessen Lieder in Wort und Melodie das Gepräge ihres Ursprungs trugen, und somit bald hinreissende Begeisterung athmen, bald in Wildheit und erschreckender Rohheit aufschreien mussten.

Wie arm und fad sind die Musen-Almanache, die in den Jahren vor der Bewegung erschienen; wie nichtig und unbedeutend ist noch der kleine Almanach von 1789, der nichts kennt, als Madrigale, witzig zugespitzte Epigramme, elegant gedrehte Complimente und Schmeicheleien. Keine Ahnung geht durch diese Verse, dass die Zeit etwas Anderes brauche, kein Ruf nach Besserung und Abhülfe, keine Warnung, — ein leeres geistloses Geplapper!

Mit einem Male aber ändert sich das Bild. Die Nation erwacht und nimmt Theil an ihrem Geschick. Alsbald äussert sich dieses Interesse auch in einer Fluth von Couplets und Liedern. Jedes Ereigniss findet sein Echo in den Versen, welche auf den Strassen geträllert werden und sich mit überraschender Schnelligkeit durch ganz Frankreich verbreiten. Wie der Sturm auf die Bastille, die berühmte August-Nacht, die Verbrüderungsfeste besungen werden, so wird auch die Freiheit der Priester, die sich von nun an verheirathen dürfen, so die Jacobinermütze, der Sansculotte, die Göttin Vernunft gefeiert. Selbst die Jacobiner kokettiren mit der Poesie und Sentimentalität, hatten doch Saint-Just und Robespierre in früheren Jahren dichterische Anwandlungen gehabt, spielte doch Fréron, wenn er von seiner Blutarbeit im Süden ausruhen wollte, in zärtlicher Weise mit Stallhasen, während er sich auf dem Grase wälzte. *

---

* Man schreibt Saint-Just ein leichtfertiges phantastisches Heldengedicht „Organt" zu, so wie man Robespierre als Verfasser von Madrigalen und anderen eleganten Versen kennt. — Fréron war wegen seiner idyllischen Vorliebe für die Hasen von Lucile Desmoulins selbst

Man scherzt und spielt mit der Gefahr; man verachtet sie!
Keines jener volksthümlichen Lieder verräth Besorgniss vor dem
äusseren Feind; gleich der Marseillaise athmen sie alle Patriotismus, kriegerischen Muth und unerschütterliches Vertrauen. Oder
sie sind voll Spott und Hohn, und um so leichter zu singen, da
sie sich den bekanntesten Melodien anpassen. So ist das Spott-
lied auf den Rückzug der Preussen aus der Champagne, die gekommen wären, Sieg und Ruhm zu finden, aber nichts als Trau-
ben gepflückt und die Kolik heimgetragen hätten. So der bittere
Hohn auf die Emigranten „springe, springe, Herr Emigrant", mit
Bezugnahme auf ein Kinderspielzeug, welches kleine Figuren
als Emigranten darstellte und sie tanzen liess, sobald man an
einer Schnur zog.*

„der Lapin" getauft worden und so nennt er sich selbst in einem Brief
an Camille: „Du weisst, dass ich deine Frau bis zum Wahnsinn liebe;
ich schreibe es ihr, denn das ist der geringste Trost, den sich ein armer
Lapin verschaffen kann, der Monate lang fern ist." Er war gerade als
Blutcommissär im Süden!

* „Le nouveau jeu patriotique, dit l'Emigrant." Daraus geben wir
zwei Strophen als Probe:

      „A la loi qui l'appelle en France,
      „Ce mutin avec arrogance,
      „Y répond d'un ton menaçant!
      „Saute, saute, mon émigrant!
      „Mais le Français de lui se joue,
      „Et tournant sa petite roue,
      „La remontant, la rabaissant,
      „Saute, saute, mon émigrant!

      „Plusieurs d'eux craignent que leurs têtes
      „Ne soient le prix de ces conquêtes,
      „Leur faible coeur s'en va battant.
      „Saute, saute, mon émigrant.
      „Nos braves réquisitionnaires
      „Iront bientôt, hors des frontières,
      „Chanter, bayonette en avant:
      „Saute, saute, mon émigrant!"

Diesen und ähnlichen Liedern der Revolutionspartei ant-
worteten die Aristokraten mit nicht minder bissigem Hohn und
in derselben feindselig drohenden Stimmung. Allein ihre Partei
war zu wenig zahlreich, als dass sich ihre Kriegslieder hätten verbreiten können; es fehlte das Volk, um sie volksthümlich zu
machen. So blieben sie auf den kleinen Krieg in den Zeitungen
beschränkt, und wir haben bei der Geschichte der Presse gesehen,
wie heftig die „Actes des Apôtres", „der Königsfreund" und andere mehr selbst in ihren kleinen Gedichten auftraten. Einige
dieser Spottlieder fanden grössere Verbreitung, weil sie der Menge,
die sich darin verhöhnt sah, gefielen. So das Lied auf die „Gegenwart", von einem Freund der guten alten Zeit, der zwar alle Vorgänge der Gegenwart betrübend findet, aber für jedes Unglück
einen bitteren Trostgrund bereit hat. Wenn die Franzosen jetzt
jedes Spiel und jeden Frohsinn verbannt haben, so ist das sehr
traurig; aber da sie leichtsinnig und unbeständig sind, werden
sie bald wechseln und das gereicht zum Troste. Die grossen
Schriftsteller sind leider dahin, aber man hat die Genugthuung,
dass Marat und Genossen noch leben.* In einem andern Lied
wird die Erklärung der Menschenrechte verspottet; es sei gut.

---

* „Le temps présent."
str. 1. „Le Français, si charmant jadis,
A fait fuir les jeux et les ris,
C'est ce qui me désole;
Mais il est inconstant, léger,
En un moment il peut changer
C'est ce qui me console.

str. 3. Nous n'avons plus de grands auteurs
Pour célébrer nos sénateurs,
C'est ce qui me désole;
Mais il nous reste Audoin, Augnat,
Garat, Gorsas, Carra, Marat,
C'est ce qui me console.

dass Deutschland jetzt so viel Taschentücher verfertige, auf
welchen sie abgedruckt seien, so könne man die Menschenrechte
doch nützlich verwenden.* lm Jahre 1793 kam ein anderes Lied
auf, welches den „Ohnehosen" rieth, die Hosen wieder anzuziehen
und dem Volk ernstgemeinte Rathschläge gab, die natürlich keine
Beachtung fanden. Auch Doctor G u i l l o t i n und seine Maschine
wurden nicht vergessen,** und die Spottverse gegen ihn wurden
nach einer bekannten Menuetmelodie abgesungen.

str. 6. Tons les jours de nouveaux écrits
L'on est inondé dans Paris,
C'est ce qui me désole.
De ces écrits qu'on ne lit point
On peut se servir au besoin
C'est ce qui me console.

* Ces droits que fit notre sénat
Pour le bonheur de ma patrie
Vont prêter un nouvel éclat
Aux mouchoirs de la Germanie.
Grâce à ce bon peuple allemand,
On pourra, de Berlin à Rome,
Se moucher fort commodément
Avec les droits de l'homme.

** str. 1. Guillotin,
Médecin
Politique,
S'imagine un beau matin
Que pendre est inhumain
Et peu patriotique.
Aussitöt
Il lui faut
Un supplice
Qui, sans corde ni poteau
Supprime du bourreau
L'office.

Mercier erzählt in seinem „Neuen Paris" von einem
Bänkelsänger, der sich durch solche Spottlieder hervorthat, zwei
und zwanzigmal eingekerkert und zuletzt deportirt wurde. *
Gewiss, diese Producte einer aufgeregten und kampfgierigen
Zeit haben an sich keinen dichterischen Werth, aber in ihrer Ge-
sammtheit haben sie doch eine gewisse Bedeutung und dürfen in
einer Darstellung der geistigen Bewegung des Volkes nicht übersehen werden. Aus der Masse dieser Gesänge müssen wir aber
einige herausheben, welche theils durch ihren verderblichen Einfluss, theils durch die zündende Macht ihrer Strophen historisch
merkwürdig geworden sind. Es sind das zunächst die zwei Revolu-
tionslieder der Sansculotten, „Ça ira" und die Carmagnole. Ça ira
war Anfangs nur ein einfacher Zuruf der Ermuthigung, den man

str. 3.   Le romain

Guillotin

Qui s'apprête,

Consulte gens du métier

Barnave, Chapelier

Jourdan, le coupe-tête.

Et nommant

L'instrument

Guillotine

Le nom Guillotin vivra

Aussi longtemps que la

Machine.

(Actes des apôtres, n° 10, pag. 16.)

* Mercier, le nouveau Paris, Theil I, Kap. 40: „Man kann sich
vorstellen, wie sehr die Chansonniers ihr Vorrecht missbrauchten. Einer
von ihnen, Pitou, hatte ein so zahlreiches Publikum gewonnen, dass
ihn die Polizei in seinen Vorträgen nicht zu unterbrechen wagte. So oft er
von der Republik sprach, fuhr er mit der Hand nach dem H.... Verhaftet, erklärte er vor Gericht, er habe mit dieser Bewegung keine andere Absicht verbunden, als seine Dose zu suchen. Nachdem er wegen
seiner Lieder zwei und zwanzigmal gefangen gesetzt worden war, dichtete
er deren so viele, dass man ihn zur Deportation verurtheilte."

der Angabe Mercier's zufolge* von Franklin entlehnt hatte, welcher mit diesem Wort jeden Zweifel an dem Gelingen des nord - amerikanischen Unabhängigkeitskampfes zurückgewiesen haben soll. In allgemeine Aufnahme kam es bei den Arbeiten auf dem Marsfeld, als man das Verbrüderungsfest rüstete; den blutigen, drohenden Sinn erhielt es aber erst später, indem man es allen möglichen Liedern als Refrain anhängte. Das bekannteste derselben ist die wilde Kriegserklärung an die Aristokraten „Ça ira, ça ira, ça ira, die Aristokraten an die Laterne!" u. s. f.** Auf „Ça ira" folgte bald die Carmagnole, welche im Jahre 1792 entstand, als die französischen Truppen in Piemont einbrachen. Ob die Melodie von der savoyischen Ortschaft Carmagnola kam, oder das Lied nach der kurzen Jacke getauft wurde, welche man Carmagnole nannte, weiss man nicht; sicher ist es, dass man die Melodie bald überall in Frankreich auf den Bällen, den Strassen und im Heere vernahm, und dass man allerorten sang: „Madame Veto hatte gelobt, ganz Paris zu erwürgen. Doch ihr Plänchen ist gescheitert, Dank unseren Kanonieren! Tanzen wir die Carmagnole, es lebe die Kanone. ***

---

* Mercier I. Kap. 62.

** Ah, ça ira, ça ira, ça ira,
Les aristocrates à la lanterne;
Ah, ça ira, ça ira, ça ira,
Les aristocrates on les pendra;
Et quand on les aura tous pendus,
On leur fich'ra la pelle au c..
(s. Dumersan, chants nationaux et républicains, Paris. Garnie r.)

*** Madame Veto avait promis
De faire égorger tout Paris;
Mais son coup a manqué,
Grâce à nos cannonié.
Dansons la carmagnole,
Vive le son, vive le son

Unter den patriotischen Liedern steht die Marseillaise oben
an, die mit den obenerwähnten Gesängen nicht verglichen werden
darf. Denn der Geist, der in ihr lebt, ist reiner und höher;
kriegerische Begeisterung, Hingabe für das Wohl des Vaterlandes, selbst allgemeine Menschenliebe spricht sich mit seltener
Kraft in ihr aus. Die Marseillaise ist nicht allein historisch bemerkenswerth, sie hat auch poetischen Werth, und Melodie und
Worte entsprechen sich auf glückliche Weise. Der Dichter dieses
Liedes war Rouget de Lisle, geboren 1760 am 10. März zu
Lons-le-Saunier (im Departement des Jura). Er war im April
1792 als Genieofficier bei der Rheinarmee in Strassburg, als
die Kriegserklärung Frankreichs an den Kaiser erfolgte. Ein
fröhliches Mahl vereinte ihn mit mehreren Freunden, die ihn auf-
forderten, dem Heer ein Kriegslied zu geben, das sich wirklich
mit Lust und Begeisterung singen lasse. Rouget de Lisle hatte
sich schon als Dichter versucht und war ein tüchtiger Musiker.
Als er darum seine Freunde verliess, erbitzt und bewegt in später
Nachtstunde durch die einsamen Strassen schritt, überall Karren,
Kanonen und sonstige kriegerische Vorrichtungen sah, fand er
die richtige Stimmung. Heimgekehrt, ergriff er seine Violine,
und indem er die Melodie auf dem Instrument suchte und fand,
boten sich ihm unwillkührlich die Worte dazu, die sich von so
hinreissender Kraft erweisen sollten.[*] Er liess sein Lied in einer
Zeitung veröffentlichen, das auf diese Weise seinen Weg nach

Dansons la carmagnole,
Vive le son du canon!
Madame Veto war bekanntlich der Spottname für die Königin.
— Bonaparte verbot später sowohl „Ça ira", wie die Carmagnole.

[*] Siehe den Brief der Madame Voiart vom 28 Januar 1864.
Rouget de Lisle verbrachte seine letzten Lebensjahre in dem Hause
der Familie Voiart. Mademoiselle Voiart machte sich später als
Madame Amable Tastu durch ihre lyrischen Dichtungen sehr bekannt.
Vergl. Poisle Desgranges, Rouget de Lisle, Paris 1864.

Marseille fand, wo es zuerst gesungen wurde und zündend wirkte.
Bald war die „Marseillaise" der wahre Kriegsgesang der republikanischen Soldaten, aber während sie überall begeisterte Aufnahme fand, sah sich der Dichter derselben in seiner Freiheit
und seinem Leben bedroht. Weil er sich gegen die Pariser August-
ereignisse und die Verhaftung des Königs erklärt hatte, wurde
er abgesetzt, verhaftet und im Kerker zu Saint Germain-en-Laye
festgehalten, bis der Sturz Robespierre's mildere Massregeln
gestattete. Bald nach seiner Freilassung, im Jahre 1795, veröffentlichte er „fünfzig patriotische Gesänge", darunter ein Lied
vom Rhein, den „neunten Thermidor" und andere Gedichte, in
welchen wohl kräftige Accorde erklingen, die aber den Nachdruck
der Marseillaise nicht erreichen. In späterer Zeit wandte sich Rouget
de Lisle immer mehr der musikalischen Composition zu und
dichtete nur noch wenige Lieder, so auf Bonaparte's Verlangen
noch einen „Schlachtgesang" (le chant du combat). Er hatte eine
Stelle in der Armee-Intendantur gefunden, zog sich aber bald ganz
von jedem öffentlichen Dienst zurück. Da er der Napoleonischen
Herrschaft abhold war, begrüsste er die heimkehrenden Bourbonen
im Jahre 1814 mit seinem „Lied vom Jura", blieb aber, als zu
freisinnig, unbeachtet und gerieth in solche Armuth, dass sein
Freund Béranger ihn eines Tages aus dem Schuldgefängniss
lösen musste. Der Dichter der Marseillaise konnte bei den Bourbonen nicht beliebt sein, und erst als deren Thron unter dem
Klang dieses alten Kriegs- und Freiheitsliedes im Jahre 1830
umgestossen wurde, erinnerte man sich seiner, und er erhielt von
Louis-Philipp eine kleine Pension sowie das Kreuz der Ehren-
legion. Allein er stand in seinem Alter so allein und verlassen da,
dass ihn erst sein Freund, General Blein, später die Familie
Voiart bei sich aufnahm, in deren Haus zu Choisy-le-Roi er
auch am 26. Juni 1836 gestorben ist.

Der Marseillaise gegenüber erscheinen alle anderen patriotischen Lieder jener Zeit schwach und unbedeutend. Sie sind Kunst-

producte, in welchen der Enthusiasmus auf dem Weg kühler
Ueberlegung gesucht wird, während die Marseillaise die Kraft
eines ächten Volksgesanges hat und nur mit den deutschen Frei-
heits- und Vaterlandsliedern verglichen werden kann, wenn auch
die letzteren durch ihren ethischen Gehalt oft bedeutend höher
stehen. Aus der grossen Zahl der Gelegenheitsgedichte jener Art
heben wir nur Marie Josef Chénier's „Abschiedslied" (le
chant du départ) hervor, dem man einen gewissen Schwung nicht
absprechen kann, obschon er in theatralischer Weise bald die
Jünglinge, bald die Jungfrauen, bald die Mütter und die Greise
ihr Pensum vortragen lässt. Neben ihm dichtete noch der idyllische
Florian eine Hymne auf die Brüderlichkeit und den „süssen
Namen des Bruders", mit dem man nun alle Welt begrüsste; besang François de Neufchâteau, der Verfasser des Rührstückes
Pamela, in edlen Worten die Freiheit und machte sich Lebrun-
Pindar als feuriger Revolutionsprophet und Freiheitsbarde geltend.
Dieser letztere hatte in seltenem Selbstgefühl sich selbst unsterblichen Ruhm voraus verkündet, sich mit Homer und Pindar verglichen und verkündet, dass er allein durch sein Lied noch den
Namen des französischen Königs erhalten werde, wenn schon
längst die stolze Seinestadt in Trümmern liege. Sein Name werde
mit den Geschlechtern wachsen, er werde über die Nachwelt herrschen und die Jahrhunderte seien ihm unterthan. Nichtsdestoweniger brauchen wir auf seine hohlen und schwülstigen Oden,
seine Elegien und Liebesverse nicht weiter einzugehen; wir haben
ihn nur seiner revolutionären Gedichte halber zu erwähnen. Denn
obwohl er früher (1749) in einer besonderen Hymne die Liebe
der Franzosen zu ihrem König gepriesen hatte, fühlte er sich zur
Zeit der Revolution, trotz seiner sechzig Jahre, so begeistert, dass
er den Enthusiasmus besang, der ihn über den Erdensumpf erhebe,
in welchem Könige herrschten! Sein bekanntestes Gedicht, das in
der That einige kraftvolle Strophen enthält, ist eine Ode auf den
Untergang des Kriegsschiffes „le Vengeur", welches in einem See-

treffen 1794 unter dem Hochruf der Matrosen auf die Freiheit in die Luft flog. Aber auch in dieser Dichtung fehlt die Uebertreibung nicht; der Ruf der sterbenden Matrosen soll über den Jahrhunderten schweben und ihr Ruhm heller strahlen als der Ruhm der Helden von Salamis.

Was bedeuten solche Dichter gegenüber der allmächtigen Bewegung des Volksgeistes? Sie gehören, wie Delille, Florian, Marmontel entweder völlig der vorhergehenden Epoche an, oder sie gewinnen, wie Andrieux und selbst Lebrun, erst wieder in der nachfolgenden Zeit eine gewisse Wichtigkeit. Der einzige wirkliche lyrische Dichter, André Chénier, blieb seinen Zeitgenossen unbekannt!

Wir können indessen diesen Abschnitt nicht schliessen, ohne der Poesie zu gedenken, die in den Gefängnissen erblühte und ein wehmüthiges Gegenbild zu der kräftigen, leben- und kampfathmenden Kriegsdichtung bildete. Die Lieder der beiden Gattungen beschäftigen sich mit dem Tod, mit dem sie den Menschen vertraut machen wollen. Allein wie verschieden ist die Stimmung und Sprache, in der sie reden. Es ist bekannt, dass sich in den Gefängnissen, in welchen den Verhafteten etwas freiere Bewegung gestattet war, wie im Luxemburg und in Saint-Lazare, ein eigenthümlich geselliges Leben entfaltete, in welchem man sich abwechselnd mit dem Gedanken an das bevorstehende Schicksal zu befreunden oder ihn durch Heiterkeit zu verbannen suchte. Hier bildete sich ein feiner geistreicher Kreis, welcher sich in seine früheren Salons zurückträumte und wie ehemals, so auch jetzt noch sich der Gesellschaft gebildeter Frauen erfreute. Dort betäubten sich Andere bei heiteren Gelagen, unter dem Absingen fröhlicher Lieder; „wenn sie mir den Kopf abschlagen, hab' ich keine Nase mehr!“ trällert dort einer im Humor der Verzweiflung, und wieder Andere erklären einem Ankömmling an zwei Stühlen die einfache Maschinerie der Guillotine. Hier endlich feiern einige Patrioten die Heldenthaten der Armee und den Ruhm Frank-

reichs, und gar mancher wird in seinen letzten Tagen zum Dichter, der sich zuvor kaum jemals mit Versen abgegeben hat. So
fand Pierre Ducourneau aus Bordeaux eine besondere Art von
Trinkliedern: „Wenn uns die schwarze Woge hinweggespült hat,
so feiert manchmal unser Gedächtniss, lieben Freunde, aber nicht
mit Thränen, sondern mit Wein! Stosst an und besingt das Geschick eurer Freunde, deren dankbare Schatten euch dann um-
schweben werden." Ein andermal sagt er, dass er mit seinen
Freunden vor dem Tod noch ein Glas auf die Freiheit leeren
wolle, gleich wie Sokrates noch im letzten Augenblick dem Gott
der Gesundheit zu opfern befohlen habe. Als Ducourneau aber
endlich zum Tod verurtheilt war, brach er in die bekannten Worte
aus: Nur das Verbrechen, nicht das Schaffot, bringt Schande*,*
und seine Unglücksgefährten sangen noch lange nachher in den
Abendstunden seine Lieder, wie er es gewünscht hatte.

Andere bewegte ein stilleres wehmüthiges Gefühl, und die
Gedichte, in welchen sie ihren Schmerz aushauchten, sprechen mit
einer Einfachheit und Natürlichkeit, welche der französischen
Lyrik jener Zeit sonst völlig unbekannt ist. Nicolas Montjour-
dain wendet sich in Gedanken an seine Frau: „Die Zeit verrinnt
und ich muss sterben! Die Stunde schlägt und der Tod ruft mich!
Nicht fürchte ich den Tod, denn ich sterbe voll Glauben und als
Ehrenmann. Doch ich lasse eine süsse Freundin im Schmerz zurück und darum klage ich um mein Leben!" Zehn Jahre lang, fährt
er fort, habe er sich bemüht, sie glücklich zu machen, und wenn
er nicht mehr sei, solle sie ihm einen Augenblick der Trauer
schenken, dann aber sich wieder dem Leben weihen, einen andern Gatten suchen und mit diesem glücklich sein. Nur möge sie
seine alte Mutter nicht verlassen. Leichter dagegen scheint jenem
Anderen der Abschied vom Leben zu werden, da er in einem
Liedchen sich darüber tröstet, dass er andern Tages seinen Kopf

* Le crime seul fait la honte
Et ce n'est pas l'échafaud.

unter das Messer legen soll. Hat er nicht, so fragt er, früher gar
oft schon bei Scherz und Festen, bei Wein und Liebe, den Kopf
verloren? Aehnlich spottete schon Villon, der Dichter des fünf-
zehnten Jahrhunderts, der zum Strang verurtheilt war, und sich
ausmalte, wie sein Körper von Wind und Wetter werde misshandelt werden und der „da ihm solches Spiel nicht gefiel," noch einmal um Gnade bat.

André Chenier's letzte Gedichte haben wir schon besprochen und gesehen, wie sich bei ihm zu dauernder Poesie verklärte, was bei den Andern rührende Versuche, erschütternde
Gelegenheitsdichtung war. Sein Gefährte auf dem Weg zum Tod.
der Dichter Roucher, fand nur wenige Worte für die Seinen.
Er schickte ihnen sein Bildniss und schrieb in vier Versen die
Bitte darunter, den Ernst der Züge zu entschuldigen. Er habe
an sie gedacht, während der Künstler ihn gezeichnet und man
das Schaffot errichtet habe.*

So bewahren diese merkwürdigen Kinder des achtzehnten
Jahrhunderts noch in den letzten Stunden vor dem Tod ihre
Charaktereigenthümlichkeit. Wie sie gelebt haben, so sterben sie
auch; heiter, enthusiastisch, hingebend und doch skeptisch an jeder
Fortdauer der Seele zweifelnd. Ihr letzter Gedanke ist das Vaterland, die Freiheit, die Menschheit; jedes kleinlichen Egoismus
baar, finden sie selbst in dem harten Schicksal, das sie betrifft.
nur selten Anlass zu erbitterten heftigen Worten, aber ebenso-
wenig erklingt in den Gedichten der Verhafteten und Bedrohten.
so viel wir deren auch haben, jemals ein Laut christlicher
Frömmigkeit, ein Ruf festen Glaubens und Vertrauens auf Gott.
Als heidnische Philosophen und Stoiker steigen sie nieder in die
Gruft.

----

    * Ne vous étonnez pas, objets charmants et doux,
      Si quelqu'air de tristesse obscurcit mon visage,
      Lorsqu'un savant crayon dessinait cet image.
      On dressait l'échafaud, et je pensais à vous.

3

Dass ein neues Geschlecht erwachsen musste, bevor ein Châteaubriand mit seinem Mysticismus zur Herrschaft gelangen konnte, ist klar; und nichts beweist wohl so augenfällig den gewaltigen Unterschied, der die Welt der Revolution von derjenigen des Kaiserthums und der Restauration trennte, als diese unscheinbare und wenig bekannte Poesie der Gefängnisse.

Zwölfter Abschnitt.
Das Ideal in der Revolution.

Fragen wir nach dem Ziel, welches der französischen Revolution bewusst oder unbewusst vorschwebte, so liegt die Antwort nahe, dass man habe versuchen wollen, die Freiheit auf allen Gebieten des Lebens und Denkens zu begründen. Allein mit einem einzigen Wort lässt sich die Arbeit einer ganzen Zeit nicht erklären; andere Bestrebungen, andere Geistesrichtungen verbinden sich mit dem Bemühen nach politischer und religiöser Freiheit, und die Geschichte muss das staatliche wie das geistige und sociale Leben einer Zeit in ihrem Verhältniss zu einander und in ihrer Wechselwirkung schildern, um den wahrhaften Charakter einer Epoche erkennen zu lassen.

Nun ist es klar, dass die Revolution das Ergebniss einer langen geistigen Arbeit des Jahrhunderts war. Die Philosophie der Aufklärung hatte sich allmählig zur völligen Herrschaft in Frankreich, man könnte fast sagen, in ganz Europa emporgearbeitet. So verdienstlich dieselbe auch in vieler Hinsicht war, so lässt sich doch nicht verkennen, dass sie in dem französischen Staatswesen geradezu schwächend und auflösend gewirkt hat. Alle Begeisterung, ja alle Kraft dazu, war geschwunden; man hatte zuletzt nur noch ein kühles skeptisches Lächeln, und sah mit Gleichgültigkeit dem immer unvermeidlicher werdenden Ruin des Staates entgegen. Diese stete Verneinung, diese selbstgefällige Schwäche der Gesellschaft, welche in oberflächlichen, scheinbar philosophischen Ausführungen ihr Genüge fand, war nicht geeignet, eine eingreifende Reform mit Erfolg durchzuführen. Es musste erst ein neues junges Geschlecht sich erheben, das die Kraft in sich fühlte, die herrschenden Ideen auf das praktische Leben anzuwenden, und das Schwung und Begeisterung genug in sich fühlte, für seine Ueberzeugung einzutreten. Die Revolution war ein Werk der Jugend, des jugendlichen Geistes, des jugendlichen Fanatismus. Aber gerade weil sie die gewonnenen Resultate der Philosophie in die Wirklichkeit übertragen wollte, weil sie von jeder speculativen Forschung abstand und nur dem Leben und seinen reellen Ansprüchen sich widmete, hat die Revolution keine Philosophen im eigentlichen Sinn des Wortes aufzuweisen. Eine unablässige, fieberhafte Thätigkeit ergriff mit einem Male das Volk, das kurz vorher so gleichgültig erschienen war. Es galt nun die höchsten Ideen von Menschenglück und Freiheit in einem verjüngten Staat zu verwirklichen; Nationalversammlung, Gesetzgebender Körper und Convent wetteifern mit einander in ihrer reformatorischen Thätigkeit. Die Führer des Volkes haben die unerschütterliche Ueberzeugung ihres Erfolges; keine äussere Gefahr, kein innerer Feind vermag die herrschenden Volksvertreter von ihrer Arbeit abzuziehen, und niemals wurden die Verhältnisse eines Landes in kürzester Zeit so eingreifend umgestaltet. Die Revolution arbeitete fieberhaft an der Herstellung einer neuen Ordnung, sie räumte auf, ebnete, glich aus; ja sie ist es, welche die übergrosse Centralisation begründete, unter welcher Frankreich leidet. Auf allen Gebieten zeigte sich ihre mächtig umgestaltende Hand. Die Reste der Feudalzeit verschwanden, die inneren Schranken, welche die einzelnen Provinzen von einander schieden, wurden gestürzt; selbst die alte Eintheilung des Landes in Provinzen musste schwinden. Die Gesetze wurden verbessert, auch der spätere Code Napoleon ist genau genommen das Werk der Revolution; so viele Grundsätze, welche heute im Leben der Staaten für allgemein gültig erkannt sind, fanden ihren Ursprung und ihre erste Anwendung in dem revolutionären Frankreich, so das allgemeine Stimmrecht, die allgemeine Wehrpflicht. Auch der Unterricht sollte verallgemeinert,

einem Jeden aus dem Volke zugänglich gemacht werden. Das
Glück und die Macht der französischen Nation waren nicht das
einzige Ziel, das man erstrebte; die edelsten und besten Geister
jener Zeit verkündigten die Lehre, dass man für das Wohl und
die Veredelung der ganzen Menschheit zu kämpfen habe.

Man glaube nicht, dass dies nur leere Worte gewesen seien,
die wegen ihres sonoren Klanges bei den Rednern und Schriftstellern beliebt gewesen wären; es war Vielen heiliger Ernst mit
diesem Ziel und selbst in die Massen drang unmerklich dieses
Bewusstsein der Zusammengehörigkeit aller Völker und Stämme.
Wenn die Revolution selbst nur zu bald dieses Streben nach
Menschlichkeit in furchtbarer Weise Lügen strafte, so vermochte
sie es dennoch nicht völlig zu unterdrücken. Selbst als Robespierre seine täglichen Hekatomben opferte, schwand dieser ideale
Sinn nicht völlig. Ihn gänzlich zu verbannen, gelang erst der
Herrschaft Bonaparte's. Erst als dieser seine Legionen gegen die
Nachbarvölker führte, sie mit militärischem Ruhm berauschte
und ihre Habsucht durch reiche Beute anfachte, erst dann ge-
langte der nackte Egoismus zur unumschränkten Herrschaft.

Das ideale Streben der früheren Jahre zeigt sich deutlich
in dem Leben und in den Schriften dreier Männer, welche in
ihrem Wesen zwar völlig verschieden, dennoch diesen einen
Charakterzug miteinander gemein haben.

Constantin François Volney, oder wie er eigentlich hiess,
Chasseboeuf, bietet ein merkwürdiges Beispiel von dem zwin-
genden Einfluss jener Zeit selbst auf ein kaltes Herz und eine
trockene Phantasie. Wir sehen in Volney die auffallende Erscheinung eines Idealismus ohne Schwung und Begeisterung, eines
kühlen Verstandes, der nichts destoweniger sich in unpraktischen
Ideen und Träumereien gefällt. Am 3. Februar 1757 zu Craon
geboren, verbrachte er eine freudlose Jugend in der Schule, in der
sein Vater ihn erziehen liess, ohne sich weiter um ihn zu be-

16*

kümmern. Seine Mutter hatte er nie gekannt, da sie frühe gestorben war, und so wuchs er in dem Gefühl der Vereinsamung
und Vernachlässigung auf, das von dem grössten Einfluss auf die
Bildung seines Charakters wurde. Schon in seiner Jugend zeigte
er sich ernst und verschlossen, und verrieth schon den Charakter,
der später alle seine Schriften kennzeichnen sollte. Mit siebzehn
Jahren kam er nach Paris, um Medicin zu studiren; doch widmete er sich mit grösserem Eifer den alten Sprachen und wurde in
den Kreis der Encyklopädisten gebracht, auch bei Helvetius und
Holbach eingeführt, deren Einfluss für seine spätere Entwickelung massgebend wurde. Eine Erbschaft von einigen tausend
Franken brachte ihn zu dem Entschluss, eine Reise in den Orient
zu unternehmen, und nachdem er sich sorgfältig dazu vorbereitet,
und zur Ertragung von Mühen und Entbehrungen förmlich ab-
gehärtet hatte, ging er im Jahre 1783 nach Aegypten, lernte dort
Arabisch, durchwanderte dann während dreier Jahre das Nilthal,
Syrien, Palästina und kam bis zu den Ruinen von Palmyra. Nach
seiner Rückkehr im Jahre 1787 veröffentlichte er in seinem Reise-
bericht eine genaue Schilderung jener Länder, womit er einige
Jahre später der französischen Armee, während des Feldzuges in
Aegypten, die erspriesslichsten Dienste leistete. Volney beschäftigte sich nur mit dem Zustand und der Natur der von ihm
durchzogenen Länder, ohne von seinen eigenen Abenteuern zu
reden. Er drängt seine Person nicht vor, sondern gibt eine syste-
matische Beschreibung des Orients. Im Gegensatz zu Bernardin de Saint-Pierre fühlt er keine zarte Rührung bei der
Betrachtung der Natur; er weiss nichts von Schwärmerei, wenn
man nicht etwa die resignirte Philosophie so nennen will, mit
der er sich in den Ruinen der einst so blühenden Länder
ergeht.

Im Jahre 1789 wurde er zum Abgeordneten in die Nationalversammlung gewählt, und Rivarol warf ihm in seiner Zeitung
das beissende Wort zu, dass er von den stummen Mitgliedern der

Versammlung eines der beredtesten sei. Sicher war er keiner der unthätigsten; wir haben schon gesagt, wie eng er sich an Mirabeau anschloss und diesen mit seinem Wissen unterstützte. Von ihm rührte auch der Antrag her (20. Mai 1790), die Versammlung möge erklären, dass das französische Volk künftighin auf jeden Eroberungskrieg verzichte. Der Gedanke, der ihn dazu brachte, war klar: er wollte das Vertrauen Europas für Frankreich gewinnen, und sah ein, dass der Fortschritt der Menschheit, ihre Civilisation und Freiheit niemals durch einen solchen Krieg gefördert werden kann.

Denselben Gedanken führte er im folgenden Jahre in seiner Schrift „die Ruinen" weiter aus. Dieses Buch machte grosses Aufsehen und ist noch heute in Frankreich nicht vergessen. Volney erzählt darin, wie er einige Jahre zuvor den Orient durchstreift und überall nur Raub und Verwüstung gefunden habe. Wo einst blühende Dörfer und Städte gestanden, habe er nur Wüsteneien gesehen, und nirgends sei ihm diese Vergänglichkeit deutlicher klar geworden, als unter den Ruinen von Palmyra, wo er mehrere Tage in der armen Hütte eines Schäfers zugebracht habe. Angesichts der meilenweit sich ausdehnenden Reste der einstigen Weltstadt fragt er sich, ob auch der Civilisation von Europa ein ähnliches Loos bevorstehe, und er schaudert bei dem Gedanken an die geheimnissvolle Gottheit, welche die lebenden Völker verfluche, um die Fehler der vergangenen Nationen zu strafen.

Erfüllt von solchen schwermüthigen Gedanken sitzt er eines Abends auf einer umgestürzten Säule und blickt hinaus in die öde nebelerfüllte Ebene, als er plötzlich den Geist der Ruinen vor sich auftauchen sieht und von diesem eines besseren belehrt wird. Es war ein Verstoss gegen die Logik, dass Volney, der Rationalist, in diesem jeden übernatürlichen Glauben bekämpfenden Buch, gerade einem Gespenst die Lehren der Wahrheit in den Mund legte; allein er sah darin nur eine theatralische äussere

Einrichtung, welche ohne Bedeutung für die Sache selbst wäre. Der Geist der Ruinen zeigt ihm, dass es keine verderbliche Nothwendigkeit gibt, welche das Loos der Menschheit bestimmt, keinen göttlichen Fluch, der die Länder verödet. Noch scheine die Sonne über Syrien wie ehedem, noch falle Regen und Thau, noch fluthe das Meer. Nicht Gottes Arm habe die Städte des Landes zerstört, sondern der Mensch in seiner Leidenschaft, der die Saaten verwüstet, die Bäume ausgerissen, die Städte verheert habe. Wenn in Folge davon Hungersnoth und Pest gekommen sei und die Völker dahingerafft habe, sei es dann Gott gewesen, der dies gethan? Sei es nicht vielmehr die Habgier der Regierenden, der Stolz und die Wildheit der Menschen, welche dies Unglück verschuldet hätten? Gott ist gut und gerecht; die Quelle des Uebels liegt im Menschen. Unwissenheit und Habgier sind die zwei grossen Laster, die Feinde der Menschheit. Durch sie scheiden sich die Menschen in Unterdrücker und Unterdrückte, in Herren und Sclaven; sie verwirren die Ideen vom Guten und Bösen, vom Gerechten und Ungerechten; sie sind der Fluch des Menschengeschlechtes.

Was ihm aber hauptsächlich den Muth benimmt und ihm eine Besserung dieser Zustände unwahrscheinlich macht, ist die Macht so vieler Religionen, welche die Menschen fanatisch gegen einander hetzen. Volney findet überhaupt den Ursprung der Religionen in dem Elend und der Verzweiflung der Menschen, welche zuletzt das Leben nur als einen Traum, als eine ermüdende Reise auffassen und in einer andern Welt das Glück zu finden hoffen, das sie hier durch eigene Schuld verscherzt haben. Auch diesmal tröstet ihn der Geist; er enthüllt ihm die kommende Zeit, er zeigt ihm im Westen ein freies mächtiges Volk, das eine neue Epoche in der Geschichte eröffnet, — womit die französische Revolution gemeint ist, — und lässt ihn für eine noch spätere Zukunft eine grosse Zusammenkunft aller Völker der Welt ahnen, welche sich über die wahre Religion klar zu machen suchen.

Volney theilt diese Besprechungen, die sehr schwach sind, zum Voraus mit, und kommt endlich zu dem Schluss, dass die Ursache des religiösen Streites nicht in den Dingen, sondern in dem Menschen liege, dass man daher über Religionen, als über Fragen die sich niemals lösen lassen, auch nicht streiten solle, dass man sie aber aus demselben Grund jeder Bedeutung und jedes Einflusses auf das bürgerliche Leben entkleiden müsse.

Damit war Volney freilich der Nothwendigkeit enthoben, eine philosophische Schlussfolgerung zu ziehen und sich klar auszusprechen. Seine folgende Schrift „das Naturgesetz", in welcher er eine Art bürgerlichen Katechismus der natürlichen Moral geben wollte, ist noch trockener und ungründlicher. Man erwarte darin kein Eingehen auf die Natur des Menschen, keine psychologische Forschung, keine rechtswissenschaftliche Ausführung, und am wenigsten eine belebende frische Idee; es ist, als ob Volney den landläufigen Redensarten von Freiheit, Gleichheit und Brüderlichkeit einen philosophischen Anstrich habe geben wollen. Aber als er seine Schrift veröffentlichte, war man in den heftigsten Kämpfen des Jahres 1793 und so müssen wir es ihm schon als ein Verdienst anrechnen, dass er in diesem Katechismus zur Mässigung ermahnte, sich zum Glauben an Gott zu bekennen wagte, von Gewissen und Ordnung redete und Rousseau's Lehre bekämpfte, welche den Menschen im Urzustand als den glücklichsten und besten hinstellte. Volney betrachtete als Grundgesetz alles menschlichen Thuns nicht das Streben nach Lust, — wie La Mettrie und Genossen — sondern den Trieb der Selbsterhaltung und erklärte es daher auch für ein Verbrechen, einen Nebenmenschen zu tödten. Mit solchen Ansichten aber musste er der herrschenden Partei gar bald verdächtig werden; er wurde verhaftet und erst der neunte Thermidor befreite ihn wieder nach mehrmonatlicher Gefangenschaft. Er wurde nach Nizza verwiesen, war aber kaum daselbst angelangt, als ihn ein

Befehl der neuen Regierung zurückrief und ihm den Lehrstuhl
der Geschichte an der neu errichteten „Ecole normale" zuwies.
Die Vorträge, die er in Folge dieser Ernennung hielt, waren
höchst eigenthümlicher Natur; sie bildeten eine heftige Anklage
gegen die Wissenschaft der Geschichte und deren Werthschätzung.
Volney behauptete, dass nichts den Sinn der Menschen so sehr
fälsche und verwirre, nichts die Moralität so sehr untergrabe, als
die Bewunderung der vergangenen Zeiten und des falschen Hel-
denthums. Irrthum und Aberglaube stamme zum grössten Theil
aus der Geschichte her, deren Wahrheit man niemals und auf
keine Weise ermitteln könne. Selbst die besten Historiker seien
dem Irrthum unterworfen, denn sie müssten sich auf die Berichte
Anderer verlassen und könnten sich von Parteilichkeit nicht frei
halten. An allen Vorgängen im Leben der Völker, an allen
Kriegen und Friedensschlüssen seit fünfzehnhundert Jahren trage
das alte Testament, die Geschichte des jüdischen Volkes, die
Hauptschuld. Wenn der Papst das Recht beanspruche, die Könige
zu salben, so thue er dies nach dem Vorbild des Melchisedech
und Samuel; wenn die Kaiser vor den Kirchenfürsten fussfällig
ihre Sünden beweinten, so sei dies eine Nachahmung David's, sowie die Kreuzzüge gegen die Ungläubigen ebenfalls schon von
den Juden gelehrt worden seien. Die Buchdruckerkunst habe aber
durch die Verbreitung der Bücher des Alten Testaments unendlich geschadet und die furchtbaren Religionskriege veranlasst.
Dazu sei nun gar noch die abgöttische Verehrung des classischen
Alterthums gekommen, dessen Anhänger gleichsam eine neue Religion gestiftet hätten, dabei aber jene so hoch gelobten Zeiten und
Völker nicht einmal richtig würdigten. Sie rühmten uns die Freiheit der Alten, und doch habe eine abscheuliche Sclaverei bei denselben bestanden, doch habe fast überall eine herrschsüchtige hab-
süchtige Oligarchie die Masse des Volkes auf unerhörte Weise
gedrückt und missbraucht. „Je mehr ich das Alterthum und seine
so hoch gerühmten Verfassungen studirt habe", sagt er, „umso-

mehr habe ich erkannt, dass die Regierung der Mameluken und
des Dey von Algier sich nicht wesentlich von derjenigen unterscheidet, welche zu Sparta und Rom heimisch war; und dass diese
so gepriesenen Griechen und Römer nur Hunnen und Vandalen
genannt zu werden brauchten, um alsbald den Charakter derselben zu zeigen. Fortwährende Kriege, Erdrosselung der Gefangenen, Hinschlachten der Frauen und Kinder, Treulosigkeit, Bür-
gerkriege, Tyrannei in der Heimath und Unterdrückung des Auslandes, — das ist das Bild, welches uns Griechenland und Rom
während einer Zeit von fünfhundert Jahren bietet." Selbst die
Dichtungen der Alten finden keine Gnade vor ihm; Homer's
Iliade entflammte den Ehrgeiz des macedonischen Alexander und
in den Tragödien eines Sophokles und Euripides findet er fast
wörtlich die Lehren der Rothhäute über das Schicksal und dessen
Härte.

Volney verkennt allerdings in seinen Ausführungen die
ethische Schönheit des classischen Alterthums, sowie den belebenden
den und erhebenden Einfluss, welchen es auf die Völker Europa's
im Mittelalter ausübte; sein Urtheil über die Vergangenheit im
Allgemeinen und besonders über die falsche Art der Geschicht-
schreibung enthält desshalb doch sehr viel Wahrheit. Gewiss ist,
dass mit der steigenden Bildung der Völker auch ihr Urtheil über
die Geschichte sich umwandeln wird. Volney erblickt in dem
Staat einfach eine Versicherungsbank, an deren Erhaltung ein
Jeder betheiligt ist. Scheint dies auch sehr kühl und nüchtern,
glauben wir doch nicht geirrt zu haben, als wir ihn unter die
Idealisten der Revolution reihten. Denn die Grösse eines Volkes
anderswo als im Kriegsruhm und in der Macht finden, von dem Wohl
der ganzen Menschheit träumen, ist ein Idealismus, den wir anerkennen müssen. „Man hat uns mit dem Ruhm der Schlachten
blenden wollen!" ruft er aus,* „aber wehe den Völkern, welche
die Blätter der Geschichte erfüllen!"

* Vortrag VI.

Hätte das französische Volk auf V o l n e y ' s Worte gehöit,
die schwere Napoleonische Zeit und der tiefe Fall in der
jüngsten Vergangenheit wäre ihm erspart worden. Allein der
Warnungsruf des Einzelnen verhallte und die Ereignisse gingen
ihren Weg. Als die Ecole Normale bald nach ihrer Eröffnung
wieder geschlossen wurde, ging V o l n e y (1795) nach Amerika,
fand sich aber auch dort nicht bcimisch und kehrte wieder nach
Frankreich zurück.* Der Theorie, die er gelehrt hatte, entgegen schloss er sich zunächst an Bonaparte an, in dem er einen
antiken uneigennützigen Helden und Freund der Republik zu
sehen glaubte. Später verhielt er sich kühler, trotzdem er unter
dem Kaiserthum zum Senator und selbst zum Grafen erhoben
wurde. Enttäuscht und mürrisch zog er sich auf das Land zurück, wo er sich viel mit Philosophie und Geschichte, sowie
mit Sprachstudien abgab. Er starb als Pair von Frankreich, den
25. April 1820, nachdem er durch die lange Reihe von Begebenheiten, die er erlebt hatte, durch den Wechsel von Grösse und
Sturz, dessen Zeuge er so oft gewesen war, durch die Erfahrung
von dem nutzlosen Aufschwung und der gefährlichen Erschlaffung
der Völker zu der traurigen Ansicht gekommen war, dass die Ge-
schicke der Menschen durch eine maschinenmässige Bewegung
geregelt würden, deren Triebkraft in ihrem physischen Organis-
mus begründet sei. Mit solcher Lehre war freilich jeder Idealismus verflüchtigt!

In anderer lärmender Weise trat Abbé F a u c h e t auf, der
ein ächter Sohn seiner Zeit, in seinem Charakter ein sonderbares
Gemisch von Schwärmerei, Freiheitsliebe und Tyrannei aufwies.
Bischof der katholischen Kirche und stürmischer Demagog, predigte
er die Lehren des Neuen Testaments, legte sie aber in seiner

---

* Seine Beobachtungen über Amerika legte er in einer Schrift
nieder: „Tableau du climat et du sol des Etats-Unis."

revolutionären Weise aus. Der Sturm auf die Bastille machte ihn zuerst in weiteren Kreisen bekannt, denn er war es, der den Gefallenen eine feurige Grabrede hielt, in welcher er sie mit den Spartanern des Leonidas verglich. Bald stiftete er eine „Gesellschaft der Wahrheit und allgemeinen Menschenliebe". die ihre Versammlungen in einem sonst übel berufenen Local des Palais Royal hatte. Dort predigte er mit einer oft hinreissenden Beredtsamkeit nicht selten vor zehntausend Zuhörern die Grundsätze der eifrigsten durchgreifendsten Revolution, eines entschiedenen Socialismus. Schon Jesus habe sich gegen die Reichen erhoben, und die Aristokraten seien es gewesen, die den Heiland gekreuzigt.

Er war ein eifriger gläubiger Christ, freilich in seiner besonderen Art. Die Menschheit, die in der Knechtschaft verkommen gewesen, sei durch den Gedanken wieder belebt worden. Er scheut sich nicht, Voltaire und seine Lehren anzugreifen, aber er begrüsst die neue Zeit mit Jubel. Nur wenn Religion und Freiheit Hand in Hand gingen, sei der Erfolg der Revolution gesichert, denn sie sei dann die wahre Erfüllung des Evangeliums. So war er gleich jenen Mönchen der Ligue ein revolutionärer Prediger, dabei ein Schwärmer, der sich seines Zieles und seiner Wege nicht klar bewusst war, aber bei aller Heftigkeit die Menschheit liebte und sie zu einem höheren Wohlsein, zu einer schöneren Zukunft bestimmt glaubte, der den Sieg des Rechts, der allgemeinen Menschenliebe, der Tugend auf Erden nahe wähnte. Er war in seinen Ansichten nur consequent, als er, einer der ersten unter den katholischen Geistlichen, den Eid auf die Verfassung leistete und in der Gesetzgebenden Versammlung, der er als Mitglied angehörte, mit dem grössten Nachdruck gegen die widerstrebenden Priester auftrat. Im October 1791 hielt er über diese Frage eine längere Rede, und wir müssen über die jesuitischen Wendungen erstaunen, deren er sich darin bediente. Es war freilich ein Charakterzug der Zeit, selbst die heftigsten Gewaltthaten durch philantropische Redensarten einzuleiten. Fauchet

warnte im Beginn seiner Rede vor jeder Verfolgungssucht und
jedem Fanatismus; er ermahnte, die Freiheit der Ueberzeugung
zu ehren, die Ideen nur mit Ideen, die Irrthümer nur mit der
Wahrheit, die Verleumdung nur mit der Tugend zu bekämpfen.
Dann aber ging er auf die Gegenrevolution und den Bruderkrieg
über, den die Feinde erwarteten und erhofften, den ein Theil der
Priester anzustiften sich bemühe. Das sei keine Sache mehr, welche
die Religion angehe, das sei ein Verbrechen. Jene Priester
wollten sich im Blut der Patrioten baden, und mit ihnen verglichen seien die Atheisten wahre Engel. Statt nun zu beantra-
gen, diejenigen Priester zu bestrafen, die solcher Umtriebe über-
führt werden könnten, kam er zu dem Schluss, dass alle eid-
verweigernden Priester den Gehalt verlieren und mit fünf Jahren
Kerkers bestraft werden sollten. In der That verfügte die Versammlung am 27. Mai 1792, dass jeder nicht vereidigte
Priester deportirt werden müsse, sobald zwanzig Bürger es
verlangten.*

Fauchet war 1791 zum Bischof von Calvados ernannt
worden, blieb aber meistens in Paris und betheiligte sich lebhaft an den parlamentarischen Arbeiten. Mehr und mehr neigte
er sich zur Partei der Girondisten, ohne indessen seinen be-
souderen Standpunkt aufzugeben. So erklärte er sich bei der Berathung über das Schicksal des Königs entschieden gegen jede
Todesstrafe, während die Girondisten unter Protesten und Vorbehalten für die Hinrichtung stimmten. Kein Wunder, das Fauchet verdächtig erschien, verhaftet und am 30. April 1793 zum
Tode geführt wurde. Was über seine Zerknirschung in den letz-

---

* Fauchet veröffentlichte eine Zeitlang ein Journal mit dem
deutschen Motto: „Franken, Brüder! Himmel und Hölle! es gilt eure
Freiheit!“ Auch darin schon spiegelt sich der Mann mit seiner Heftigkeit, seiner Schwärmerei, seinem guten Willen und seiner oft straucheln-
den Logik.

ten Stunden seines Lebens im Gefängniss erzählt wird, stammt
aus zu unsicherer Quelle, um es zu wiederholen.

Eine der edelsten Figuren der Revolution, der Mann, welcher
das höhere Streben seiner Zeit, mit ihren Tugenden und Schwächen, in sich selbst zum deutlichsten Ausdruck brachte, war Jean
Antoine Nicolas de Caritat, Marquis de Condorcet. Zu Ribe-
mont in der Picardie am 17. September 1743 geboren, zeichnete
er sich frühzeitig durch seine Begabung für die Mathematik aus
und reichte schon in seinem zwei und zwanzigsten Jahr der
Akademie der Wissenschaften eine bedeutsame Arbeit über die
Integralrechnung ein, trat in Correspondenz mit Voltaire, den
er 1770 in Ferney besuchte, und wurde ein eifriger Anhänger und
Verfechter Turgot's. So veröffentlichte er eine Schrift, in der er
die Befreiung der Getreidesendungen von jeglicher Abgabe innerhalb Frankreichs befürwortete, zwei andere Werke über die Abschaffung der Frohnden, und wurde später zum Director der Münze
ernannt, welches Amt er bis zum Jahr 1791 bekleidete. Die Au-
zahl der Broschüren, die er auf dem Gebiet der Politik, der Na-
tionalökonomie und der Moralphilosophie veröffentlichte, ist ungemein gross, und schon lange vor der Revolution gehörte er zu den
Männern, welche am wirksamsten und entschiedensten an der
praktischen Reform der Zustände arbeiteten. Im Jahre 1791
wählte ihn die Stadt Paris zu ihrem Vertreter in der Gesetzgebenden Versammlung, und auch für den Convent wurde er, wenn
auch nicht wieder von der Hauptstadt, gewählt. Ueberaus thätig,
übernahm er die Berichterstattung über eine grosse Anzahl der
wichtigsten Fragen und schrieb daneben noch häufig in die
„Chronik von Paris“, ein Journal, das hauptsächlich von ihm
inspirirt wurde. Als begeisterter Anhänger der Revolution sprach
er sich darin oft heftig aus, heftiger als man von seinem milden
Charakter erwarten sollte. Ein solcher Taumel konnte selbst die
Besten ergreifen, welche eine glückliche Zeit nahe wähnten und

die Begründnng einer wahrhaft menschlichen, freien, alle Noth
und alles Elend abwendenden Ordnung einzig durch ihre Gegner
bedroht glaubten. Als aber die Bewegung einen blutigen, tyrannischen Charakter annahm, hielt er ein, und seit den Augusttagen
des Jahres 1792 ermahnte er eindringlich zur Mässigung und zur
Eintracht, bekämpfte er Marat und beantragte die Abschaffung
der Todesstrafe. In dem Process des Königs erklärte er zunächst
die Versammlung für incompetent, stimmte, als diese Ansicht
nicht durchdrang, für schuldig, verlangte aber die Berufung an
das Volk, um das Urtheil bekräftigt oder verworfen zu sehen, so
wie er auch schliesslich nicht für den Tod, sondern für die im
Gesetz vorgesehene dem Tod am nächsten stehende Strafe stimmte.
Gerade dieses letzte Votum hat den Anlass zu vielen Beschuldi-
gungen gegeben; den König auf die Galeeren zu schicken, denn
dies lag in Condorcet's Worten, erschien grausamer und ab-
scheulicher, als ihn hinzurichten, und so ergoss sich eine Fluth
der bittersten Vorwürfe über den Philosophen, der sich so mild
gezeigt habe und doch hartherziger und tückischer als Alle gewesen sei. Und doch scheint es nicht schwer, den wahren Beweg-
grund zu finden, wesshalb Condorcet so stimmte. Wenn wir
sehen, dass er durch die Berufung an das Volk Zeit zu gewinnen
hoffte, so können wir annehmen, dass sein zweites Votum dieselbe
geheime Absicht hatte. Man hätte Mittel und Wege gefunden,
Ludwig zu retten, und hätte damit der Sache der Revolution
selbst den besten Dienst geleistet.

Dass ihm Robespierre seine Abstimmung in dieser
Weise und nicht als Zeichen grösserer Strenge auslegte, beweist
die Proscription, die bald nachher gegen ihn ausgesprochen wurde.
Er wurde als „Akademiker und Verschwörer" angeklagt und ein
Haftbefehl gegen ihn erlassen. Condorcet konnte sich den
Häschern noch rechtzeitig entziehen und hielt sich etwa acht
Monate in dem Hause einer befreundeten Familie verborgen, bis
ein neues Gesetz alle jene mit dem Tod bedrohte, welche es

wagen sollten, Verdächtige bei sich zu verbergen. Trotz alles An-
dringens blieb nun Condorcet nicht länger, um seine Freunde
nicht in Gefahr zu bringen, und er versuchte es, verkleidet zu
entkommen. Doch gelangte er nicht weit; schon die erste Nacht
musste er in den Steinbrüchen von Fontenay-aux-Roses verbrin-
gen, da er sich von einem früher befreundeten Haus selbst für
wenige Stunden abgewiesen fand. Halb erstarrt und vor Frost
zitternd, trat er anderen Tages in eine Schenke, fiel seiner weissen
Hände wegen auf und wurde alsbald festgehalten. In der folgenden Nacht gab er sich selbst den Tod, indem er ein starkes Gift
trank, das er in einem Ring bei sich führte. Seine Wittwe, eine
edle feingebildete Frau, gerieth in missliche Lage, da man allen
Besitz der Verurtheilten von Staatswegen confiscirte, doch fand
sie in einem früher von ihr geübten Talent die nöthige Stütze,
und lebte noch lange Jahre als Malerin in Paris, indem sie jede
weitere Hülfe verschmähte.

    Condorcet war als Mathematiker genau und scharf; als
Schriftsteller zeigte er in seiner Schreibweise einen ähnlichen
Charakter. Er sah mehr auf das, was er sagen wollte, als darauf,
wie er es etwa zu sagen hätte, und so wird er öfters trocken und
hart. Allein unter dem manchmal kunstlosen, knappen Stil
birgt sich ein warmes Gefühl. Condorcet gehörte zu der
Schule der „Empfindsamkeit", so dass er nicht mehr auf die Jagd
ging, kein Insect getödtet haben wollte, und noch in seiner letzten
Schrift „Rath eines Vaters an seine Tochter" seinem Kind an's
Herz legte, das Mitleid nicht allein auf die Leiden der Menschheit zu beschränken, sondern es auch auf die Thiere auszudehnen.
Sein Traum war die Entwickelung des menschlichen Geschlechts
zu höherer Existenz, und sein Glaube daran war unerschütterlich.
Selbst als er verfolgt und dem Tod geweiht war, verlor er die Ueberzeugung von einer kommenden besseren Zeit für das Menschengeschlecht nicht. Nur Wenige möchten, wie er, in solcher Lage
noch im Stande sein, unerschütterlich an die angeborne Güte der

Menschennatur zu glauben. Und doch schrieb Condorcet in der
Zeit seines Verstecks gerade die Schrift, welche ihm am meisten
zur Ehre gereicht, seinen Versuch, die Entwickelung des menschlichen Geistes übersichtlich darzustellen.* Er weist darin an der
Hand der Geschichte den steten Fortschritt der Civilisation nach,
und entwirft in dem zehnten Abschnitt ein Bild der zukünftigen
glücklichen Verhältnisse auf Erden. Er sieht die Zeit kommen,
in welcher Bildung und Cultur über alle Länder unseres Erd-
balles gleichmässig verbreitet sind, wo Abhängigkeit, Demüthi-
gung und Verarmung verbannt, wo die Menschen aufgeklärt genug sind, um der Vernunft gemäss zu leben, wo endlich Dumm-
heit und Elend nur noch Zufälligkeiten, nicht mehr der herkömmliche Zustand eines grossen Theils der menschlichen Gesellschaft
sein werden.

Condorcet verkündigte nicht allein eine noch ungeahnte
Entwickelung der Wissenschaft, er sah auch eine Veredelung der
Moral, eine Erhöhung der geistigen Kräfte des Menschen voraus.
Idealer gesinnt, als Volney, stimmt er in der Ansicht vom
Ruhm und dessen Entbehrlichkeit mit ihm überein. Je mehr er
sich die Menschheit gleichmässig ausgebildet und unter der Herr-
schaft der Vernunft denkt, umsomehr scheint ihm das Gebiet be-
schränkt, auf dem falscher Ehrgeiz sich breit machen kann.

Dass er in seinem Bild von der Zukunft auch die einzige
allgemein herrschende Sprache nicht vergessen hat, ist natürlich.
Ja Condorcet hofft, dass auch das menschliche Leben mit der
Zeit länger und sicherer werde. „Sollte es thöricht sein, zu hoffen,
dass das menschliche Geschlecht eines unbegrenzten Fortschritts
in seiner Entwickelung fähig sei, und dass eine Zeit kommen müsse,
in der der Tod nur noch die Folge eines besonderen Zufalls oder
der allmähligen Abnahme der Kräfte wäre? dass endlich die Zeit-
dauer zwischen Geburt und Tod keine bestimmte Grenze mehr

* Tableau historique des progrès de l'esprit humain.

habe? Ohne Zweifel wird der Mensch nicht unsterblich werden, allein es fragt sich, ob die Dauer des menschlichen Lebens von der Geburt bis zu dem Augenblick, in dem er auf natürliche Weise, ohne Krankheit und äussere Veranlassung, die Schwierigkeit des Daseins empfindet, nicht auch im Lauf der Zeit noch wachsen kann?"

Diese Zuversicht auf das Glück der späteren Geschlechter tröstete ihn über das Elend, das ihn selbst und seine Zeitgenossen bedrängte, und wir können unsere Betrachtung der Revolutionsjahre nicht besser schliessen, als indem wir die zuversichtlichen muthvollen Worte anführen, mit denen Condorcet im Angesicht des Todes seine Schrift abschloss: „Welch ein Schauspiel bietet dem Philosophen dieses Bild des menschlichen Geschlechtes, das, befreit von allen jenen Ketten und der Herrschaft des Zufalles wie den Feinden seines Fortschrittes entrissen, auf dem Weg der Wahrheit, der Tugend und des Glückes einhergeht! Wie sehr tröstet es ihn über die Irrthümer, Verbrechen und Ungerechtigkeiten, mit denen die Erde noch besudelt ist und denen er so oft zum Opfer fällt. In der Betrachtung dieses Bildes findet er den Lohn seiner Bemühungen für den Fortschritt der Vernunft, für die Vertheidigung der Freiheit.... Diese Betrachtung ist für ihn ein Asyl, wohin ihn die Erinnerung an seine Feinde nicht verfolgen kann; wo er im Geist mit den in seine Rechte und seine Würde wieder eingesetzten Menschen lebt, und wo er die vergisst, welche von Habsucht, Furcht oder Neid gequält und verderbt werden: dort lebt er in Wahrheit mit seines Gleichen in einem Elysium, das seine Vernunft sich geschaffen hat, und welches sich bei seiner Liebe zur Menschheit zum reinsten Genuss verschönt."

Anhang.

Die deutsche Literatur in Frankreich.

Wie gross im vorigen Jahrhundert der Einfluss Frankreichs in politischer, gesellschaftlicher und literarischer Hinsicht auf unser Vaterland gewesen, bedarf keiner Erinnerung. Sanssouci bildete keineswegs den einzigen Mittelpunkt für französische Schöngeister und Philosophen, auch an vielen anderen deutschen Höfen wurde französisches Wesen, französische Sitte mit Vorliebe gepflegt, während die deutsche Literatur unbeachtet blieb. Aber auch diese selbst wurde von den Wandlungen in dem geistigen Leben unserer Nachbarn tief berührt. Während Klopstock den ersten bedeutenden Widerstand gegen das Ausland wagte, huldigte noch Wieland dem verdorbenen Geschmack der ausgelassenen französischen Literatur. Es ist bemerkenswerth, dass gerade die schlechtere Richtung der französischen Literatur im Ausland besondere Freunde findet; ihre werthlosen Romane, ihre Possen sind in der ganzen Welt bekannt und tragen am meisten dazu bei, den Franzosen den Ruf der Leichtfertigkeit zu verschaffen, während die gediegenen Arbeiten so mancher ernsten Geister übersehen werden.

Dass umgekehrt die Franzosen von der deutschen Literatur in ihrem ersten Aufschwung nicht berührt werden konnten, lag zunächst in ihrer Unkenntniss der deutschen Sprache, dann aber auch in dem Entwickelungsgang unserer Literatur selbst. Während Klopstock das urdeutsche Wesen betonte und die nordische Mythologie in möglichst nebelhafter Verschwommenheit zu Ehren bringen wollte, erhob sich Lessing zum offenen Kampf gegen den französischen Einfluss, und die Sturm- und Drangperiode fand ihre Stärke gerade in dem Lossagen von allen conventionellen Formen, folglich auch in der Opposition gegen die Herrschaft der französischen Literatur.

Mit dieser Stellung, welche die beginnende classische Literatur Deutschlands einnahm, war vom Beginn an jede Möglichkeit eines Einflusses auf Frankreich entfernt. Ohnehin war man dort zu sehr von der eigenen unbestreitbaren Ueberlegenheit überzeugt, als dass man etwas von den überrheinischen Nachbarn hätte annehmen mögen. Es ging der französischen Literatur, wie es so oft einer älteren Schwester ergeht, die geistig früher reif als ihr junges Schwesterchen auf dieselbe herab sieht, nach einigen Jahren aber nicht begreifen will, dass dieser Unterschied sich ausgeglichen hat. Selbst die englische Literatur, die den Franzosen leichter zugänglich und verständlicher war, drang nur mit Mühe in Frankreich ein. Wir haben gesehen, welche Kämpfe die Shakespeare- Freunde auszufechten hatten und wie wenig sie im Grund erreichten. Nur die empfindsamen Romane der Engländer machten Eindruck, wie es sich hauptsächlich in der Romanliteratur unter dem Directorium und dem Kaiserthum zeigte.

Von deutschen Schriftstellern gelangte nur ein einziger zur Anerkennung, Gessner, dessen Idyllen in Frankreich berühmter geworden sind, als bei uns. Sein Beispiel beförderte dort noch mehr jene unglückliche Sucht nach idyllischer Coketterie mit der Natur, die so viel ungesunde Producte zu Tage förderte.

Freilich hallte auch das Lob von Goethe's „Werther", der damals die Welt bewegte, in Frankreich wider, aber das Buch kam doch nur langsam zur Geltung. J. W. Appell führt in seiner ebenso gründlichen, wie anziehenden Schrift „Werther und seine Zeit"* alle Uebersetzungen auf, welche man in fran-

---

* J. W. Appell. Werther und seine Zeit. Zur Goethe-Literatur. Leipzig, Engelmann, 1865. Neue vermehrte und verbesserte Ausgabe. —

zösischer Sprache veranstaltet hat. Wir finden aber in dieser
Liste nur drei angeführt, die vor der Revolution erschienen, und
von diesen wurde die erste von dem Weimarer Kammerherrn von
Seckendorff besorgt und in Erlangen gedruckt; die zweite war
die Arbeit eines Schweizers und erschien zu Maestricht, und an
der dritten Uebersetzung (von Aubry) war zum wenigsten ein
deutscher Graf Schmettau wesentlich betheiligt. Schon daraus
ersehen wir, dass „Werther" nur sehr allmählig sich in Frankreich Bahn brach; es war trotz aller sentimentalen Schwärmerei
zuviel natürliche Kraft und zuviel wahres Gefühl darin, um
einem gründlich verdorbenen Geschmack zu gefallen. Erst mit
den Jahren der Revolution kam „Werther" mehr in Aufschwung.
Vom Jahre 1792 bis 1809 zählt Appell zehn neue Uebersetzungen auf, und wie sehr Napoleon den „Werther" schätzte, ist
bekannt. Auch Marie Josef Chénier erkennt in seiner „Uebersicht der Literatur" den allgemeinen und gerechtfertigten Erfolg
des „Werther" an, während er „Wilhelm Meister" sehr ab-
fällig bespricht.* Goethe's Einfluss machte sich hauptsächlich in der beginnenden romantischen Schule, im Beginn des
Jahrhunderts, geltend, und dieser Umstand erklärt wenigstens zum
Theil die üble Laune, mit welcher Laharpe, der Generalkritiker
jener Zeit, Goethe und die ganze deutsche Literatur beurtheilte.
Die Stellen in seiner Literaturgeschichte sind zu bezeichnend, als
dass sie hier nicht theilweise eine Stelle finden müssten. Laharpe sagt daselbst bei Gelegenheit einer neuen Uebersetzung
Werthers: **

Das Werk ist als ein äusserst schätzbarer Beitrag zur Kenntniss der
deutschen Literatur hervorzuheben und ist für Jeden unentbehrlich, der
sich ein Bild von der merkwürdigen Wirkung des Goethe'schen Romanes
machen will.

* Tableau historique de la littérature française, pag. 150 ff.

** Laharpe, Lycée ou cours de littérature ancienne et moderne.
Tome XIV, pag. 381 ff. édit. de l'an XII,

„Wer hat den Deutschen mehr Gerechtigkeit widerfahren lassen, als wir? Wer hat das Genie K l o p s t o c k's, den Geist und Geschmack W i e l a n d 's, die Fabeln G e l l e r t's und L e s s i n g 's mehr gelobt? Freilich haben wir bei den Deutschen den weitschweifigen Styl, die Ueberladung mit kleinlichen Details getadelt, welche zur Monotonie führt und Mangel an Erfindungsgabe beweist. Ihre ewigen Beschreibungen sind etwas langweilig" .... „G o e t h e 's Roman hat alle Schönheiten und alle Fehler der Schriftsteller seines Volkes. Der Uebersetzer preist den Dichter und sein Werk gleichmässig und versichert, dass alle Schriften G o e t h e 's den grössten Erfolg in seinem Lande hätten, und dass er, nach K l o p s t o c k, der grösste Geist Deutschlands sei." Nach einer kurzen Darstellung des Inhalts heisst es dann weiter: „Wie man sieht, kann das Interesse dieses Romanes nur in der Entwickelung einer unglücklichen Leidenschaft beruhen, da er sonst jeder spannenden Verhältnisse und Begebenheiten bar ist. Er ist in Form von Briefen geschrieben und diese Briefe sprechen von allem Möglichen und lassen der Leidenschaft wenig Raum übrig. Zudem ist die Sprache darin unbestimmt und ohne Zusammenhang; unter vielen nichtssagenden und frostigen Details sind einige wahre Züge wie verloren. Nur der Augenblick des Selbstmords bietet einiges Interesse, so wie auch mehrere Stellen der letzten Briefe, welche W e r t h e r vor seinem Tod an seine Geliebte schreibt."

Fast noch weniger Geltung konnte sich die deutsche dramatische Poesie in Frankreich erwerben. Allerdings fand K o t z e b u e nach der Revolution mit seinem Rührstück „Menschenhass und Reue" allgemeinen Beifall, aber gerade die wahrhaft poetischen Werke unserer grossen Dichter wurden nicht verstanden. Man erzählt, dass Marie Josef C h é n i e r einst voll Unmuth eine Gesellschaft verlassen habe, nur weil er nicht ertragen konnte, den berühmten Monolog Egmonts gepriesen zu hören. Dafür unternahm er es, ein Bardiet K l o p s t o c k 's und L e s s i n g 's

„Nathan" für die französische Bühne zu bearbeiten. Diese „verbesserten" Stücke sind freilich nie zur Aufführung gelangt, für uns aber ist es von Interesse, Lessings Meisterwerk in die Fesseln eines regelrechten französischen Dramas gezwängt zu sehen. Man erkennt das Stück kaum wieder, und seine Schönheit hat es eingebüsst. Dafür ist es nach dem Gesetz der drei Einheiten zugestutzt, und um es zu vereinfachen, sind mehrere Personen, Sitta und selbst Al-Hafi, jene meisterhaft gezeichnete Charakterrolle, gestrichen, viele Scenen, so der prachtvolle einleitende Auftritt, gekürzt oder verändert, und das ganze Stück spielt sich vor dem Hause Nathan's ab, um die Einheit des Ortes zu bewahren. Natürlich muss nun auch Saladin, auf einsamem Spaziergang hier erscheinen und sich gewissermassen entschuldigen, dass er ohne Gefolge gehe. (Act II.) Sein Volk müsse sich eben daran gewöhnen, er wolle nicht immer nur regieren, und sich mit Anstand langweilen. Zu gelegener Zeit trifft er nun Nathan vor dem Hause und es folgt gleich ohne besondere Motivirung die Geschichte mit den drei Ringen. Es ist von Interesse, hier die Zusätze und die Kürzungen des Bearbeiters zu verfolgen, und wir geben wenigstens einige der merkwürdigsten Stellen. Bei Lessing ist alles von schöner Einfachheit, in der Bearbeitung wird alles aufgeblasen, voll gesuchter Gegensätze und sententiöser Redensarten. Im deutschen Original sagt Nathan (III, 7.):

„man untersucht, man zankt,
Man klagt. Umsonst; der rechte Ring war nicht
Erweislich; — — fast so unerweislich, als
Uns jetzt — der rechte Glaube.
Diese Stelle lautet im Französischen:
„On parla longuement pour éclaircir l'affaire;
„Plus on l'éclaircissait et moins elle était claire, (!)
„La bague existait bien, mais comment la trouver?
„Tous les trois affirmaient; nul ne pouvait prouver,

„Saladin voudra bien me pardonner, j'espère,
„Si je ne vois pas mieux que le juge et le père.

Nathan's weitere Ausführung von dem Werth der Ueberlieferung fällt weg, dafür wird der Schluss der Erzählung um so
bombastischer. Die Stelle:

„Er wolle die Verräther
„Schon auszufinden wissen, sich schon rächen“,

wird folgendermassen erweitert:

„jurait de les punir, d'employer des vengeurs,
„Poignard, flamme, poison, tout ce qui peut détruire,
„Car il est plus aisé d'égorger que d'instruire“ (!)

und weiter unten:

„Geht!“ — so sagte der
„Bescheidene Richter.“

Saladin
Gott! Gott!

— — — — — — —

„Ich Staub! ich Nichts.“
„O Gott!“

Nathan
Was ist dir, Sultan?
Saladin
Nathan, lieber Nathan!

Die tausend tausend Jahre deines Richters
Sind noch nicht um. Sein Richterstuhl ist nicht
Der meine. — Geh! — geh! — Aber sei mein Freund!“

Dafür heisst es bei Chénier:

Saladin

„Sage ils t'ont bien nommé, chaque mot me l'atteste,
. . . .
Moi, grand dieu! moi!

. . . .

Cet utile entretien m'a plu, je le confesse.
Je goûte ton esprit, j'estime ta sagesse.
Que de gens, par la haine et l'orgueil séparés,
Vivraient fort bons amis, s'ils s'étaient rencontrés.
Sans croire à ton messie, à sa terre promise,
Puisque ton coeur est bon, je suis de ton église."

Die feine Scene, die bei Lessing folgt und in welcher
Nathan den Sultan bittet, Geld anzunehmen, ist natürlich weg-
gefallen, wie überhaupt jede Bewegung, jede Farbe, jedes Leben
fehlt.

Wie menschlich schön schliesst Lessing:
        Seht den Bösewicht!
Er wusste was davon und konnte mich
Zu seinem Mörder machen wollen. Wart!

und wie steif armselig endigt die Bearbeitung:

„Célébrons cependant cette heureuse journée.
„Par un banquet d'amis qu'elle soit terminée.
„Là sans vouloir du ciel régler les interêts,
„Soyons, en nous aimant, dignes de ses bienfaits.
„Le reste, à Saladin passez quelque hérésie,
„Le reste est habitude, interêt, fantaisie.
„Sur ce point délicat si l'on veut s'accorder,
„L'état doit tout permettre et ne rien commander!"

Von allen dramatischen Werken der deutschen Literatur
erregte in der Zeit der Revolution nur ein einziges in Paris Aufsehen, — „die Räuber".* Schon 1786 war eine Bearbeitung derselben unter dem Titel: „Robert, der Räuberhauptmann", er-

---

* Genaueres in dem schönen Schriftchen von Dr. Karl Richter
„Schiller und seine Räuber in der französischen Revolution". Grünberg,
Levysohn. 1865.

schienen, die aber nicht einmal zur Aufführung kam und fast
vergessen war, als von der Nationalversammlung die Freigebung der Theater verfügt wurde. Die Menge der Bühnen, welche
in Folge dieses Beschlusses eröffnet wurden oder den Kreis ihrer
Thätigkeit erweiterten, machte den Mangel an neuen anziehenden Stücken um so fühlbarer. So versuchte man es mit allen möglichen Dichtungen, und das Théâtre du Marais brachte im Jahre
1791 unter Anderem auch den „Räuberhauptmann Robert", dessen
Inhalt der Stimmung der Zeit zu entsprechen schien. In der That
fand dieses Drama ungemeinen Beifall und blieb lange Zeit ein
Zug- und Kassenstück. Freilich war von Schiller's Original-
werk nur sehr wenig geblieben. Der alte Moor, der zu einem
Grafen von Moldar umgewandelt ist, schmachtet bereits im ersten Act im Kerker und gilt für todt, während sein zweiter Sohn
Moriz (Franz) an seiner Stelle regiert, sich aber vergeblich um
die Liebe Sophien's von Northal (Amaliens) bemüht. Diese liebt
den ältesten Sohn Robert, der freilich schon seit lange verschwunden ist. Eine Räuberbande hat ihn einst geraubt und ihn bald
darauf zu ihrem Hauptmann erkoren. Aber Robert hat seine Räuber
veredelt, aus gewöhnlichen Spiess- und Mordgesellen hat er sie
zu Rächern der Unterdrückten, zu Feinden der Tyrannen und Ver-
theidigern der Armuth umgewandelt. Kaum meldet man desshalb
dem regierenden Grafen Moriz, dass jene gefürchtete Bande sich
in der Nähe zeige, als er sofort voll Schrecken verspricht, alle
Steuern, Zehnten und Robot abzuschaffen. Man athmet hier ganz
die revolutionäre Luft der Zeit, denn die Räuber sprechen von den
Menschenrechten und bilden ein förmliches Gericht, in dem sie
über Leben und Tod der Gefangenen urtheilen, ganz wie die
Sansculotten sich das später erlaubten. Der zweite Act wird besonders rührend dadurch, dass Robert ein Söhnchen findet, das
ihm seine Sophie vor neun Jahren heimlich geboren hat! Er erkennt seine Heimath, vernimmt die Drangsale seiner Geliebten,
welche dem Grafen Moriz kaum noch widerstehen kann, und lässt

daher (Act 4) das väterliche Schloss stürmen und Sophien befreien. Eine dreifach überlegene Truppenschaar rückt gegen ihn heran, aber er treibt sie nach heldenmüthigem Kampf zurück, und während er nur einen Braven zu beklagen hat, bedecken dreihundert Söldlinge den Kampfplatz! Im fünften Act findet Robert seinen alten Vater, und da es unpassend gewesen wäre, einen so edlen Sansculotten wie Robert unglücklich enden zu lassen, so schliesst das Stück mit der Vermählung der beiden Liebenden, während die Räuberbande vom Kaiser begnadigt wird und in dessen Heer als fliegendes Corps eintritt!

Je höher die Fluth der Revolution stieg, um so beliebter wurde „Robert": nur durfte er zuletzt kein aristokratischer Räubergraf mehr sein, und eine Fortsetzung zeigte ihn als ächten Republikaner.

Wenige Monate nach der Aufführung Robert's erschien eine wirkliche Uebersetzung der Räuber von dem Elsässer Lamartellière (eigentlich Schwingenhammer genannt), der gleich Schiller auf der Karlsschule studirt hatte. 1799 liess derselbe eine Uebersetzung von „Kabale und Liebe" aufführen, fiel aber damit durch, während er 1829 den „Fiesko" mit Glück auf die Bühne brachte. Die Zeiten hatten sich eben geändert, und Lamartellière konnte kurz vor seinem Tod 1830 noch eine Uebersetzung aller dramatischen Werke Schillers veröffentlichen.

Doch wir greifen damit der Zeit, von der wir handeln, weit voraus, und wenn wir auch sehen, dass Schiller durch einen Beschluss der Gesetzgebenden Versammlung vom 26. August 1792 gleichzeitig mit Wilberforce, Campe, Pestalozzi, Washington, Klopstock und Kosciusko als „Freund der Menschheit" das französische Ehrenbürgerrecht erhielt, so war von einem Einfluss auf die Nachbarliteratur doch keine Rede und selbst sein Name war kaum bekannt.

Marie Josef Chénier's Urtheil über die deutsche Literatur * ist zwar in der Zeit Napoleons geschrieben, repräsentirt aber sehr getreu die Meinungen des vergangenen Jahrhunderts, auf dessen Standpunkt er stets beharrte. „Das deutsche Theater", sagt er daselbst, „ist nicht weniger unregelmässig, als das englische; aber es ist weniger reich an Kraft und tiefer Empfindung (moins riche en beautés énergiques et profondes). Doch finden wir diese Vorzüge in den Stücken Goethe's, Lessing's, Klopstock's. Wir haben schon zwölf Bände deutscher Dichtungen in's Französische übertragen, und die Freunde dieser eigenthümlichen Werke bemühen sich seit zwanzig Jahren, sie dem französischen Publicum genehm zu machen. Man hat Schiller vollständig übersetzt, sich aber nicht auf diese nützliche Arbeit beschränkt, sondern sein extravagantes Stück „die Räuber" („les voleurs") auf unsere Bühne verpflanzt. Es hat Erfolg gehabt, aber ein solcher Erfolg konnte der dramatischen Kunst nur schaden. Auch die Dramen Kotzebue's wurden nicht verachtet, obgleich sie weit unter den Schiller'schen stehen. Wer erinnert sich nicht der langdauernden Beliebtheit von „Menschenhass und Reue"! Doch muss man sagen, dass diese gewöhnlichen Stücke, in welchen niedrige Familiarität für Naivetät, eine abgedroschene und langweilige Moral für Philosophie, sentimentales Geschwätz für leidenschaftliche Beredtsamkeit gilt, dass solche Stücke auf einer Stufe mit unseren Melodramen stehen, welche für Theater zweiten Ranges recht gut passen."

Wir sehen, dass Chénier zwar Kotzebue richtig beurtheilte, dass er aber Schiller und Goethe nicht kannte und deren Grösse nicht ahnte. Erst als Deutschland von französischen Truppen überschwemmt war, erst als Napoleon bemüht war, Deutschland zu unterjochen, erst zu jener Zeit wurde der deutsche Geist in Frankreich gewürdigt und erwies sich von Einfluss. Denn

---

* Tableau, pag. 221.

während der Kaiser jede höhere geistige Regung in seinem französischen Gebiet unterdrückte, konnte er nicht verhüten, dass sich in Deutschland im Gegentheil ein besonderes geistiges Leben entwickelte. Der Widerstand der Nation auf dem Gebiet der Ideen war die beste Vorbereitung zu den Freiheitskriegen. Nicht Frau von Staël allein war es, welche bewundernd auf Deutschland hinwies; die Ansichten und Grundsätze der unter Napoleon in leisen Anfängen sich regenden romantischen Schule standen in engstem Zusammenhang mit der Literaturentwickelung des deutschen Nachbarvolkes.

INHALT.

—

	Seite
Einleitung....	3
Die Gesellschaft..................	23
Die Frauen in der Revolution	49
Die parlamentarische Beredtsamkeit.....	59
Die Presse	74
Die Matadore der Presse	92
Das Theater vor der Revolution	111
Das Theater während der Revolution	129
Die beiden Chénier	155
Shakespeare in Frankreich	185
Bernardin de Saint-Pierre.	205
Die lyrische Poesie. Revolutionäre und patriotische Lieder. Die Dichtung im Gefängniss	226
Das Ideal in der Revolution................................	241
Anhang. Die deutsche Literatur in Frankreich	258

—•—

www.ingramcontent.com/pod-product-compliance
Lightning Source LLC
Chambersburg PA
CBHW030730280326
41926CB00086B/1042